Walter Töpner

Wege der Jakobspilger

Rheinland, Eifel, Lothringen, Burgund

19,90

Jakobspilger an der Bronzetür der Kirche in Busenbach/Pfalz.

Walter Töpner

Wege der Jakobspilger

Rheinland, Eifel, Lothringen, Burgund

Führer mit Begleittexten zum Jakobsweg

Köln – Trier – Metz – Vézelay

Band 2

Paulinus

Bibliografische Information der Deutschen Bibliothek

Die Deutsche Bibliothek verzeichnet diese Publikation in der Deutschen Nationalbibliografie; detaillierte bibliografische Daten sind im Internet über http://www.dnb.ddb.de abrufbar.

2. Auflage 2005
Satz und Gestaltung: *zwei* CICERO Satz & Layout, Trier
Herstellung: Adriana Walther, Paulinus Verlag
Druck: repa druck gmbh, Saarbrücken
ISBN 3-7902-1310-1

Inhalt

Zum Geleit

Die Pilgerfahrt zum Grab des Apostels Jakobus in Santiago de Compostela erfährt in der heutigen Zeit durch das Zusammenwachsen Europas wieder neuen Auftrieb. Mit der Renaissance dieser alten Pilgerwege haben in den letzten Jahren Bemühungen eingesetzt, den Jakobskult auch in der deutschsprachigen Region zu erforschen und mehr über die Anschlusswege zu den großen französischen Pilgerstraßen in Erfahrung bringen.

Die so genannten Jakobswege sind entstanden aus der Idee der Pilgerschaft, die in der christlichen Tradition eine besondere Rolle spielt. Als »Pilger« (lat. peregrinus, span. »peregrino«) bezeichnet man allgemein einen Menschen, der in der Fremde sein Heil in Gott sucht. Diese Grunderfahrung des Unterwegsseins hat seine Wurzeln schon im Alten Testament. Dort sind die Pilgerlieder der Psalmen oft nichts anderes als Sehnsuchtsberichte mit einer eigenständigen Spiritualität des Weges. Auch aus den Evangelien geht die an alle Menschen gerichtete Botschaft hervor, dass wir mit Christus unterwegs sind und hier keine Bleibe haben.

Sich zu Fuß aufzumachen bedeutet Ungewissheit darüber, was einen unterwegs erwartet und wie der Weg sein wird. Und es bedeutet auch, etwas zurückzulassen und im Vertrauen, beschützt zu werden, loszugehen. Durch ihre Erlebnisse auf dem Pilgerweg nach Santiago de Compostela werden viele Menschen zu der Einsicht geführt, dass mit dem Tod noch nicht alles zu Ende ist und der eigene Lebensweg nur eine Durchgangsstation zu einem höheren Ziel ist. Dazu verhelfen die Offenheit und Weite der Landschaft ebenso wie die Orte des Schutzes und der Geborgenheit. Begegnungen mit anderen Menschen, mit denen man auf einen Weg des Glaubens, des Hoffens und der Sehnsucht gestellt ist, oder die Suche nach Wissen, Selbsterkenntnis, Veränderung, Sinn und Glauben in einer fremden Welt sind das eigentliche Thema dieser inneren Reise.

Das Bild vom Pilger als einem Menschen, der auf dem Wege ist, soll ausdrücken, dass die Dinge des Lebens nicht im Stillstand, sondern in der Bewegung sind. In einem christlichen Sinne interpretiert heißt dies: Diese Bewegung verläuft nicht ungerichtet, sondern auf ein bestimmtes Ziel hin. Der christliche Mensch ist nicht um des Unterwegsseins willen auf dem Weg, sondern sein Weg hat ein höheres Ziel. Dieses Ziel ist für ihn die Begegnung mit Gott. Jeder Pilger muss damals wie heute die richtigen Etappen für sich selbst auswählen, den eigenen Rhythmus der Schritte finden und die Orte der Kraft aufsuchen, wo er Ruhe finden und mit Gott sprechen kann.

Ich bin dem Autor dieses Buches, Herrn Dr. Walter Töpner, sehr dankbar, dass er die christliche Tradition der Jakobswege wieder stärker in den Mittelpunkt gerückt hat. Ich selber erinnere mich mit großer Freude an verschiedene Etappen des Jakobsweges in Frankreich und Spanien, die ich mit Studentinnen und Studenten im Jahr 1989 unter die Füße genommen habe.

Möge dieser Führer mit seinen zahlreichen praktischen Informationen dazu beitragen, dass Sie etwas von der Gottesnähe und Spiritualität der Pilgerschaft auf Ihren Wegen durch das Bistum Trier, durch die Eifel, durch Lothringen, die Champagne und Burgund entdecken und als bleibenden Gewinn mit nach Hause nehmen.

Ihr

Trier, im Juni 2003

Dr. Reinhard Marx
Bischof von Trier

Vorwort

> Wir glauben, Erfahrungen zu machen,
> aber die Erfahrungen machen uns.
> *Eugène Ionesco*

Santiago de Compostela war im Mittelalter neben Rom und Jerusalem das wichtigste Ziel der christlichen Pilgerfahrten. Millionen von Pilgern machten sich zu Fuß auf einen langen und gefahrenvollen Weg quer durch Europa, um ein Gelübde zu erfüllen oder um Schutz für ihre Gesundheit zu erbitten. Mit Bus, Bahn und Auto brechen heute wieder viele Menschen zu den verschiedensten Zielen des Jakobsweges auf. Immer mehr Menschen suchen dabei Nahrung für ihre Seele, wollen das wirkliche Pilgern neu entdecken und mit allen Sinnen unterwegs sein. Das tagelange Unterwegssein auf alten Wegen, die Langsamkeit und Ruhe des Gehens, das Ankommen an einem spirituellen Ort als geistigem Ziel, sei es zu Fuß oder mit dem Rad: So entsteht ein neu erwachtes Interesse, auf alten Pilgerstraßen zu wandern.
Überall stößt man in dieser Region auf Zeichen der alten Wege der Jakobspilger. Der Landschaftsverband Rheinland hat sich gemeinsam mit der Deutschen St. Jakobusgesellschaft die Sicherung und Kennzeichnung der Jakobuswege im Rheinland zur Aufgabe gemacht. An historisch markanten Wegmarken des Jakobsweges wie in Brauweiler, Köln und Aachen stellte man bereits Metallstelen in Form eines Lesepultes mit Hinweistexten auf. Ein neues Wegprojekt mit der Ausschilderung eines Jakobusweges durch die Eifel, der in weiten Teilen mit der Wegführung in diesem Führer übereinstimmt, ist abgeschlossen.
Der hier beschriebene Pilgerweg auf dem Wegabschnitt zwischen Köln, Trier und Vézelay in Burgund folgt historischen Straßen oder führt meist auf ruhigen Nebenstraßen oder Wanderwegen zu Zielen der Jakobusverehrung. Auch wenn nicht alle Abschnitte historisch verbürgt sind, so vermittelt diese Route doch eine Vorstellung davon, wie frühere Pilger diese Landschaften zu Fuß erlebt haben könnten. Für den Weg von Köln bis zu der in Vézelay beginnenden Pilgerstraße von Limoges (Via Lemovicensis) benötigt man rund 28 Tage. Die Entfernungen zwischen den Tageszielen betragen – wie auf dem Jakobsweg in Spanien – zwischen 17 und 25 km.
Als ich 1988 aufbrach, habe ich mir meinen Weg durch Deutschland und Frankreich mit Karten selbst gesucht, da es für diese Route keinen Führer und auch sonst nur wenig geeignete praktische deutschsprachige Informationen gab. Nach meiner Rückkehr entschloss ich mich, meine

persönlichen Kenntnisse und Erfahrungen aufzuschreiben, um sie an andere weiterzugeben. Der Jakobsweg wird nach meiner Überzeugung, wenn der Modetrend sich wieder gelegt hat, langfristig in Deutschland und Frankreich in seiner Tradition nur begangen und mit Leben erfüllt werden, wenn – wie in Spanien – praktische Hilfestellungen für unterwegs angeboten werden und der geistige Hintergrund dieses Weges durch Sinnstiftung vor Ort für die Menschen von heute erfahrbar gemacht wird. Dieses Buch will keine wissenschaftliche Abhandlung und kein Geschichtsbuch sein, sondern als Führer konkrete Anleitungen und Hintergrundinformationen zum Jakobsweg geben. Neben nützlichen Hinweisen versucht es zu vermitteln, dass der Jakobsweg vor allem ein Weg des Glaubens ist und aus dieser Perspektive heute wieder neu entdeckt werden sollte.

Veränderungen der Seele geschehen meist an Orten, die außerhalb unserer gewohnten Umgebung liegen. In der Abgeschiedenheit der Natur sind wir aufnahmebereiter für die Spiritualität des Religiösen. Aus dem alten Wissen der Eremiten und Schamanen wissen wir, dass Entbehrung und Not wohl auch dazu gehören, um den Geist des Menschen für das zu öffnen, was den anderen verborgen bleibt. In den einsamen Gegenden der Eifel, Lothringens und Nordfrankreichs machten die Pilger solche Erfahrungen, als sie vor ihrer ersten großen Bewährungsprobe angesichts der unendlichen Weite der vor ihnen liegenden Horizonte standen.

An diese alte Pilger-Tradition anknüpfend, ist dieser Führer entstanden. Er richtet sich in erster Linie an Menschen, die den Jakobsweg – ganz oder in Teilen – zu Fuß oder mit dem Rad erleben wollen. Darüber hinaus enthält er für alle, die sich auf Entdeckungsreise begeben wollen, neben praktischen Hilfen nützliche Informationen zum geistigen, geschichtlichen und kunsthistorischen Hintergrund des Weges der Jakobspilger auf dem Abschnitt von Köln nach Vézelay.

Wachtberg-Niederbachem, im Januar 2003 — Dr. Walter Töpner

1. Einführung

Eine Nachricht dringt im 9. Jahrhundert aus einem entlegenen Winkel im nordwestlichen Spanien nach Europa und wühlt die Menschen in ihrem Innersten auf. Sie löst ein Massenphänomen aus, dem wir noch heute staunend gegenüberstehen. Die Rede ist von der Entdeckung des Grabes des Apostels Jakobus im fernen Galizien und der sich daraus entwickelnden Wallfahrt, deren Kult in der Zeit zwischen dem 12. und 15. Jahrhundert ihren Höhepunkt erreichte und die eines der größten europäischen Unternehmen im Überlandverkehr und zur See im Mittelalter begründet hat.

Sicherlich kam diese Entdeckung auch den Interessen der politischen und kirchlichen Kreise entgegen. Die Kreuzzugsbewegung und die Wiedereroberung Spaniens von der islamischen Herrschaft (Reconquista) förderten die Pilgerfahrten nach Santiago de Compostela. Wie im Heiligen Land galt auch in Spanien die erste Sorge der Kirche der Sicherung der Pilgerwege. So gewährte 1089 Papst Urban II. den Kämpfern der spanischen Reconquista den gleichen Nachlass aller Bußstrafen wie den Wallfahrern nach Jerusalem. Neben der Romfahrt und der Pilgerreise nach Jerusalem war und ist die Verehrung des heiligen Jakobus in Santiago de Compostela die größte Fernwallfahrt der katholischen Christenheit.

Wer war jener Apostel Jakobus und warum wurde sein Grab so wichtig, dass es sich zum drittwichtigsten Wallfahrtsort der katholischen Christenheit entwickelte? Um diese Fragen zu beantworten, muss man sich mit den biblischen Quellen, den Legenden und der spanischen Geschichte beschäftigen.

Der biblische Name »Jakob« leitet sich aus dem Südarabischen ab und heißt so viel wie »möge Gott beschützen«. Jakob war der Sohn Isaaks und Enkel Abrahams. Er hatte zwölf Söhne, nach denen sich die Stämme des Volkes Israel benannten. Es handelt sich also um einen wichtigen Namen des Alten Testamentes. Das Neue Testament kennt einen Jakobus Maior als Bruder des Apostels Johannes, die beide Söhne des Zebedäus waren. Unter den Jüngern waren sie die Ersten, die von Jesus berufen wurden. Beide Jünger waren wohl temperamentvolle Verkünder des Glaubens, denn im griechischen Urtext tragen sie den Beinamen »Boanerges«, was so viel wie Donnersöhne heißt. Jakobus und Johannes genossen unter den Jüngern eine gewisse Sonderstellung und zählten zu dem Kreis der engeren Jünger um Jesus. So waren sie zusammen mit Petrus bei der Verklärung auf dem Berg Tabor, bei der Totenerweckung des Synagogenvorstehers Jairus sowie in den letzten Stunden

vor dem Verrat und der Gefangennahme Jesu im Garten Gethsemane anwesend. Als einmal Jakobus und Johannes Jesus um eine herausgehobene Stellung an seiner Seite zu seiner Rechten und Linken in seinem künftigen Reiche baten, lehnte er dies ab und sagte stattdessen ihr Martyrium (»bitterer Kelch«) voraus (Mk 10,35–45). Paulus räumt Jakobus im 1. Korintherbrief insofern eine Sonderstellung ein, als er ausdrücklich erwähnt, dass ihm Jesus nach der Auferstehung erschienen sei. Nicht historisch belegt ist, ob Jakobus in Spanien jemals den Glauben verkündet hat. Sicher ist nur, dass er in Jerusalem im Jahre 43 n. Chr. an Ostern auf Befehl König Herodes Agrippa I. enthauptet wurde.
Nach seinem Tod wurde ein zweiter Jakobus, Sohn des Alphäus, genannt Minor, in den Kreis der Jünger berufen. Nach dem Kirchenvater Hieronymus soll er »ein Bruder« Jesu gewesen sein.
Ein dritter Jakobus, genannt der Gerechte, Sohn eines Klopas und einer Maria, war vermutlich ein Verwandter von Jesus. Jesus war auch ihm erschienen. Dieser spielte in der jungen, urchristlichen Gemeinde eine führende Rolle und gilt als einer der ersten Bischöfe von Jerusalem. Wahrscheinlich war er der Verfasser des Jakobusbriefes, der sich selbst nicht als Apostel bezeichnet. Auch er erlitt im Jahre 62 n. Chr. unter dem sadduzäischen Priester Hannas II., zusammen mit anderen Christen, den Märtyrertod.
Über die Entdeckung des Jakobsgrabes erzählt die Legende, Jakobus habe sich ins ferne Hispanien aufgemacht, um dort das Evangelium zu verkünden. Dort sei ihm allerdings wenig Erfolg beschieden gewesen. Nachdem er nach Jerusalem zurückgekehrt war und 43 n. Chr. auf Befehl des Herodes Agrippa I. getötet wurde, sollen Freunde in der Nacht den Körper des Toten gestohlen und ihn in einen Marmorsarg gebettet haben, den sie auf ein unbemanntes Schiff brachten. Ein Engel soll den Nachen über den Ozean gesteuert haben, bis er an der Küste Galiziens strandete. Als man den Sarg fand, legte man ihn auf einen Wagen und ließ ihn von einem Ochsen ziehen, bis das Tier stehen blieb. An dieser Stelle wurde sein Grabmal errichtet. Jahrhunderte lang blieben die sterblichen Reste des Apostels unbeachtet und gerieten wieder in Vergessenheit.
Im Jahr 820 beobachtete ein Hirte auf einem Feld immer wieder ein seltsames, übernatürliches Licht. Schließlich fand man an der Stelle ein Marmorgrab mit römischen Inschriften, die es als das des Apostels Jakobus auswiesen und baute darüber eine Kirche. Nach dem Licht, das der Hirte hier gesehen hatte, wurde der Fundort »campus stellae« (Sternenfeld) genannt. Andere Auslegungen leiten ihn von »compostae« (Gäberfeld) ab. Tatsächlich befand sich dort in römischer Zeit ein

Die Enthauptung Jakobus des Älteren (Detail aus einem Chorfenster des Kölner Domes).

großer Begräbnisplatz. Später sind immer wieder Zweifel an der Echtheit der Reliquien aufgekommen. Zudem gab es Konkurrenz unter den Städten, die – wie das nicht so weit entfernte Toulouse – behaupteten, im Besitz der echten Überreste des Heiligen zu sein.

Wer in jenen Tagen nach Santiago de Compostela pilgerte, begab sich auf eine Reise ins Ungewisse, die ihn bis ans damalige Ende der Welt führte. Für die Menschen im Mittelalter lag es 60 km hinter Santiago an der Atlantikküste am westlichsten Punkt von Europa, dem Cap Finis Terrae. Hier, so glaubte man, sei die Welt zu Ende. Man blickte hinaus

auf das endlos erscheinende Meer und wurde an die Endlichkeit allen irdischen Seins erinnert.
Wer sich damals auf diese Pilgerreise einließ, unternahm etwas Absolutes, nahm sogar den Tod in Kauf. Äußerste Entschlossenheit war notwendig, denn es ging um das eigene Seelenheil. Man machte ein Testament bevor man aufbrach, denn keiner wusste, ob er wiederkehren würde. Zu groß waren die Gefahren, denen die Pilger ausgesetzt waren: Krankheiten, Hunger und Räuberüberfälle, wilde Tiere wie Wölfe, Hunde und Bären bedrohten die Menschen in einsamen Gegenden. Und mancher »blieb uff sant Jacobs Strass«, wie es in einer Schweizer Quelle des 16. Jahrhunderts heißt. All dies konnte sie nicht davon abhalten, ihr Leben daran zu setzen, einmal dort gewesen zu sein.
Was blieb, sind jene radikalen Botschaften, denen die Pilger von heute an den zahlreichen Bilderschauwänden der Portale von Kirchen und Klöstern noch immer begegnen. Sie mahnen ihn, die eigene Person nicht zu wichtig zu nehmen, sondern namenlos einer von vielen zu sein. Diese Botschaften haben ihre Wirkung bei vielen nicht verfehlt. Besitz, Erfolg, Stellung, all das zählte bei den Menschen auf dem Pilgerweg nicht. Der Mensch stand und steht im Mittelpunkt, nicht was er hat oder ist. Vielleicht ist der unkomplizierte Umgang menschlichen Miteinanders einer der Gründe, warum der Jakobsweg heute wieder so viele Menschen aus aller Welt anzieht.
In den Blütezeiten der Jakobus-Wallfahrt im Mittelalter waren jährlich bis zu einer halben Million Menschen auf diesen Straßen Europas als Pilger unterwegs. Im 11. und 12. Jahrhundert stellten noch Angehörige des Adels, des Rittertums und der Geistlichkeit das Hauptkontingent der Pilger, während der Anteil der armen Pilger in dieser Zeit nur auf etwa zehn Prozent geschätzt wird. Der in der Zeit zwischen 1140 und 1150 verfasste Pilgerführer des Aimeric Picaud wandte sich daher mit seinen Hinweisen auf Versorgungs- und Übernachtungseinrichtungen eher an die vermögenderen Gesellschaftsschichten, die zu Pferd reisten. Dies wird unter anderem deutlich, wenn man als Tagesleistung fast 50 km veranschlagte. Als mit dem wachsenden Pilgerverkehr seit dem 12. Jahrhundert ein systematischer Ausbau der Infrastruktur der Pilgerwege erfolgte, wandelte sich das Bild bei der Zusammensetzung der Pilgerschaft zugunsten der bürgerlichen Gruppen. Später gerieten die Wege wieder in Vergessenheit.
Der Niedergang der Jakobus-Pilgerfahrten begann im 15. Jahrhundert, als weltliche Gerichte dazu übergingen, Wallfahrten nach Santiago als Sühne für Straftaten zu verhängen. Die Folge davon war, dass Verbrecher, Gauner und Diebe die Wege unsicher machten und die Pilgerfahrt

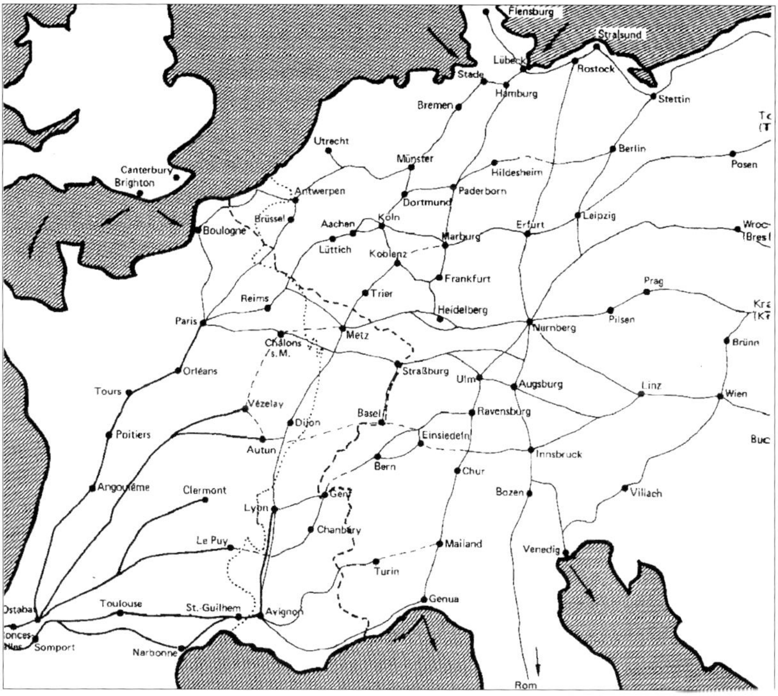

Straßennetz in Europa im Mittelalter.

in Verruf geriet. Die Inquisition in Spanien verfolgte das Eindringen fremder Ideen vor allem durch deutsche Pilger mit großem Misstrauen. Die ablehnende Haltung während der Reformation und Aufklärung trug ebenfalls dazu bei, dass das Interesse an Pilgerfahrten weiter abnahm. Im 17. Jahrhundert erfuhr der Jakobskult auch hierzulande eine Renaissance. Nur in Frankreich war diese alte Tradition auch nach der Revolution nie ganz zum Erliegen gekommen.

Heute ist man mit Unterstützung des Europarates dabei, die alten Wegverbindungen wieder als europäische Ideenroute neu erstehen zu lassen. Damals waren Verkehrswege immer mehr als nur Pilgerstraßen. Sie dienten auch als Handels-, Verbindungs- und Ideenstraßen. Dennoch spricht man gerne von Jakobswegen, wenn bestimmte Straßen von Pilgern bevorzugt wurden. Nach dem Zweiten Weltkrieg wurde der Weg nach Santiago de Compostela von französischen Studenten neu entdeckt und wieder begangen.

In den letzten Jahren stieg die Zahl der Pilger unaufhörlich an. Waren es 1986 noch 1 800 (davon 174 deutsche Pilger), zählte man 1995 schon

19 821 (13 339 Männer und 6 422 Frauen). Zwei Drittel aller Pilger waren Fußpilger, ein Drittel machte den Weg per Fahrrad, 50 kamen zu Pferd, und sogar 35 Pilger im Rollstuhl.

Die Pilgerstatistik brachte aber auch zu Tage, dass 60 Prozent aller Pilger in erster Linie aus religiös-spirituelle Gründen unterwegs sind; an zweiter Stelle gaben 37 Prozent der Befragten die Verbindung von Religion und Kunst als Hauptmotiv an. Unter den Nationen, die die meisten Pilger stellen, liegen Deutschland und Frankreich nach Spanien an zweiter Stelle. Den gesamten Weg von Deutschland aus zu Fuß machten vergleichsweise wenige. Heute begehen die meisten Pilger nur die spanische Route mit dem Ausgangspunkt St.-Jean-Pied-de-Port (hinter dem großen Sammlungspunkt des Mittelalters in Ostabat) am Fuße der Pyrenäen.

In allen Religionen stellen Wallfahrten eine weit verbreitete kultische Handlung dar, deren Gemeinsamkeit darin besteht, dass der Pilger vier Stadien durchläuft: Aufbruch, Weg, Ankunft und Rückkehr. Jeder Pilger geht dabei von der Existenz eines Gottes aus, den er an einem ausgewählten Ort durch Ansprache erreichen kann, und der heilsbedürftigen Menschen in seinem Gnadenwirken dort besonders nahe steht. An einem Heiligtum, das schon zum Schauplatz vieler Erhörungen wurde, erhoffen viele, Hilfe zu erlangen.

Die Frage, warum gerade der Mythos des Compostela-Weges so viele Menschen in seinen Bann geschlagen hat und heute wieder anzieht, ist nicht leicht zu erklären. Vielleicht liegt es daran, dass für die Pilger, die zu den großen Wallfahrtszielen Rom und Jerusalem unterwegs sind, der Besuch der heiligen Stätten der eigentliche Zweck ihrer Reise ist und dies ihnen mehr bedeutet, als auf dem Weg dorthin zu sein. Während für diese Pilger eine enge Verbindung mit dem Wallfahrtsziel im Vordergrund steht, ist bei vielen Santiago-Pilgern – bedingt durch die lange, zu Meditationen anregende Wegstrecke – oftmals der Weg schon das Ziel, da bereits unterwegs ein innerer Entwicklungsprozess einsetzt, der dazu führt, dass das spirituelle Erlebnis in der Verbindung mit dem Weg als kultische Handlung zum wesentlichen Bestandteil dieser Wallfahrt wird. Daher sind Santiago-Pilger als Individualisten zur Erreichung dieses Bewusstseins eher ortsunabhängig und zur Erwirkung ihres Heils nicht unbedingt an eine Kirche oder bestimmte Pilgerziele gebunden, wenngleich nicht übersehen werden darf, dass im Mittelalter der Besuch der heiligen Orte unterwegs und am Ziel ihrer persönlichen Entwicklung weitere entscheidende Impulse gab und für viele die letzte Erfüllung ihrer Pilgerreise bedeutete. Manche, die auf diese Weise einmal zum Pilger wurden, sind es zeitlebens geblieben, da sie den Begriff

»Pilgerschaft« geistig auf ihren Lebensweg übertragen haben. Denn es war ihr Weg, der sie von ihrer Heimat weit weg geführt, und der ihnen schließlich klar gemacht hat, dass des Menschen wahre Heimat nicht in dieser Welt, sondern bei Gott im Jenseits liegt, so wie es einmal Gerhard Terstegen mit folgenden Versen ausdrückte:

Ein Tag sagt es dem andern,
mein Leben sei ein Wandern
zur großen Ewigkeit.
O Ewigkeit, so schöne,
mein Herz an dich gewöhne,
mein Heim ist nicht in dieser Zeit.

Deshalb will dieses Buch nicht nur etwas von den Schönheiten des äußeren Weges, über Kunst, Geschichte, Natur und Landschaft vermitteln, sondern auch eine Wegzehrung für den inneren Weg mitgeben, der von jedem Pilger parallel zu dem äußeren zurückgelegt wird. Die ausgewählten Meditationstexte sollen ihm eine kleine Hilfe sein, damit er auch hier seine Orientierung finden kann. Aus eigener Erfahrung weiß ich, dass der Weg unterwegs die Sinne öffnet und das Bedürfnis nach einer »Auseinandersetzung mit Glaubensfragen« wachsen lässt. Was uns im normalen Leben an materiellen Dingen unverzichtbar erscheint, verliert unterwegs gänzlich an Bedeutung. Dagegen werden für uns sonst selbstverständliche Dinge wie Trinken, Essen und Schlafen plötzlich als elementar und schön erlebt. Es entstehen neue Bedürfnisse und geistige Freiräume in uns, die aufgefüllt werden wollen. Eine spannende Suche nach neuen – oder alten, oft nur verschütteten – Werten beginnt, je mehr wir uns von zu Hause entfernen. Darin liegt die große Chance dieses Weges, dass man sich auf ihm verändern und lernen kann, die Welt mit neuen Augen zu sehen.

Jakobusstatue in der Kirche von Waxweiler.

Der erste Schritt

Ein bekanntes chinesisches Sprichwort sagt, die längste Reise beginnt mit dem ersten Schritt. Bevor es aber dazu kommt, vollzieht sich bei jedem Pilger ein innerer Prozess der Entscheidungsfindung, der Mut und Selbstbesinnung erfordert. Wie bedeutsam dieser erste Schritt ist, hat Detlev Willand einmal so ausgedrückt: »Ein langer, endlos langer Weg! Ihn zu begehen ist das Wagnis. Aber das größte Wagnis ist, den ersten Schritt zu tun. In ihm, in diesem ersten Schritt liegt der ganze Weg.«

Wer sich auf das »Unternehmen Jakobsweg« einlassen will, sollte sich zuvor Klarheit verschaffen, warum er diesen Weg gehen will und sich fragen: Was treibt mich auf diesen Weg? Was suche ich dort? Ist es die Neugierde oder die Sehnsucht nach der Ferne? Die Begegnung mit Kunst, Kultur, Geschichte oder die Gemeinsamkeit mit anderen Menschen? Suche ich die Auseinandersetzung mit mir selbst? Reizt mich dabei nur die physische Herausforderung und das Austesten meiner körperlichen Leistungsgrenze? Und schließlich: Kann ich den Jakobsweg für mich als einen Weg zu einer neuen Glaubenserfahrung akzeptieren?

Spätestens im Kloster Roncesvalles in den Pyrenäen werden die freundlichen Patres vor der Aushändigung des Pilgerausweises jedem Pilger solche Fragen stellen, zum Beispiel, ob man aus religiös-spirituellen, kunsthistorischen, nostalgischen oder aus rein sportlichen Gründen diese Reise unternimmt. Ich habe unterwegs viele Menschen getroffen, die zugaben, dass sie dort oben im Kloster unter der Rubrik »nicht-religiös« ihr Kreuz gemacht und sich dennoch als gleichwertige Pilger gefühlt haben und von den anderen Mitpilgern auch so behandelt wurden. Was sie hinaustrieb, war die Leidenschaft zu Spanien, einem Land voll von wilder und spröder Schönheit, die sich dem Pilger zunächst nur langsam erschließt, bevor sie ihn dann mit aller Macht gefangen nimmt. Selbst wenn man nichts mit dem Jakobsgrab in Santiago anfangen kann und aus einer nicht religiös geprägten Haltung heraus nur den Weg als Ziel begreift, sollte man doch jenen mit Toleranz, Achtung und Verständnis begegnen, die aus sehr persönlichen, religiösen Motiven den Jakobsweg gehen. Was alle Pilger einigen sollte, ist das Bestreben, sich von den Menschen zu unterscheiden, die nur als Kunstfreunde oder Touristen auf dem Jakobsweg unterwegs sind, um von einer »Attraktion« zur anderen zu eilen. Denn ihnen entgeht das wichtigste Erlebnis von allem, das Erlebnis des Weges.

Von Köln bis zu den Pyrenäen sind es ca. 1600 km. Auf diesem Weg bleibt viel Zeit zum Nachdenken, denn man ist oft mit sich und der Landschaft allein. Über manches wird man sich erst im Klaren, wenn

man schon lange auf dem Weg ist. Dieser Weg zu sich selbst ist so wichtig wie Grenzerfahrungen und gelebte Solidarität. All dies kann zugedeckte Schichten in unserer Seele freilegen und uns für das Neue öffnen. Jeder, der sich auf diesen Weg begibt, wird früher oder später durch die Rückbesinnung auf sich selbst oder durch die Begegnung mit anderen Pilgern mit letzten Fragen des Lebens konfrontiert werden. Nicht jeder findet durch das Unterwegssein auf dem Jakobsweg zurück zum Glauben. Aber jeder hat eine Chance dazu. Ob man glauben kann, ist keine Frage des Wollens oder Könnens. Glauben »hat« man nicht, sondern er geschieht in uns. »Glauben ist das Eindringen der Anrede in unser Bewusstsein und damit in unser Leben« hat H. Gollwitzer einmal gesagt.
Jeder Pilger ist ganz auf sich gestellt: auf seine beiden Füße. Aber der Weg nach Santiago wird nicht nur mit den Füßen, sondern auch mit der Seele bewältigt. Die Pilgerführer des Mittelalters legten den Schwerpunkt mehr auf praktische Gesichtspunkte wie die Bewältigung des Weges und beschränkten sich bei der spirituellen Begleitung mehr oder weniger auf die Hervorhebung und Aufzählung der Heiligtümer, die die Pilger längs des Weges aufsuchen sollten. Eine persönliche »geistige Wegzehrung« für unterwegs sucht man darin allerdings vergebens. In diesem Führer soll auch die spirituelle Dimension des Weges durch die Einbeziehung von meditativen Texten zu Wort kommen.
Und noch etwas ist wichtig. Den Jakobsweg als das zu begreifen, was er ist, nämlich als Pilgerweg, bedeutet in letzter Konsequenz, etwas zu tun, was unserem heutigen Zeitempfinden eher fremd ist: Freiwilliges Auf-sich-nehmen. Im Mittelalter hatten es die Menschen in dieser Beziehung einfacher: Sie glaubten an die Echtheit des zu Beginn des 9. Jahrhunderts wiedergefundenen Apostelgrabes, an die heilsame Kraft in der Nähe dieser Reliquien, an die Vergebung ihrer Sünden durch die Ableistung dieser Wallfahrt. Das waren die Triebfedern ihres Handelns. In unserer Zeit klingt das für viele Menschen seltsam, und es reicht ihnen nicht als Begründung dafür aus, die Last einer solch langen Reise zu Fuß auf sich zu nehmen. Viele machen aber gerade unterwegs in schwierigen Situationen, wenn sie auf die Hilfe anderer angewiesen sind oder die Dinge zu einem guten Ende kommen, ihre wichtigsten und prägenden Erfahrungen. Pilger werden solche Erlebnisse ihr Leben lang nicht vergessen. In solchen Augenblicken kann man wieder lernen anzunehmen und Dankbarkeit zu zeigen. »Im normalen Leben wird es einem oft gar nicht bewusst, dass der Mensch unendlich mehr empfängt, als er gibt, und dass Dankbarkeit das Leben erst reich macht. Man überschätzt wohl das eigene Wirken und Tun in seiner Wichtigkeit gegenüber dem, was man durch andere geworden ist«, schrieb Dietrich

Bonhoeffer am 13. September 1943 im Gefängnis. Seine Worte haben auch für das Unterwegssein als Pilger auf dem Jakobsweg Gültigkeit, denn dieser Weg kann uns dabei helfen, die Normalität mit neuen Augen sehen zu lernen und nichts als Selbstverständlichkeit zu begreifen.
Früher oder später kommt jeder einmal an den Punkt, wo er sich die Frage »Warum gehe ich diesen Weg?« beantworten muss. Findet er keine befriedigende Antwort, wird er den Weg abbrechen und ihn nicht zu Ende gehen. Gerade der lange Weg braucht einen Sinn. Der Dichter und Künstler Detlef Willand brauchte die Zeit von zu Hause im Allgäu bis zum Kreuz von Galzetaburu am Fuß der Pyrenäen, um sich über diese Frage Klarheit zu verschaffen. Hier war er dem Aufgeben nahe und wollte den »äußeren Weg beenden« bis er die Herausforderung annahm und sich vorsichtig eingestand: »Vielleicht wurde ich dort ein Pilger«.
Wer sich entschließt, diesen Weg zu gehen, muss bereit sein, mit wenig Komfort ausgestattet, auf sich selbst gestellt unter freiem Himmel unterwegs zu sein. Nur wer sich ganz auf den Weg einlassen will, wird sein Geheimnis lüften. Cees Nooteboom hat das in seinem Buch »Der Umweg nach Santiago« einmal so ausgedrückt: »Beweisen lässt es sich nicht, und trotzdem glaube ich daran: An manchen Orten der Erde erhält auf geheimnisvolle Weise die eigene Ankunft oder Abreise durch die Empfindungen all jener eine besondere Intensität, die hier früher einmal angekommen, beziehungsweise wieder abgereist sind.«
Die Suche nach dem letzten Sinn ist es, die jeden Pilger antreibt. Das ist die eigentliche Aufgabe, nicht die Bewältigung des Weges. Ob er dabei Erfolg haben wird, ist ungewiss. Wenn die Sehnsucht so sehr gewachsen ist, dass sie größer geworden ist als die Zweifel, wird es Zeit aufzubrechen. In der Weite unterwegs sein, Ankommen und Heimkommen werden dann die nächsten Ziele sein. Wenn man erst einmal aus dem Kreidekreis seines bisherigen Lebens herausgetreten ist, und die sicheren Grenzen einer eigenen bekannten und beengten Welt überschritten hat, wird man draußen, allein unter freiem Himmel, irgendwann eine tiefe Ergriffenheit verspüren. Nach wochenlangem Wandern in einem fremden Land, das einem bald sehr vertraut sein wird, wird jeder Begegnungen mit Menschen haben und Eindrücke und Erlebnisse sammeln. Und schließlich wird er lernen, all das, was der Weg unterwegs an Erlebnissen ihm geschenkt hat, dankbar anzunehmen und zu reflektieren. Vielleicht versteht er dann auch im Zustand der Bedürfnislosigkeit den tieferen Sinn der Worte Franz Kafkas: »Im Leben soll man das Glück begreifen, dass der Boden, auf dem man steht, nicht größer sein kann, als die zwei Füße, die ihn bedecken.« Parallel zu dem äußeren geographischen Weg legt jeder Pilger seinen inneren Weg zurück. Zwischen beiden

besteht eine Wechselwirkung, die erst allmählich verstanden wird. Der Weg erschließt sich in seiner spirituellen Dimension nur langsam. Der Weg eines jeden Pilgers ist einzigartig, weil er immer wieder neu erlebt, erarbeitet und verstanden werden muss, auch wenn man scheinbar nur in die Fußstapfen seiner »Vorgänger« tritt. Wer am Ziel des Jakobsweges angekommen ist und nach Hause zurückkehrt, wird – vielleicht erst nach Jahren – verstehen, was der Satz von Martin Buber, »alle Reisen haben eine heimliche Bestimmung, die der Reisende nicht ahnt«, für ihn persönlich bedeutet. Der Jakobsweg lebt in jedem Pilger fort. Mit dem spirituellen Schatz, der durch den Mut zur eigenen Sehnsucht erworben wurde, haben die unterwegs gemachten Erfahrungen einen festen Platz in uns und werden auch im Alltag weiterleben.

Feldblumen in der Eifel.

Geh deinen Weg unbeirrt geradeaus,
wohin immer dein Glaube dich fhrt,
und sieh nie zurck.
La, was hinter dir liegt, hinter dir,
auch dein Versagen, auch deine Irrtmer.
Wichtig ist nur, da du die Stimme hrst,
die dich ruft und ihr nachgehst.
Und nun komm!

Jrg Zink

3. Tipps für unterwegs

Karten

Eifel:

Topographische Karte »Naturpark Kottenforst-Ville-Südblatt« 1:50 000,
Topographische Karte L 5506 Bad Münstereifel 1:50 000,
Topographische Karte Nr. L 5704 Prüm 1:50 000,
jeweils des Landesvermessungsamtes Nordrhein-Westfalen.

Topographische Karte L 5904 Kyllburg 1:50 000
Topographische Karte L 6104 Bitburg 1:50 000
Topographische Karte L 6304 Trier 1:50 000
jeweils des Landesvermessungamtes Rheinland-Pfalz.

Ab Oberleuken / französische Grenze:

Karte Nr. 11 Nancy, Metz, Luxemburg des Institut Geographique National (IGN).

Lothringen, Champagne:

Karte Nr. 11 Nancy, Metz, Luxemburg
Karte Nr. 10 Reims, Verdun
jeweils des Institut Geographique National IGN.

Burgund:

Karten Nr. 22 und 23 des Institut Geographique National (IGN).

Persönliche Vorbereitung

Zur wichtigsten Vorbereitung gehört die Auseinandersetzung mit der Spiritualität des Weges ebenso wie mit der eigenen körperlichen Leistungsfähigkeit. Wille und Seele können als Motivationsspender zweifellos ungeahnte körperliche Kräfte freisetzen. Dennoch sollte man sich nicht überschätzen, der Weg verlangt dem Pilger zu Fuß und zu Rad beträchtliche Anstrengung ab. Deshalb ist neben der mentalen eine körperliche Vorbereitung, zum Beispiel ein Ausdauertraining, unbedingt anzuraten. Man sollte vor Antritt der Reise in einigen Trainingswanderungen seine individuelle Leistungsfähigkeit dahingehend austesten, ob man die gewählten Entfernungen mit vollem Rucksackgewicht auch tatsächlich bewältigen kann oder sich gegebenenfalls für kleinere Etappen entscheiden muss.

Planung der Etappen

Vor Antritt jeder Etappe empfiehlt sich ein ausführliches Kartenstudium. In Deutschland benutzt man am besten Meßtischblätter der Landesvermessungsämter von NRW und Rheinland-Pfalz (Maßstab 1:50 000).
Die Auswahl der Route richtete sich zunächst danach, welche bekannten Pilgerstädte passiert werden mussten. Zwischen diesen Punkten sind, so gut es eben ging, historische oder ruhige Nebenstraßen ausgewählt worden.
Als Tagesleistung für einen durchschnittlich trainierten Wanderer wurde eine Strecke von zwanzig bis dreißig Kilometern eingeplant. Dabei wurde berücksichtigt, dass zu bewältigende Höhenmeter mehr Kraft kosten als die Ebene. In größeren Städten wie Trier und Metz wird ein zusätzlicher Tag benötigt, um die kulturhistorischen Sehenswürdigkeiten zu würdigen. Man sollte sich aber bewußt sein, dass es beim Zurücklegen jeder Etappe nicht nur um den Genuß historischer Bau- und Kunstwerke, sondern auch um die Annäherung an die unbekannte Dimension der Spiritualität des Pilgerns geht. Die Stille und Naturbelassenheit der durchwanderten Landschaften schaffen die Voraussetzung für eine solche Annäherung indem sie Körper und Seele in Einklang bringen.
Da man, um Gewicht zu sparen, keine Bücher mitnehmen kann, sollte man sich zu Hause über Kunst, Kultur und Geschichte des Jakobsweges informieren.
Die Geschichte dieses Wegs ist nicht im Mittelalter stehen geblieben, sie wurde und wird weiter geschrieben, solange er von Menschen begangen wird. Der Pilger von heute begegnet unterwegs ebenso den Zeugen unserer jungen Geschichte und der heutigen Gegenwart, seien es die langen Vorstädte mit ihren eintönigen Industrieansiedlungen, die stillgelegte Eifelbahn, der ehemals größte deutsche Verschiebebahnhof in Trier-Ehrang, die Reste der Maginot-Linie oder die Schlachtfelder der beiden Weltkriege in Lothringen. Auch diese Punkte gehören dazu, und sie sollten nicht übersehen werden. Das Unterwegssein auf dem Jakobsweg sollte sich nicht in einer romantischen Spurensuche nach dem Vergangenen erschöpfen. Die Auseinandersetzung mit sich selbst, den Menschen und den Fragen unserer heutigen Zeit gehören untrennbar dazu.
In Deutschland und Frankreich haben sich Landschaften und Städte in den letzten 30 Jahren mehr verändert als in den Jahrhunderten zuvor. Was der Krieg übrig gelassen hat, droht jetzt durch Umweltzerstörung oder Mangel an Geld unwiederbringlich verloren zu gehen. Dieser tiefgreifende Wandel hat schmerzliche und häßliche Wunden hinterlassen, wenn zum Beispiel Kultur- und Naturdenkmäler verschwunden sind

oder durch »optische Verschmutzung« verunstaltet wurden. Wer diese Erfahrungen auch auf sich einwirken läßt, erhält nicht nur ein ausschnitthaftes, sondern ein vollständigeres und ehrlicheres Bild vom heutigen Pilgerweg, das unmittelbar und authentisch ist und damit auch von der Geschichtslosigkeit und dem inneren Orientierungsverlust unserer heutigen Zeit ein beredtes Zeugnis ablegt.

Rucksack

Neben den Schuhen ist er das wichtigste Requisit. Am Anfang hatte ich einen einfachen Rucksack, der zu klein war, keinen Beckengurt hatte und mir große Rückenprobleme bereitete. Ich ließ mich beraten und kaufte mir einen Markenrucksack für ca. 200 Euro.

Einpacken

Was unterwegs gekauft werden kann und nicht jeden Tag benötigt wird, sollte man unbedingt zurücklassen. Von allem nur kleine Mengen (Seife, Zahnpasta, Shampoo) mitnehmen. Zwei Garnituren Wäsche reichen, eine zum Wechseln, die andere sollte man unterwegs waschen. Rucksack unbedingt vorher wiegen, möglichst nicht mehr als 13 Kilo mitnehmen. Ein Regenumhang (Pelerine), der über dem Rucksack getragen wird, ist beim Gehen im Regen wichtig.
Man sollte einen kleinen Esbit-Kocher und leichtes (!) Kochgeschirr mitnehmen, um sich ein warmes Getränk zum Frühstück und eine warme Mahlzeit aus der Dose zubereiten zu können. Vorsicht: Nicht in der Dose kochen, da diese innen beschichtet sind und sich beim Erhitzen gesundheitsschädliche Stoffe (BADGE) herauslösen können.
Man sollte sich auch etwas Waschmittel in der Tube oder als Pulver mitnehmen, damit man unterwegs Wäsche waschen kann.
Die folgende Aufstellung berücksichtigt schon die Wäsche, die auf der Anreise am Körper getragen wird:

Breitkrempige Mütze oder Hut,
Schlafsack und Isomatte,
Regencape (Pelerine die über dem Rucksack getragen wird, um diesen vor Regen zu schützen),
1 Paar leichte Wander-, Trekking- oder Jogging-Schuhe,
1 Jacke oder Anorak (Windschutz),
1 Sweatshirt,
1 Wollpullover,
2 Paar Baumwollsocken (übereinander tragen),
2 Garnituren Unterwäsche,

1 Paar lange Hosen,
1 Paar Shorts,
1 Hemd mit langen Armen,
2 Hemden mit kurzen Armen,
1 Küchentuch zum Abtrocknen von Gegenständen,
1 Handtuch für den Körper,
1 kleines Handtuch für die Füße,
2 Waschlappen,
Utensilien zur Körperpflege (Seife, Shampoo, Zahnpasta, Kamm,
Sonnencreme, Sonnenbrille, Ohropax ((gegen Schnarcher),
Nähzeug, Schnur, Wäscheklammern, Sicherheitsnadeln,
Foto, Filme,
Schreibzeug, Notizbuch,
Mehrzweck-Taschenmesser,
Besteck (aus Plastik), Esbit-Kocher, Tasse, kleiner Topf,
Kaffe, Tee, Zucker (kleine Mengen),
Wasserflasche aus Plastik (1,5 Liter),
Brustbeutel zur Aufbewahrung von wichtigen Dokumenten und
Geld am Körper,
Geldbeutel für kleine Geldmengen in der Tasche,
Reiseproviant für die Anreise,

Reiseapotheke
Auch hier Gewicht sparen! In Frankreich gibt es genug Apotheken, um sich zu versorgen. Bei Gruppen, die zusammen bleiben, reicht es, wenn man sich eine gemeinsame Reiseapotheke zusammenstellt, die abwechselnd von einem anderen Teilnehmer getragen wird. Darin sollten die folgenden wichtigsten Verbands-, Hilfs- und Arzneimittel zur Erst- oder Notfallversorgung enthalten sein:

Verbandszeug: Mullbinde, Pflaster, Schere, Pinzette, Nadeln zum Aufstechen von Blasen
Blasenpflaster, zum Beispiel Compeed.
Mittel zur Blasenvorbeugung: Hirschtalg, Ringelblumensalbe.
Salben zur Vorbeugung und Behandlung von: Sonnenbrand, Sehnen-, Gelenk- und Wundentzündungen, Allergien.
Tabletten gegen: Durchfall, Verstopfung und Schmerzen.
Tabletten gegen: Salz- und Mineralienverlust (Natriumchlorid, hochdosiertes Magnesium, sonstige Mineralien).
Tabletten zur Stabilisierung des Immunsystems (Vitamin C, Multivitaminpräparate).
Tabletten zur Trinkwasserdesinfektion (z. B. Mikropur).

Mitführen eines Einkaufswagens
Wer seinen Rücken entlasten will, kann einen Teil des Gewichtes (Zelt, Proviant) auf einen stabilen Einkaufswagen verlagern, den er dann hinter sich herzieht. Abgesehen von einigen kurzen Abschnitten führt der hier von uns beschriebene Weg immer auf gut befestigten Straßen entlang.

Schuhwerk
Die richtige Wahl ist sehr wichtig. Vorher genau ausprobieren, lange Stecken damit laufen, keinesfalls neue Schuhe mitnehmen. Am besten feste Turnschuhe mit Luftpolstersohle (keine Billigschuhe!), Einlagen und zwei Paar dünne Baumwollstrümpfe. Füße regelmäßig eincremen mit Hirschtalg oder Ringelblumensalbe. Wanderschuhe sind erst – wenn überhaupt – in Spanien notwendig.

Proviant
In der Eifel und in Nordfrankreich findet man selten zur Mittagszeit ein Lebensmittelgeschäft oder eine Einkehrmöglichkeit. Teilweise führt der Weg durch dünnbesiedeltes Land, daher ist tagsüber die Selbstversorgung mit Getränken und Essen unerläßlich. Keinesfalls sollte man, um Gewicht zu sparen, auf Proviant verzichten. Um den Rücken zu entlasten können Wasserflasche (mindestens 1,5 Liter!) und Essensvorräte in einem Tragebeutel, wie er für Sportschuhe benutzt wird, verstaut werden. Bei Pausen unterwegs ist die Verpflegung so schnell griffbereit und der Rucksack muss nicht jedes Mal geöffnet werden.
Tabletten (Vitamin C, Magnesium-, Salz-, Mineralien-Kombinationen) sollte man wegen des starken Schwitzens stets mitführen und zur Stärkung der Immunabwehr und zur Vermeidung von Kreislaufschwächen und Muskelkrämpfen regelmäßig einnehmen.

Anreise
Für die Anreise nach Prüm oder Trier kann man die Bundesbahn benutzen (Strecke: Bonn-Euskirchen-Gerolstein-Trier). Von Gerolstein weiter mit dem Bus nach Prüm. Von Koblenz aus kann man nach Trier an der Mosel entlang mit dem Zug fahren. Metz ist ebenfalls mit der Bahn zu erreichen (Strecke: Trier-Luxemburg-Thionville-Metz; in Luxemburg umsteigen).

Verhalten unterwegs
Als Grundregel sollte man den Wahlspruch beherzigen, den Karl Baedeker seinen Reiseführern vorangestellt hat:

Wer reisen will,
Der schweig fein still,
Geh steten Schritt,
Nehm nicht viel mit,
Tritt an am frühen Morgen,
Und lasse heim die Sorgen.
Philander von Sittenwald. 1650

Tageseinteilung
Das Gehen in der Mittagshitze bei Temperaturen von 25° bis 33° ist sehr ermüdend und kräftezehrend. Deshalb, früh aufstehen und am Vormittag viel Wegstrecke zurücklegen. Nach jeder Stunde und in der Mittagszeit eine längere Pause einlegen. Wer sich am Morgen ausreichend mit Proviant versorgt, ist tagsüber unabhängig und nicht auf Restaurants angewiesen. Bei Übernachtungen auf Campingplätzen, in Jugendherbergen oder in Hotels kann man schon am Abend die Rechnung begleichen, um früh wieder auf den Beinen sein zu können.

Verhalten auf der Straße
Stets auf den Verkehr achten. In Gruppen hintereinander gehen, nicht unterhalten, nicht dicht aufschließen, ausreichenden Abstand zum Vordermann einhalten, um die herankommenden Autos rechtzeitig zu sehen. Links gehen (nur bei scharfen unübersichtlichen Linkskurven auf die rechte Straßenseite wechseln). Bei schweren Lastwagen kurz zur Seite treten, da oft nicht genug Platz auf der Fahrbahn ist. Nicht nur auf den entgegenkommenden Verkehr, sondern auch den von hinten kommenden Überholverkehr im Auge behalten (Achtung bei gefährlichen Überholmanövern! Vorsicht beim Rasten in Fahrbahnnähe).

Sicherheit vor Diebstahl
Gepäck nicht unbeaufsichtigt zurücklassen. In Bahnhöfen, Kirchen, Supermärkten oder vor Läden auf der Straße unbeaufsichtigt abgestelltes Gepäck ist eine leichte Beute für Diebe. Wenn man allein ist, Fahrräder im Auge behalten oder abschließen, Radtaschen mitnehmen. Wertsachen wie Geld, Kreditkarten, Ausweise am Körper tragen (Brustbeutel).

Pilgerausweis
Stempel mit Datum sind nicht nur beliebte Sammelobjekte unter Pilgern, sondern auch ein Beleg (Dokument) dafür, dass man einen Weg tatsächlich gegangen ist. In Deutschland und Frankreich ist es manchmal etwas mühsam und bedarf einiger Überzeugungsarbeit, um einen

Stempel im Pfarramt zu bekommen, da diese Art der Bestätigung außerhalb von Spanien unbekannt ist und Missbrauch befürchtet wird. Einen Pilgerausweis (Beglaubigungsschreiben mit Anhang zum Abstempeln) kann man sich entweder bei den Jakobusgesellschaften besorgen, zur Not reicht aber auch ein weißes Stück Papier aus, das man sich in der Reihenfolge des gegangenen Weges mit Datum abstempeln läßt. Im Kloster Roncesvalles in den Pyrenäen stellen die Mönche jedem Pilger auf Wunsch ein solches Dokument (Credencial) aus, da es für die Übernachtung in den Pilgerherbergen (Refugios) unerläßlich ist. Die Pilgerausweise werden dort jeden Abend (zur Unterscheidung von echten Pilgern und Touristen) in den Refugios eingesehen und abgestempelt.

Sprache

Unterwegs muss man oft um Auskunft bitten, nach dem Weg fragen, dem nächsten Geschäft, einer Übernachtungsmöglichkeit usw. In Lothringen kann man zwar noch vereinzelt Menschen mit deutschen Sprachkenntisse antreffen, sonst sind Fremdsprachenkenntnisse in Frankreich eher eine Seltenheit. Auch die Beherrschung der englischen Sprache ist in der Regel weniger stark ausgeprägt als in anderen Ländern. Es empfiehlt sich daher, ein paar Sätze Französisch zu lernen oder sie sich aufschreiben zu lassen. Wer jedoch französisch spricht, gewinnt schnell Kontakte und das Vertrauen der Menschen.

Stempel von St. Peter in Euskirchen.

Öffnungszeiten in Frankreich

Lebensmittelgeschäfte:

Von 7.00 (oder 8.00) Uhr bis 18.30 (oder 19.30) Uhr; einige Geschäfte in kleinen Ortschaften sind von 12.00 bis 14.00 Uhr geschlossen; manche sind sonntags morgens geöffnet; Supermärkte sind häufig montags morgens geschlossen.

Andere Geschäfte:

Von 9.00 oder 10.00 Uhr bis 19.30 Uhr; manche sind montags halb- oder ganztags geschlossen.

Banken:

vormittags von 9.00 bis 12.00 Uhr; nachmittags von 14.00 bis 16.00 Uhr; samstags oder montags geschlossen.

Touristenauskunftsbüros:

(Syndicats D'Initiative) schließen häufig ab 14.00 Uhr.

Übernachtung

In der Eifel:

In Jugendherbergen (Bad Münstereifel, Blankenheim, Trier) oder in Pensionen, ab Trier bis Metz in Jugendherbergen (Saarburg, Metz), in Privatquartieren oder im Zelt.

Hotels in Frankreich außerhalb von größeren Orten:

Champagne :

l'Épine
Mailly-le-Camp
Pont-Ste.-Marie
Bréviandes, Buchères
Chaource

Burgund:

Avallon
Pontaubert
St. Père-sous-Vézelay

Campingplätze:

Champagne :

Bonzée
Verdun
Ste. Menehould
Châlons-sur-Marne.
Troyes

Burgund:

Chablis
Avallon
Tonnere
Avallon
St. Père-sous-Vézelay.
Vézelay.

Radfahren

Normal trainierte Radfahrer können die Etappen der hier beschriebenen Strecken ohne weiteres verdoppeln. Wer größere Wegstrecken wählt und weniger rastet, wird kaum in den Genuß der Landschaft kommen, wie ihn der Wanderer empfindet. Andererseits bietet sich mit dem Fahrrad eher Gelegenheit, seitwärts der Fußrouten gelegene interessante Ziele anzusteuern. (Für den Wanderer bedeutet ein »Abstecher« von 2 km immer 4 km Umweg, den Rückweg eingerechnet, der eine Gehstunde kostet!). Als Grundregel sollte man folgendes beherzigen:

Etappen nicht länger als 90 Kilometer wählen,
keine längeren Distanzen mit mehr als 5% Steigung,
Nebenstraßen mit wenig Verkehr benutzen,
Strecken sollten asphaltiert oder befestigt sein,
Weg nicht primär unter sportlichen Gesichtspunkten sehen.

Die Strecken von Bad Münstereifel bis Schönfeld, von Sirzenich bis Trier und von Saarburg bis Kastel sind nur zu Fuß begehbar. Für Radfahrer und PKW wird in diesen Abschnitten ein Ausweichen auf Bundesstraßen empfohlen. Alle übrigen in diesem Führer beschriebenen Wegrouten können mit dem Fahrrad befahren werden.

Ausschilderung des Weges

Die Strecke des Weges Köln – Bad-Münstereifel – Prüm – Echternach – Trier ist ausgeschildert. Die Variante von Konz über Perl nach Metz ist mit Kalksteinen (gelbe Muschel) und Hinweisschildern markiert, an markanten Punkten sind Einstiegstafeln zur Orientierung und Weghilfen angebracht.

Jakobusgesellschaften

Deutsche St. Jakobus-Gesellschaft e. V., Harscampstraße 20,
D-52062 Aachen (Tel.: 0241/47 90 12 7, Fax: 0241/47 90 22 2;
St. Jakobusbruderschaft Düsseldorf e. V., Grashofweg 12, D–40882 Ratingen-Homberg.

4. Itinerar

Von Köln über Trier nach Metz (309 km)

Von	nach	km	Hinweise
1. Köln (T,R)	Weilerswist (S)	28	Walberberg (K,R)
2. Weilerswist	Münstereifel(JH)	18	Kreuzweing. (K,R)
3. Münstereifel	Blankenheim (JH)	28	Münstere. (T,K,S,R)
4. Blankenheim	Schönfeld	28	Blankenh. (T,S,K,R)
5. Schönfeld	Prüm	14	Prüm (K,R)
6. Prüm	Waxweiler	17	Niederprüm (K,R)
7. Waxweiler	Niederstedem	23	Waxweiler (K)
8. Niederstedem	Trier (JH)	23	Trier (C,JH,K,S,R)
9. Trier	Saarburg (JH,S)	26	Konz (K)
10. Saarburg	Oberleuken	28	Kastel (K) Freudenburg
11. Oberleuken	Buding (C)	32	Grenze
12. Buding	St. Hubert	20	Homburg (S)
13. St. Hubert (K,R)	Metz	24	Metz (T,JH,K,R)
Summe		309	

Variante vor Jünkerrath über Kronburg:

4. Blankenheim	Kronenburg	20	Kronenburg (JH,S,K)
5. Kronenburg	Prüm	24	Prüm (K,S,R)

Variante ab Waxweiler über Echternach:

7. Waxweiler	Neuerburg	19	Neuerburg (S)
8. Neuerburg	Echternach (JH)	20	Wintersdorf (K)
9. Echternach	Trier (JH, C)	25	Echternach (K,S,JH,R)

Variante ab Konz über Perl (mit Wegmarkierung):

9. Trier	Merzkirchen	27	Fisch (K)
10. Merzkirchen	Perl	23	Perl (K, S, R)

Hinweiserklärung :

C = Campingplatz	K = Kirche
JH = Jugendherberge	S = Schloss, Burg
R = Reliquien-/Pilgerort	T = Stadttor

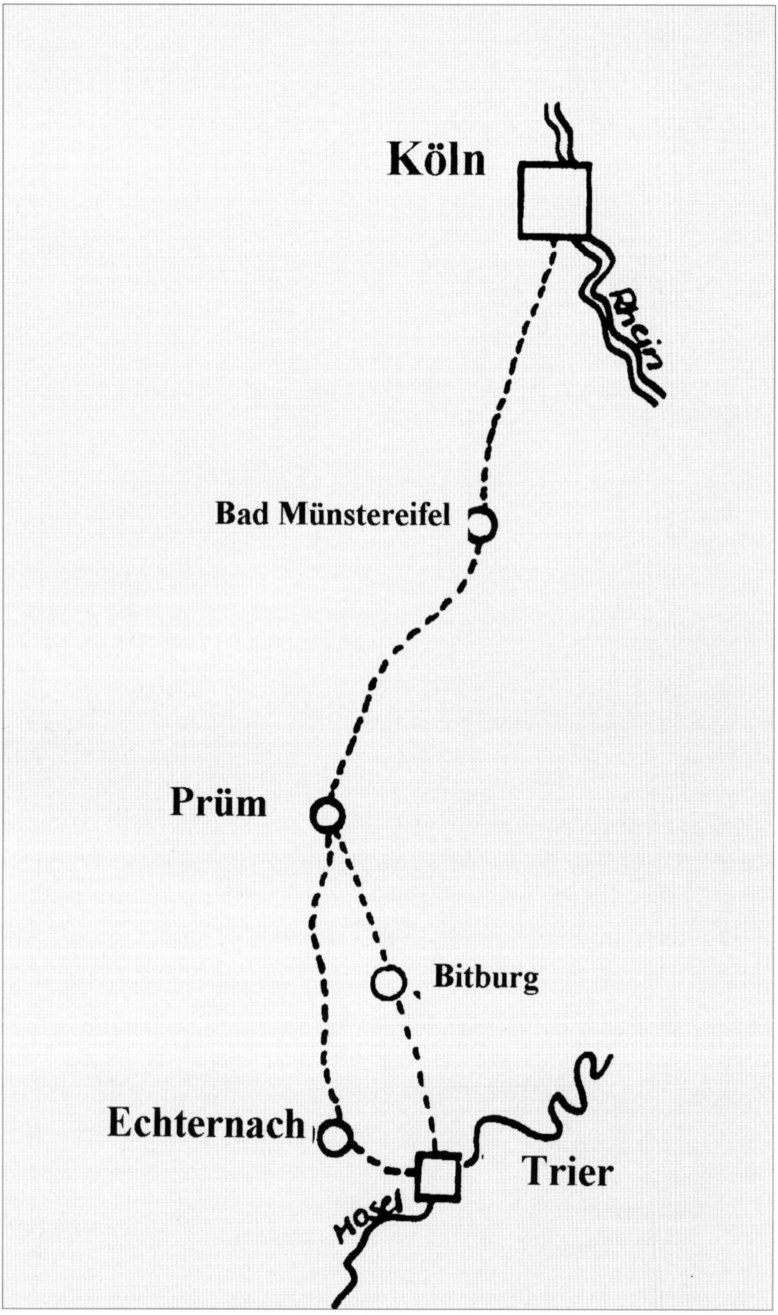

Gesamtübersicht des Jakobusweges von Köln nach Trier (aus: Kalebasse Nr. 17, S. 13, mit Ergänzungen).

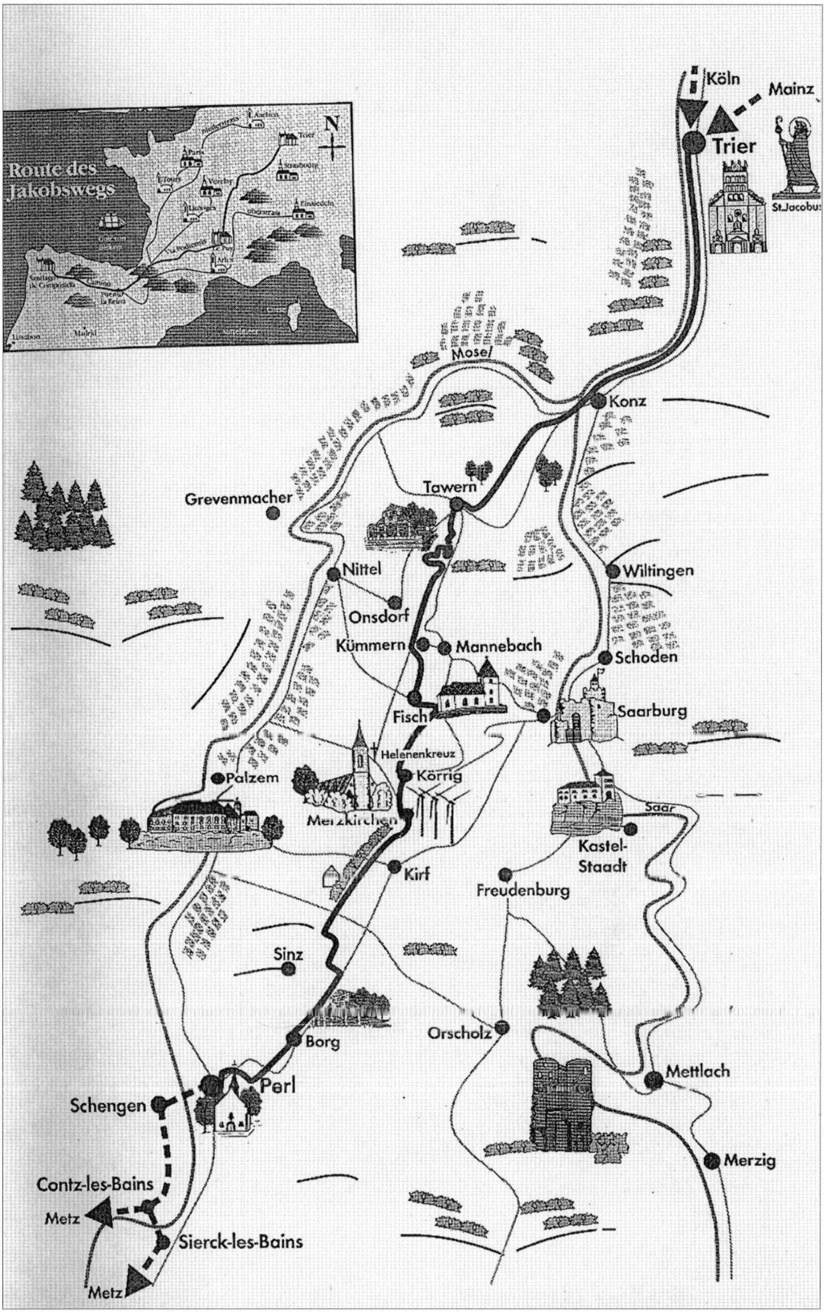

Gesamtübersicht des Jakobusweges von Trier nach Metz (aus: Kalebasse Nr. 17, S. 15, mit Ergänzungen).

Von Metz nach Vézelay – 421 km

Von	nach	km	Hinweise
1. Metz (T,R)	Mars-la-Tour	26	Gorze (K,R)
2. Mars-la-Tour	Bonzée	26	Soldatengräber
3. Bonzée	Verdun	25	Verdun (T,K,C,R)
4. Verdun	Auzéville	30	Auzéville (K)
5. Auzéville	Ste. Menehould (R)	21	Clermont (K)
6. Ste. Menehould	Tilloy-et-Bellay	30	St. M. (K,S,C)
7. Tilloy-et-Bellay	Châlons s. M.	31	Châlons (K,C,R)
8. Châlons s. M.	Somme sous	34	Somme sous (K)
9. Somme sous	Arcis-sur-Aube	22	Arcis (K,C)
10. Arcis-sur-Aube	Troyes	32	Troyes (K,C,R)
11. Troyes	Isle Aumont	25	Isle A.(K,C)
12. Isle Aumont	Valliers	29	Chaource (S)
13. Valliers	Tonnere	23	Tonnere (K,C)
14. Tonnere	Joux-la-Ville	33	Joux (K)
15. Joux-la-Ville	Vézelay (R)	34	Avallon (T,K,R)
Summe		421	

Hinweiserklärung :

C = Campingplatz   K = Kirche
S = Schloss, Burg   R = Reliquien-/Pilgerort
T = Stadttor

Weg in der Eifel hinter Blankenheim.

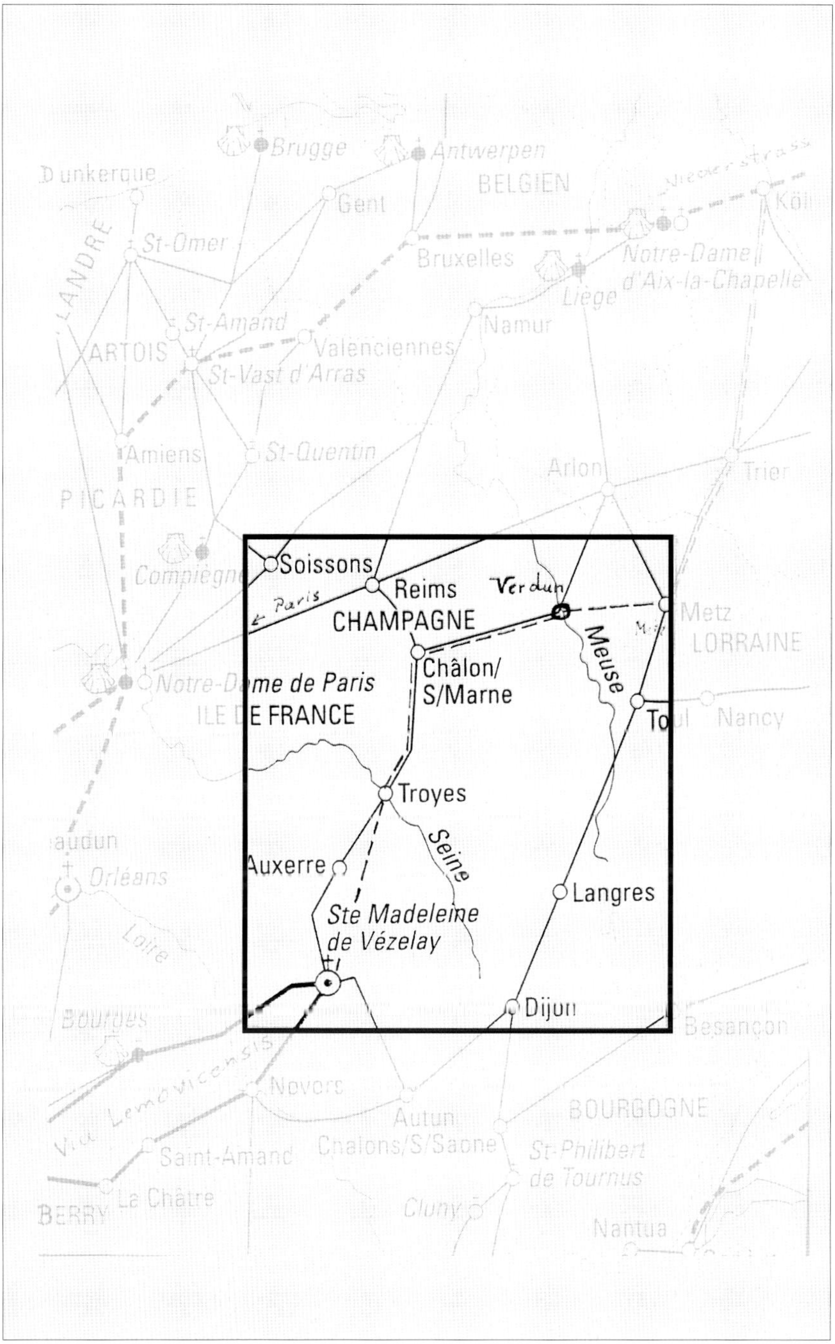

Gesamtübersicht des Jakobusweges von Metz nach Vézelay.

Reisesegen

Setz leicht den Fuß, begehre kein Verweilen,
Am Rand der Straße schneide dir den Stab;
Bleib, der du bist, und durch bestaubte Meilen
Getröste dich der Pilgerschaft ans Grab.

Dir zugeteilt, gemeine Gift mit allen,
Brot, Früchte, Wasser, sollst du nicht verschmähn.
Den bunten Raub, mit dem sie sich gefallen,
Laß hinter dir: er hindert dich am Gehn.

Brich nicht das Herz, wo du das Brot gebrochen,
Das deine nicht und das der andern nicht;
Ein freundlich Wort, zur rechten Zeit gesprochen,
Ein Händedruck, der nicht zuviel verspricht.

Und dennoch Treue, die sich schickt zu dienen,
Und Glaube, der nicht fordert und nicht schilt;
So wird die Welt, die Wüste dir geschienen,
Zu deinem Werk und deinem Bild.

Rudolf Alexander Schröder (1931)

5. Wege und Straßen der Pilger

Im Mittelalter kannte man auf dem Gebiet des Römisch-Deutschen Reiches drei große Sammelpunkte der nach Santiago de Compostela wallfahrenden Pilger:

Im Norden
Für den Transport zu Schiff waren dies für die aus dem Osten und Skandinavien stammenden Pilger die Hansestädte an der Ostsee (Lübeck, Stralsund, Danzig, Riga Reval) sowie die Hansestädte an der Nordsee (Hamburg und Bremen); ferner fanden auch Schiffstransporte von den Flußhäfen des Niederrheins (Köln, Neuss und Duisburg) statt.

Im Westen
Fußpilger sammelten sich in Aachen am Beginn der »Nieder-Straße«, die über Paris zum Martinsgrab nach Tours und zu weiteren Städten mit bedeutenden Heiligengräbern führte, um in den Pyrenäen Anschluß an das spanische Wegenetz zu finden.

Im Süden
Das Kloster Maria Einsiedeln in der heutigen Schweiz war Ausgangspunkt für Fußpilger, die auf der »Oberstraße« ins Rhonetal gelangen wollten, um von dort die Straße von Le Puy zu erreichen.

Wie alle Reisenden benutzen die deutschen Pilger die vorhandenen Wege und Versorgungsstrukturen, die ihnen die Voraussetzung für einen gesicherten Ablauf einer Reise oder einer Pilgerfahrt gewährleisteten. Dies waren hauptsächlich Heeres- und Geleitstraßen sowie Handelswege mit erschlossenen Fluß- und Bergübergängen. Nicht alle Ausstrahlungen des mit der Verehrung des heiligen Jakobus verbunden Heiligenkultes, wie sie in den Namensgebung von Bruderschaften, Patrozinien, künstlerischen Darstellungen und Pilgerherbergen ihren Niederschlag gefunden haben, lassen zuverlässig in Deutschland auf eine einheitliche und ausschließlich für Pilger geschaffene Wegestruktur schließen. Als »Pilgerstraßen« dienten in Deutschland vielmehr historische Fernwege, die auch die Pilger aus Skandinavien – die nicht den Seeweg benutzten – und aus Osteuropa von Polen bis Ungarn bereisten. Pilger aus dem Norden kamen auf dem Landweg über Hamburg, Bremen, Osnabrück, Münster auf gut entwickelten und mit einer dichten Infrastruktur versehenen Wegen nach Köln und konnten von hier auf dem alten Königsweg nach Aachen weiterreisen. Große Bedeutung besaßen

Altstraßen wie die via regia, die von Görlitz über Bautzen, Erfurt und Fulda nach Köln führte oder der von Paderborn nach Duisburg führende Hellweg, der durch das Sauerland führende Heerweg oder die Heidestraße. Auf all diesen Wegen strömten die Pilger herbei ins Rheinland nach Köln.

Köln als Verteilerstation der Jakobspilger

Der Weg von Köln zur Straße von Limoges und von dort aus weiter nach Santiago de Compostela läßt sich in vier große Abschnitte untergliedern:

1. Das rheinische Wegsystem im Dreieck der großen Wallfahrtsziele Köln, Aachen und Trier;
2. der Zubringerweg von Trier über Metz nach Vézelay;
3. die Hauptroute in Frankreich von Vézelay bis Ostabat (Via Lemovicensis);
4. der spanische Jakobsweg von Ostabat über Puenta la Reina nach Santiago de Compostela (Camino Frances).

Der Legende nach soll Karl dem Großen durch den heiligen Jakobus im Traum der Weg nach Santiago de Compostela als Sternenweg gezeigt worden sein. Karl der Große soll als erster Jakobspilger – da er in Spanien gegen die muselmanische Vorherrschaft kämpfte – das Grab des heiligen Jakobus entdeckt und für die Pilger den Weg dorthin freigekämpft haben. Tatsächlich aber ist vor dem 11. Jahrhundert kein Hinweis über eine konkrete Pilgerroute nach Santiago de Compostela bekannt. Erst durch das fünfte Buch des Codex Calixtus, der um 1139 entstanden ist, wird in dem Pilgerführer, der dem französischen Priester Aimeriy Picaud zugeschrieben wird und eine große Berühmtheit erlangt hat, eine genauere Beschreibung der verschiedenen Pilgerrouten vorgenommen. Danach gab es in Frankreich insgesamt vier große Wegrouten, die als so genannte Jakobspilgerstraßen belegbar sind. Ihre Ausgangspunkte Tours (Via Turonensis), Vézelay (Via Lemovicensis), Le Puy (Via Podensis) und Arles (Via Tolosana) waren zugleich wichtige Zentren der Heiligenverehrung und übten deshalb eine große Anziehungskraft aus. Sie werden alle im Pilgerführer des Codex Calixtus erwähnt.
Zu einem dieser Sammlungspunkte – dem in Burgund gelegenen Wallfahrtsort Vézelay mit dem im Mittelalter verehrten Grab der heiligen Magdalena – führt der in diesem Buch von Köln aus beschriebene Weg.

Anhand eines Vergleichs der zwischen 1139 und 1164 entstandenen Textversionen des zuvor genannten mittelalterlichen Pilgerführers ist geschlossen worden, dass die Via Lemovicensis (Route III) in früheren Ausgaben dieses Führers in Périgueux ihren Ausgang genommen hat und erst zwanzig Jahre später nach Norden bis nach Vézelay verlängert worden ist.
Der Grund für die Ausdehnung dieser Pilgerstraße, die auch an den unterschiedlichen Bauperioden der Kunstwerke sichtbar wird, dürfte eng mit der zeitlichen Entwicklung der Pilgerzentren längs dieser Straße zusammenhängen.
Nachdem die 1120 durch einen Brand zerstörte Abteikirche von Vézelay vierzig Jahre später wiederaufgebaut worden war und der ebenfalls bedeutsame Wallfahrtort St. Leonard de Noblat sich gegen seine Konkurrenz in St. Leonard de Corbigny (Nievre) durchsetzen konnte, wurde in der letzten Ausgabe des Pilgerführers die heute auch als Vézelay-Route bezeichnete Ergänzung eingefügt.

Das Wegenetz

Zu den großen Sammelpunkten in Frankreich strömten die Pilger von überall auf Zubringerstraßen herbei. Aus den verschiedensten und entlegendsten Gegenden Europas waren damals Menschen mit dem Ziel einer Fernwallfahrt allein oder in kleinen Gruppen unterwegs.
Im Gebiet des heutigen Deutschland wie in Frankreich suchten sich die Pilger ihren Weg nach den gängigen Handelsstraßen und wichen bei Kriegen, Seuchen oder Hungersnöten auf andere Routen aus. Der exakte Verlauf dieser alten Pilgerwege läßt sich daher nicht immer eindeutig bestimmen. Zwar stoßen auch in Frankreich Rekonstruktionsversuche an ihre Grenzen, wenn sich im Laufe der Zeit einige Routen beträchtlich geändert haben, was auch mit der nachlassenden Attraktivität einiger Pilgerziele zusammenhing, jedoch ist hier und in den südlichen Ländern, Italien und Spanien, eine Identifizierung der Pilgerwege anhand der zahlreichen Pilgerberichte und der dort vermerkten Pilgerziele noch am ehesten möglich. Weniger gut dokumentiert hingegen ist der Weg in den Ländern östlich des Rheins, wo es nur spärliche authentische Berichte gibt, die eine zuverlässige Rekonstruktion eines Wegverlaufes erlauben würden. Andere Quellen, die Hinweise liefern könnten, wie Verkehr, Steuern, Hospitäler, Klöster, Patrozinien usw. erlauben nicht immer eine eindeutige Verknüpfung mit einer Santiago-Pilgerroute.

Anhand der Bauwerke und der Pilgerziele, die in alten Führern erwähnt sind, lassen sich heute die Wege in Europa wenigstens in den großen Linien nachzeichnen. Die Hauptwege in Frankreich teilten sich fächerförmig immer weiter auf, je mehr man sich von den Pyrenäen nach Norden und Osten entfernte.

In Spanien dagegen waren die Wegverläufe klarer gegliedert. Zum Teil liegt dies daran, dass dort eine starke Verdichtung des nördlichen Wegnetzes stattfand. Im übrigen war das französische Gebiet schon immer Durchgangsland. Auch im Codex Calixtus wird das Hauptaugenmerk vor allem auf den spanischen Wegabschnitt gerichtet. Es war nicht nur üblich, sondern fast Pflicht, auf dem Weg noch zusätzlich Wallfahrtsorte zu besuchen. Allerdings war keinem Pilger zwingend vorgeschrieben, einem ganz bestimmten Wegverlauf zu folgen. Außerdem waren nicht alle Pilger aus rein religiösen Motiven unterwegs, viele gingen auch wirtschaftlichen Interessen nach. Wechsel von der einen zur anderen Route und Abstecher zu seitab gelegenen Zielen waren nicht nur möglich, sondern üblich, schließlich gab es Herbergen und Unterkünfte für Pilger in ausreichender Zahl.

In Frankreich gab es viele Verbindungspfade zwischen den Routen. Die im Pilgerführer des Aimeriy Picaud vorgegebene Wegstruktur entpuppt sich bei näherem Hinsehen als Ergebnis einer von überregionalen Wallfahrtszielen überlagerten Routenführung. Wir müssen deshalb davon ausgehen, dass sich innerhalb Frankreichs nicht nur diese großen Wegelinien als Pilgerstraßen ausbildeten, sondern ein großes, teilweise schwer überschaubares Netz von Wegen entstand, das von den Menschen auf ihrem Weg von und nach Galicien genutzt wurde.

Die spanischen Abschnitte des »Camino Frances« wurden vom 10. bis zum späten 11. Jahrhundert im Gefolge der Reconquista und des Überfalls von Al Mansur 997 auf Santiago primär sogar als Heerstraße genutzt, während erst in späterer Zeit die Funktion als Pilgerweg dominierte. Zweifellos verdient aber der spanische Wegabschnitt mit seiner noch heute lebendigen Pilgertradition am ehesten die Bezeichnung »Pilgerweg«, während alle anderen »Jakobswege« eine diesem Weg eher zu- oder untergeordnete Funktion haben. Letztendlich sind es die vielen kleinen Quellen der individuellen Wegrouten der einzelnen Pilger, die den spanischen Weg speisen und ihn schließlich zu einem breiten Strom werden lassen, je mehr man sich Santiago de Compostela nähert (Röckelein/Wendling).

Zusammenfassend kann man feststellen, dass die Wege der Jakobspilger nicht ausschließlich als Pilgerwege konzipiert und begangen wurden, sondern auch wirtschaftlich und militärisch genutzt wurden.

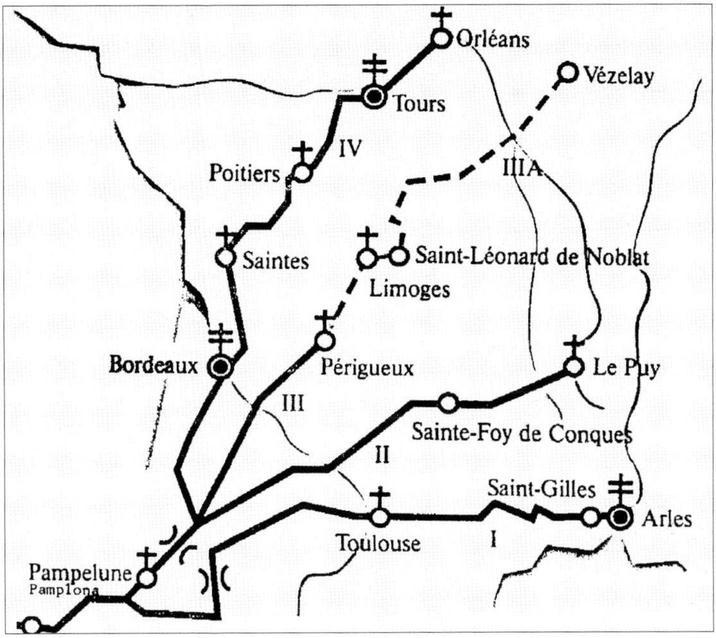

Übersicht über die großen Jakobs-Straßen in Frankreich (aus: Mandach, André de, A fresh Approach to the Pilgrim's Guide to the Way of St. James of Compostela).

Erklärung:

I Route von Arles;

II Route von Le Puy;

III Route von Perigeux mit späterer Verlängerung (IIIa) bis Vézelay;

IV Route von Tours;

Der Zustand der Straßen

Fernwege aus prähistorischer oder frühmittelalterlicher Zeit waren weniger siedlungsorientiert. Sie führten als so genannte Firstwege über lange Strecken auf Höhenzügen oder sie folgten als Hellwege dem Hangfuß von Tal- und Stufenhängen. Ihre Richtung war häufig von bestimmten topographischen Gegebenheiten bestimmt: Flußübergänge, Gebirgspässe oder Landbrücken in sumpfigem Gelände. Erst nach 1150 ensteht ein dichteres Fernwegenetz, das auch wachsende Städte als Knotenpunkte einschließt.

Das römische Straßennetz reichte in der Zeit seiner größten Ausdehnung vom hohen Norden Schottlands bis zur Sahara in Afrika. In einer

Länge von über 250 000 Kilometern durchzogen gut ausgebaute und befestigte Fernstraßen das ganze Römische Reich. Nach dem Untergang des Römischen Reiches blieb zwar auch in der Region Köln-Trier-Metz das Straßennetz zunächst noch bestehen, verfiel aber insbesondere im Bereich der Brücken und an fernen Stellen wegen fehlender Instandhaltung. Ebenso gerieten die mustergültig ausgebauten »Königswege« Karls des Großen (768–814) später in Verfall, als sie durch Pilgerzüge des Mittelalters stark beansprucht und nicht konsequent ausgebessert wurden. Dennoch folgte bis ins 17. Jahrhundert der Reisende nicht nur in dieser Region den alten Trassen des römischen Straßennetzes, die sich mitunter allerdings in einem abenteuerlichen Zustand befanden. Schlaglöcher wurden nur notdürftig repariert und mit Erde oder Reisig zugeschüttet. Überflutungen, Frostaufbrüche und schwer beladene Fahrzeuge, wie die ab dem 13. Jahrhundert aufkommenden vierrädrigen Wagen, trugen zu Zerstörungen der Fahrbahndecke bei. Erst seit Ende des 14. Jahrhunderts wurden die schweren massiven Holzräder der Wagen durch leichte Speichenräder ersetzt.

Die Römerstraßen wurden von den Verkehrsteilnehmern an den Rändern oft zu »Rollbahnen« erweitert, weil die Trasse in der Mitte nahezu unbrauchbar geworden war. Mit der Zeit eigneten sich diese Randbereiche besser zum Fortkommen als die eigentliche römische Streckenführung. Häufig kam es wegen der Ausuferung der Trassen an den Wegrändern zu Konflikten mit Bauern, weil die Reisenden deren Felder mitbenutzten und sich so die Anbaufläche und damit das Einkommen der Bauern stetig verminderte und diese gezwungen waren, neues Land zu roden. Auch durften die Reisenden des Mittelalters in einem bestimmten Bereich entlang des Weges Futter für ihrer Pferde mähen. Vielerorts versuchte man, die Reisenden vom eigenen Grund und Boden fernzuhalten, indem man Baumstämme als Wegbegrenzung aufstellte oder eingemauerte Hohlwege und Gräben anlegte.

Waren die Römerstraßen anfangs noch in der Hand des Königs, gingen sie später in die Hände der örtlichen Herrscher über. Das deutsche Wort »Straße« ist von dem lateinischen Wort »via strata« (gepflasterter Weg) abgeleitet. Der Bau von Landstraßen, vornehmlich für militärische Zwecke, ist in Bayern schon für das frühe Mittelalter überliefert, während die Einrichtung »Gemeine Landstraße«, die dem Durchgangsverkehr diente und für deren Bau und Unterhaltung der lokale Herrscher Verantwortung trug, sich erst im späten Mittelalter herausbildete. Obwohl das römische Straßennetz weitverzweigt war, zwangen eine Reihe von Faktoren den Pilger im Mittelalter dazu, sich auf einige wenige Hauptrouten zu beschränken, wenn er sicher von einem Ziel zum anderen gelangen wollte. Neben dem Zustand der Straßen zählen hierzu vor allem geographische Gesichtspunkte, je nachdem, ob hohe Berge überstiegen werden oder gefährliche Sümpfe und tiefe Wälder durchschritten werden mussten. Wichtig für die Wahl der Route waren auch die politischen Umstände, da bei der Durchquerung zahlreicher kleiner Territorialstaaten diese einen größtmöglichen Profit aus dem Straßensystem ziehen wollten. Reisende standen zwar unter dem Schutz des jeweiligen Herrschers, mussten dafür aber Zölle und Abgaben entrichten. Ein kaiserliches Dekret aus dem Jahre 1548 schrieb vor, dass bei einem Überfall auf einen Reisenden die Glocken geläutet werden und die Regierenden und ihre Vasallen zu Hilfe eilen müssen, um den Schuldigen gefangen zu nehmen.

Ein starker Pilgerverkehr hat sicher auch dazu beigetragen, dass die Herrschenden im Mittelalter neue Straßen bauten, vor allem, wenn die alten Römerstraßen unbrauchbar geworden waren. Die erst im Mittelalter entstandenen Wege waren zwar nicht wie die Römerstraßen befestigt, aber – trotz ihrer starken Zerfurchungen – für Fußwanderer und Reiter eher geeignet, da der weiche Untergrund Füße und Hufe schonte. Im Sommer waren diese Wege äußerst staubig und im Winter verschlammt. Adelige reisten auf dem Pilgerweg lieber zu Pferde und nächtigten in Burgen und Schlössern. Die einfacheren Pilger waren zu Fuß unterwegs und mussten sich mit den am Rande der Städte gegründeten Spitälern, Klöstern oder einfacheren Wirtshäusern begnügen.

Vielfach durften Kaufleute durch größere Orte nur reisen, wenn sie dort für eine bestimmte Zeit ihre Waren anboten. Man erhoffte sich davon eine Ankurbelung des Handels und eine Aufwertung der betreffenden Orte als Handelsplätze. Das Recht, Abgaben zu erheben, ursprünglich ein königliches Vorrecht, war gekoppelt mit der Verpflichtung, die Wege instand zu halten, um einen sicheren Warentransport zu gewährleisten. Hierfür konnten einzelne Gemeinden herangezogen werden. Handelte es sich um größere bauliche Arbeiten – etwa den Bau einer Brücke – war diese Leistung von mehreren Gemeinden gemeinschaftlich zu erbringen.

Die hygienischen Zustände auf den Straßen waren in Deutschland bis ins 14./15. Jahrhundert hinein schlecht. Schmutz und Unrat waren ständige Begleiter des Pilgers. In Städten, wo es weder Abfallbeseitigung noch Toiletten gab, wurde der Unrat einfach auf die Straße geworfen. Nur dort, wo Abfälle in Bäche und Flüsse mit stärkerer Strömung entsorgt werden konnten, war es um die Sauberkeit etwas besser bestellt. Wenn die Zustände unerträglich wurden, war es in manchen Orten üblich, Straßen und Gassen, die ein Gefälle aufwiesen, mit angestautem

Wasser durchzuspülen, um sie auf diese Weise zu reinigen. Waren die Römer noch Meister in der Straßenpflasterung, begann man in deutschen Städten die Straßen im allgemeinen erst seit Beginn des 15. Jahrhunderts zu pflastern. Die Stadt Köln war eines der frühesten Beispiele hierfür. Aussschlaggebend waren vor allem gesundheitliche, insbesondere seuchenhygienische Gründe.

Pilgerwege und Siedlungsentwicklung

Als nach dem Ende der Römerherrschaft die Brücken zerstört oder zerfallen waren, ging man dazu über, die Flüsse an Furten, die man seicht durchwaten konnte, zu überqueren. Um eine Furt zu Fuß, zu Pferd oder mit dem Wagen sicher durchqueren zu können und nicht im Schlamm stecken zu bleiben, musste ihr Untergrund befestigt werden. Dies geschah durch Aufschüttung mit Steinen oder durch Pflasterung. Ein großer Nachteil dieser Flußübergänge war, dass sie bei Hochwasser unpassierbar waren. Zur Aufrechtung der Handels- und Verkehrsverbindungen richteten die Herrschenden daher Fähren ein. Dazu mussten sie vom Kaiser ein Fährprivileg kaufen.

Einer der größten Unsicherheitsfaktoren war für die Pilger das Wetter. Schwere Gewitterstürme konnten vor allem im Gebirge zu heftigen Überflutungen führen, Flüsse unpassierbar werden lassen und Teile der Straßen wegspülen. Um die großen Pilgerströme zu den heiligen Stätten zu lenken, musste man die Flussübergänge für sie sicherer machen und ihnen die Wege dorthin im wahrsten Sinne des Wortes »ebnen«. Zu diesem Zwecke bildeten sich an Flussübergängen Brückenbauer-Bruderschaften heraus. Bis zum 11. Jahrhundert baute man Brücken vorwiegend aus Holz, danach ging man zur Steinbautechnik über.

Mancherorts wurden auch die Mönche dazu angehalten, die Straßen zu unterhalten und auszubauen. In Deutschland hat die durch den Jakobuskult einsetzende Pilgerbewegung ganze Städtebilder entlang der verschiedenen Fernhandelswege geprägt (z. B. Aachen, Augsburg, Köln, Leipzig und Naumburg). Bei der Entstehung von Pilgerrouten hat sicherlich auch die Existenz von Marktorten eine Rolle gespielt, da sie einerseits natürlich der Versorgung des Pilgers dienten und andererseits für den Landesherrn von wirtschaftlichem Interesse waren. Wichtige, schon zu ottonischer Zeit erwähnte Marktorte im Gebiet zwischen Köln und Metz waren u. a Prüm, Trier, Wasserbillig, Koenigsmacker, Diedenhofen (Thionville), Verdun, Metz, Toul.

Der Einfluss von Pilgerwegen auf die mittelalterliche Siedlungsent-

wicklung hing nach Franz Irsigler wesentlich von der Bedeutung des Wallfahrtszieles, der Konstanz seiner Anziehungskraft über Jahrzehnte und Jahrhunderte und der Zahl der Pilger ab, die diese Route begingen. Es ist unbestritten, dass durch die periodisch durchgeführten Wallfahrtsbewegungen in den Orten, die selbst Pilgerziele waren, der Ausbau von Beherbergungsmöglichkeiten beträchtlich gefördert wurde. Als Folge davon unterblieb in kleineren Etappenorten die Errichtung von Versorgungseinrichtungen, weil die Entfernungen eine Quartiernahme dort einerseits nicht erforderte und diese sich andererseits offenbar auch nicht wirtschaftlich rechnete. Am Jakobsweg in Spanien hingegen gibt es zahlreiche Beispiele, dass der Pilgerverkehr vor allem an kritischen Punkten wie an Flussübergängen durch den Bau von Brücken dazu geführt hat, dass Hospize erbaut und Siedlungen wie Puenta la Reina oder Santo Domingo de la Calzada entweder neu gegründet oder bestehende Ansiedlungen weiter ausgebaut wurden.
Von Pilgern durften keine Wegzölle erhoben werden. Im »Liber Sancti Jacobi« wird sogar empfohlen, Verstöße gegen diesen Grundsatz mit der Exkommunikation zu bestrafen. Weil das Reisen als Pilger aber billiger war als das Reisen als Handelsreisender, wurde beides häufig miteinander verknüpft. Deshalb wurde es später üblich, von allen Reisenden, also auch von »echten« Pilgern, Zölle einzufordern.
Der Straßenzwang war im übrigen ein allgemein beliebtes Mittel, die zahlreichen Maut- und Marktgebühren den privilegierten Städten zukommen zu lassen. Hohe Strafen drohten dem, der die vorgeschriebenen Straßen umgehen wollte.

Unterkünfte für Pilger

Im ganzen Mittelalter waren die Pilger auf dem Weg nach Santiago de Compostela schwierigen und gefahrvollen Situationen ausgesetzt. Viele, die unterwegs waren, wählten die Straße zum Ort ihrer Untaten. Da es damals üblich war, entweder allein oder in kleinen Gruppen zu pilgern, war es erforderlich, dass die Pilger abends eine sichere Unterkunft für die Nacht und ausreichend Verpflegung hatten.
Bereits unter Karl dem Großen wurde die Tradition der römischen Unterkunftshäuser im christlichen Geiste wieder belebt, da von ihm verordnet wurde, dass sich seine Rasthäuser (Hospitalia) vor allem der Pilger anzunehmen hätten. Zu deren Unterhaltung wurde von der Geistlichkeit ein so genannter Hospiz-Groschen abgezweigt. Als Schlafstellen dienten den Pilgern darüberhinaus Scheunen, Arkaden von Marktplät-

zen, Dachböden und Vorhallen von Kirchen (Paradies), Kapellen in den Chorumgängen oder Emporen von Pilgerkirchen. Kirchliche Einrichtungen und Unterkünfte in Klöstern galten in der Regel als sauber und relativ sicher.

Tavernen (Taverna) und Gasthäuser sind seit dem 11. Jahrhundert in Europa bezeugt. Sie standen aber vielfach im Ruf von Bordellen oder Plätzen, wo Reisende betrogen und bestohlen wurden. Die Wirte betrogen ihre Gäste bei den Getränken, indem sie beim Ausschenken falsche Maße verwendeten, weibliche Hausangestellte gingen der Prostitution nach. Geldwechsler machten häufig gemeinsame Sache mit den Wirten und wechselten die Münzen der Pilger zu Kursen weit unter Wert. Schlechte Wirte versteckten wertvolle Gegenstände wie Ringe, Becher oder Siegel im Gepäck der Pilger, um sie unter dem Vorwand des Diebstahls nach dem Verlassen der Herberge verfolgen und berauben zu können. Die Qualität der angebotenen Speisen und Getränke war häufig schlecht, die zur Herstellung der Speisen verarbeiteten Rohstoffe waren verdorben, die Unterkünfte schmutzig und laut. Nur in seltenen Fällen stand ein Bett für einen Menschen allein zur Verfügung, meist mussten die Schlafplätze mit anderen Menschen in einem großen Raum geteilt werden. Selbst unter Adeligen war es nicht unüblich, dass in einer Bettstatt mehrere Personen die Nacht verbrachten. Erst ab dem 13. Jahrhundert waren Gasthäuser mit verschiedenen Räumlichkeiten ausgestattet (Gästezimmer, Eß- und Aufenthaltsräume).

Mittelalterlicher Jakobuspilger (aus: »The Santiago de Compostela Pilgrim Routes«. Report of the Bamberg Congress. Council of Europe, Strasbourg 1989).

Herbergen, Hospize, Hospitäler. Die Armenpflege war eine der wichtigsten Leistungen der christlichen Kirche. Schon im frühen Christentum war die Sorge um Arme, Alte und Kranke in den Gemeinden (Caritas) entwickelt (Apostelgeschichte 6, 1–6). Um 350 n. Chr. werden alle Bischöfe angehalten, neben den Gotteshäusern Herbergen für Reisende und Pilger zu errichten. Im frühen Mittelalter war es Tradition der Benediktinerklöster, den Pilgern täglich Schutz, Verpflegung und Obdach zu gewähren. Dieses Gebot der praktizierten Nächstenliebe war ihnen in ihrer Regel ausdrücklich vorgeschrieben worden. Fremde und Kranke sollten wie Christus behandelt werden.

Die ältesten Hospize, die wir kennen, sind von Klöstern errichtet worden. Schon in dem ältesten uns erhaltenen Klosterplan von St. Gallen ist ein eigenes Spital für Pilger und Reisende ausgewiesen.
Arm zu sein wurde in der mittelalterlichen Gesellschaft als von Gott gegeben betrachtet, um anderen Gelegenheit zur Wohltätigkeit zu bieten. Dies galt auch für die Pilger. Almosen zu empfangen war keine Schande, denn der Dank des Empfängers sollte in der Fürbitte für den Geber bestehen. Solche, auch mit den Jakobspilgern geschlossenen »Verträge« folgten der Maxime: »die Reichen müssen den Armen helfen, dafür müssen diese für die Reichen beten und werden so zu ihren Wohltätern«. Dieses auf Gegenseitigkeit beruhende Prinzip trug sehr zur Förderung der privaten und öffentlichen Wohlfahrt bei. Reichtum, der nach kanonischem Recht nur ehrlich erarbeitet und nicht durch Spekulation erworben sein durfte, löste zugleich die moralische Pflicht aus, »Schutzarme« zu haben und für sie zu sorgen. Im so genannten »Pilgertraktat«, dem ältesten Buchdruck (Augsburg um 1487) über den berühmten Schweizer Eremiten Bruder Klaus im Ranft (»Bruoder Claus«, von einem »ehrsamen Pilger« verfasst, der im »elend« weilte und die Stätte der Gnade besuchte), wird von einem Gespräch mit Bruder Klaus berichtet, in dem ausführlich auf die Ausübung der Werke der Barmherzigkeit eingegangen wird. Auf zwei Holzschnitten, auf denen die Werke der Barmherzigkeit – »Fremde beherbergen und Hungrige speisen« – dargestellt sind, sind die Empfänger des barmherzigen Werkes jeweils Jakobspilger (erkennbar am Muschelemblem am Hut). Aus christlicher Sicht bestand somit eine Art Gesellschaftsvertrag nicht nur zwischen Armen und Reichen, sondern auch zwischen den Pilgern und den seßhaften Menschen des christlichen Glaubens. Der »Pilgertraktat« wirbt deshalb für das helfende Verhalten gegenüber den Pilgern, die oft hilflos und mittellos waren, ausgeraubt wurden, kein Geld mehr für Nahrung hatten oder krank wurden. Wenn sie starben, war es Pflicht, sie zu begraben. Manchmal wurden Pilger zu Unrecht eines Verbrechens beschuldigt, eingesperrt oder sogar hingerichtet; auch hier musste man ihnen gegenüber Barmherzigkeit üben und den Gefangenen Trost spenden.
In den Anfängen der Pilgerfahrt waren die Pilger ausschließlich von den mildtätigen Einrichtungen der Klöster abhängig. Mit der Zeit konnten aber die Klöster allein den Bedarf nicht mehr decken. Nach dem Jahre 1000 entstanden daher an den großen Verkehrs- und Wallfahrtsstraßen zahlreiche Herbergen. In den Städten wurden Klosterhospize im Laufe der Zeit durch so genannte »Elendsherbergen« ersetzt. Eine organisierte kirchliche Diakonie für Fremde und Bedürftige entwickelte sich auch

im Umkreis von Kathedralen, Stiften und Bruderschaften, die Herbergen (Xenodochien) und Hospitäler für Arme, Kranke und Entwurzelte unterhielten, ferner durch private Stiftungen oder unter Einrichtungen kommunaler Trägerschaft. Manche Bruderschaften nahmen sich in solchen Hospitälern besonders der Kranken mit ansteckenden Krankheiten (»Sondersiechen«) an, wie zum Beispiel die St. Jobst-Bruderschaft in Rothenburg in Franken oder in St. Jost bei Trier.

Pilgerhospize standen nicht nur Pilgern offen, sondern konnten von allen Reisenden in Anspruch genommen werden. Insofern gelingt es nicht immer, klar zu trennen, in welchem Umfang sich Pilgerhospize neben der allgemeinen Armutsfürsorge auch der Pilgerbetreuung widmeten. Wie Nachforschungen am Oberrhein ergeben haben, reichen Hinweise auf eine lokale Verehrung des heiligen Jakobus durch Patrozinien, Ältäre, Statuen, Straßennamen oder Plätze nicht aus, die Existenz einer Jakobsstraße oder eines Hospizes für Jakobspilger anzunehmen. Es steht aber fest, dass ohne das Werk der tätigen Nächstenliebe der oft von Augustinerchorherren geleiteten Hospize oder der Orden und der Bruderschaften in den Städten und Dörfern viele Menschen das große Ziel Santiago niemals erreicht oder ihren Rückweg von dort nach Hause nicht mehr geschafft hätten.

Ausschließlich für Jakobspilger gegründete Einrichtungen dieser Art gab es in Deutschland relativ selten. Spätestens von den Hauptsammelpunkten in Frankreich aus gab es eine spezielle Infrastruktur für Jakobspilger, die ihnen Schutz und Sicherheit bot. Dies geschah durch die Errichtung von Hospizen oder die Gewährung von anderen Übernachtungsmöglichkeiten – gegebenenfalls in Kirchen oder einem anderen trockenen, sicheren Platz –, die Vergabe von preiswertem Essen, Möglichkeiten zur Reinigung des Körpers, der Kleidung und zur Reparatur des Schuhwerks. Ferner wurden Hospitäler zur Pflege der Kranken und sogar Pilgerfriedhöfe zur Bestattung von unterwegs verstorbenen Pilgern eingerichtet.

Ankunft eines Pilgers am Abend bei einem Hospiz (aus: Schreiber, Herrmann, Sinfonie der Straße, Düsseldorf 1959).

Deutschland: Auf dem Weg von Köln nach Trier gab es Hospitäler in Köln, Prüm, Helenenberg, Trier, Saarburg und Metz. Im deutschen Sprachraum waren bis ins 14. Jahrhundert die klösterlichen und bürgerlichen

Hospitäler, die sich vorwiegend der Armen und Krankenpflege widmeten, den Anforderungen des Pilgerverkehrs gewachsen. Die Gründung von Pilgerhospitälern als besondere Form des Hospitals setzte erst gegen Ende des späten Mittelalters ein. Mancher Pilger, dem unterwegs Hilfe und Heilung in einem solchen Hospital zuteil wurde, fühlte sich aufgrund eines solchen Erlebnisses veranlaßt, etwas von dem Empfangenen wieder zurückzugeben. So ist von einigen der im Mittelalter gegründeten Hospitälern bekannt, dass sie auf Initiative von zurückgekehrten Pilgern gegründet worden sind. In größeren Städten gehen viele Hospitalgründungen auf Stiftungen reicher Bürger (z. B. Würzburg) zurück und wurden häufig Heilig-Geist-Spital benannt. Straßen und Flurnamen halten die Erinnerung an diese Einrichtungen heute noch wach.

Frankreich: Durch den ständig anwachsenden Pilgerverkehr im 11. bis zum 13. Jahrhundert enstand im Laufe der Zeit auch außerhalb Spaniens für Pilger eine dichte Kette leistungsfähiger Versorgungseinrichtungen dieser Art, die auch dem sozialen Wandel in der Pilgerschaft mit der Schaffung einfacherer Beherbergungsmöglichkeiten für mittellose und kranke Fußpilger Rechnung trug, während sich zuvor eher ritterliche oder bürgerliche Pilger – gut ausgerüstet zu Pferd – auf diesen Weg begaben, die in Klöstern herbergten. In Süd-Westfrankreich erfolgte die Gründung von Pilgerhospizen im wesentlichen in drei Abschnitten: Zuerst ergriff das Kloster Cluny die Initiative. Mitte des 12. Jahrhunderts folgte eine zweite Grundungswelle, die vom neuen Armutsbewußtsein unter der Beteiligung von Laien getragen war, und schließlich wurden nach dem Ende der Albigenserkriege in Südfrankreich neue Hospize eingerichtet.

Spanien: In verlassenen Gegenden oder an besonders gefährlichen Stellen baute man schon früh Hospize, um die Pilger zu versorgen. Stellvertretend seien hier Paßhospitäler auf der spanischen Route genannt, die eine besondere Bedeutung erlangt haben wie z. B. das 1078 zum ersten Mal erwähnte Hospiz Santa Cristina auf dem Somportpass oder das 1132 sicher belegte Rolandshospiz von Roncesvalles. Auch das auf dem Cerebreiro-Paß in Gallizien 1072 gegründete Hospital war an einer für die Pilger topographisch kritischen Stelle errichtet worden. Daneben hat es noch in anderen menschenleeren und unsicheren Gegenden, z. B. an außerhalb von Ortschaften gelegenen Flussübergängen Brückenhospitäler gegeben (z. B. San Nicolas hinter Castrojeriz oder Ribadiso hinter Melide).

Innerhalb menschlicher Ansiedlungen entstand ebenfalls eine Vielzahl kleinerer Einrichtungen dieser Art. So wurde 1447 in Puenta la Reina ein eigenes Hospiz für die deutschen Pilger gegründet. Das von den Johannitern im 12. Jahrhundert gegründete Sankt Johannes Hospital in Astorga, das direkt auf dem Vorplatz im rechten Winkel an die Kathedrale angrenzt, wurde schon 1187 erwähnt und wird heute noch in Fortsetzung der alten Tradition als Krankenhaus genutzt. Aus alten Aufzeichnungen weiß man, dass in dieser Stadt besonders viele Pilger gegen Ende des 15. Jahrhunderts verstorben sind. Es wird berichtet, dass es in diesem Hospital sogar einen französisch sprechenden Priester gab, damit den sterbenden Pilgern in ihrer Landessprache die letzte Beichte abgenommen werden und sie ihr Testament machen konnten. Die Hinterlassenschaften Verstorbener wurden sorgfältig aufgezeichnet, weil davon die Kosten für das Begräbnis bezahlt werden mussten. Den Rest erhielt die jeweilige Bruderschaft als Lohn für die Krankenpflege.

Verköstigung eines Pilgers in einem Hospiz (Holzschnitt aus Bruoder Klaus, Augsburg um 1487).

Es gab unzählige kleine Hospitäler, die sich wie eine Perlenkette entlang des Jakobsweges reihten. Man kennt die Stellen noch heute. Liebevoll wird in diesen Orten die Erinnerung an frühere Stätten mildtätiger Fürsorge für die Pilger wach gehalten. Auf Wegekarten sind die ehemaligen Hospitäler ausdrücklich eingezeichnet. In vielen Orten – etwa in Hospital de Orbigo – gab es im 12. Jahrhundert Hospitäler, in denen man sich der Pflege kranker Pilger widmete, wie der Name dieses Ortes noch heute beweist. Die große Zahl dieser Einrichtungen macht deutlich, dass dafür offenbar ein großer Bedarf bestand, weil der lange Weg von vielen seinen Tribut forderte. Im Pilgerführer von Hermann Künig von Vach wird ausführlich auf Zahl und Qualität der Pilgerhospize verwiesen. Heute findet man speziell für Pilger eingerichtete Unterkünfte (Refugios) als Nachfolgeeinrichtungen dieser Hospize vor allem in Spanien.

Hospize heute: Die Grundidee eines Hospizes als Raststätte oder gastliches Haus für Menschen auf dem Weg hat sich – wenn auch in gewandelter Form – vom Mittelalter bis in die Neuzeit erhalten. Gemäß der mittelalterlichen Tradition ist die von einem christlichem Menschenbild getragene moderne Hospizbewegung eine Einrichtung zur Sterbebegleitung und für Sterbende, die für eine »Kultur des Sterbens« steht, in der der Sterbende »seinen Weg selbst bestimmt«. Ratsuchende erhalten Hilfe über das Hospiztelefon (0231/73 80 73 8).

Die Werke der Barmherzigkeit mit Pilgern im Hintergrund (Detail aus einem Gemälde von Pieter Brueghel d. J., 17. Jahrhundert).

Das rheinische Wegsystem: Von Köln nach Trier

Probleme der Rekonstruktion des Wegverlaufes

Die methodischen Schwierigkeiten bei der Identifizierung und Erfassung der von Jakobspilgern benutzten Wege waren Gegenstand einer Internationalen Tagung auf Schloss Schney/Bamberg, die von der Deutschen St. Jakobus-Gesellschaft in Zusammenarbeit mit dem Europarat vom 29. September bis 2. Oktober 1989 durchgeführt wurde. Dort wurde die Vorstellung von einer kontinuierlichen Begehung festgelegter Pilgerstraßen unter den Teilnehmern kontrovers diskutiert. In einer an den Europarat gerichteten Resolution wurde deshalb der weitere Forschungsbedarf auf diesem Gebiet unterstrichen. Für die in diesem Buch beschriebene und von mir begangene Route von Köln bis zur französischen Grenze diente als grobe Orientierung das mir von der Deutschen St. Jakobus-Gesellschaft in Aachen zugesandte Itinerar von Herbert Simon aus Köln.

Zur der Frage, »welche Wege die Pilger benutzten, wenn sie sich nördlich und östlich von Frankreich auf den Weg machten«, hat der Präsident der Deutschen St. Jakobus-Gesellschaft, Dr. Robert Plötz, in seiner Rede anläßlich der Ausstellung »Wege der Jakobspilger im Rheinland« am 5. August 1999 in Köln daran erinnert, dass auf dem Gebiet des Heiligen Römischen Reiches den Pilgern mit dem vorhandenen Straßensystem einerseits zwar eine große Fülle an Verkehrsverbindungen zur Verfügung stand, andererseits aber diese Wahlmöglichkeiten durch verschiedene Umstände wie Straßenzustand, schwierige topographische Bedingungen (Sümpfe, Berge, Flussübergänge) oder finanzielle Erwägungen (die Entrichtung von Zöllen und Gebühren in vielen Kleinstaaten) wieder erheblich eingeschränkt wurden.

Welche Wege könnten die Jakobspilger im Mittelalter auf ihrem Weg von Köln nach Trier genommen haben und welche Gründe wären dabei für sie ausschlagebend gewesen? Eine naheliegende Möglichkeit von Köln nach Trier zu gelangen, wäre gewesen, der Flussroute rheinaufwärts bis nach Koblenz und dann dem Lauf der Mosel weiter bis nach Trier zu folgen. Wann immer es möglich war, vermieden es die Reisenden im Mittelalter nämlich, die Mittelgebirge zu überqueren, auch wenn diese nur von mäßiger Höhe waren. Im Moseltal mussten sie allerdings wegen der vielen Flussschlingen erhebliche Umwege in Kauf nehmen, zudem gab es andere Unsicherheiten wegen der Überschwemmungsgefahr der Uferwege. Aus diesem Grund hat das Moseltal seine Bedeutung als Verkehrsweg eigentlich erst im 19. Jahrhundert erlangt. Der Versuch der Rekonstruktion eines möglichen Wegverlaufes der Jakobspilger wird heute vor allem dadurch erschwert, dass in der Eifel und auch im benachbarten Hunsrück nur geringe sichtbare Spuren vorhanden sind. Vielleicht liegt es daran, dass diese Gebiete seit jeher eher Durchzugs- als Aufbruchsgebiete waren. Die karge und rauhe Landschaft der Eifel verlangte im übrigen den in dieser Gegend lebenden Menschen viel Mühe und Arbeit zur Sicherung ihres Lebensunterhalts ab, so dass wohl nur wenige die Zeit aufbringen konnten, eine Pilgerschaft nach Santiago de Compostela zu unternehmen. Zudem ist bei den Heiligenfiguren nicht immer eindeutig deren Identität nachzuweisen. In späteren Jahrhunderten wurden dann von der Bevölkerung aus Angst vor dem Seuchentod Pestheilige wie der heilige Rochus stärker verehrt als der heilige Jakobus. Manche Jakobusstatue mag daher in späterer Zeit nach Beschädigungen als heiliger Wendelinus (wie etwa in Lutzerath bei Mayen) oder als heiliger Rochus ihren Platz eingenommen haben. Wo sich freilich Jakobusstatuen oder -altäre in Kirchen befanden, ist eine Begehung der betreffenden Region von Reisenden nach Santiago anzunehmen. Die Wallfahrt zum heiligen Jakobus war in solchen Orten ein fester Begriff, und es spricht viel dafür, dass sich dort auch immer wieder Menschen auf den Weg nach Compostela gemacht haben. Umgekehrt darf aber aus der Abwesenheit von Jakobuskirchen nicht auf ein Fehlen von Pilgerbewegungen geschlossen werden. Ein wichtiger Grund für die verhältnismäßig geringe Verbreitung des Jakobskultes in dieser Region könnte sein, dass die starke Verehrung der Matthias-Reliquien oder zu späteren Zeiten des Heiligen Rocks wenig Raum für den Kult eines Heiligen im fernen Spanien gelassen haben. Es gibt jedoch Hinweise, dass größere Gruppen eine Begegnung mit diesen Trierer Reliquien mit einer Reise nach Santiago de Compostela verbunden haben. Ein weiterer Grund für die geringen Spuren eines Pilgerverkehrs in der Region dürfte darin liegen, dass viele kleinere Siedlungen im Laufe des Dreißigjährigen Krieges untergegangen sind und viele Kirchen nach der Reformation den Patron gewechselt haben. Als Beispiel soll hier der Untergang des Dorfes Ankast im Liesertal bei Wittlich genannt werden, das bis 1656 in den von Pest, Hunger und Kriegen geprägten Jahren noch existierte. Im selben Zeitraum nahm der Strom der Pilger schnell ab. Die ehemalige Sankt Jakob geweihte Kirche ist danach spurlos verschwunden. Die zu dem Weiler und einer Einsiedelei gehörende Kapelle lag an einem Weg, der noch heute den Namen »Pilgerpfad« trägt und unweit der Kapelle einen Bach in einer Furt quert. Vielleicht hatte die Kapelle die Aufgabe, bei schlechter Witterung ein Glockengeläut zur Orientierung auszusenden, um verirrte Pilger zum Weg zurückzuleiten. Diese Anlage mit einer Herberge in un-

wirtlicher abgelegener Gegend ist vergleichbar mit den Hospizen an den Pässen in den Alpen, den Pyrenäen oder auch im Aubrac (siehe unter Unterbringung der Pilger).
Das Eifelgebiet im Dreieck Mayen-Prüm-Wittlich war dünn besiedelt. Auf der Route Andernach-Wittlich-Trier – die weiter unten beschrieben wird – verlief die so genannte »Ungarnwallfahrt«. Auch die Pilgerwege der St. Matthias-Pilger an anderen Stellen in der Eifel, z. B. zwischen Aachen und Trier, waren teilweise mit denen der Ungarnwallfahrer identisch. Es ist daher denkbar, dass die entlang dieser Wege vorhandene Infrastruktur auch von Jakobspilgern genutzt worden ist und derselbe Weg oder bestimmte Abschnitte davon verschiedenen Wallfahrtsanlässen gedient hat.

Fern- und Mehrfachwallfahrten nach Aachen, Köln, Trier
Die Schau von Reliquien in Aachen, Köln und Trier war im Mittelalter Anlaß zu riesigen Wallfahrten, die Gläubige bis aus Ungarn anzogen. Die Menschen drängten in so großen Massen in diese Städte, dass mancher von ihnen unter freiem Himmel schlafen musste. Aachen war ein wichtiges Pilgerziel der Christus- und Marienverehrung sowie des Karlskultes. Karl der Große hat enge Verbindungen zum Jakobsweg, da er der Legende nach in Spanien gegen die muselmanische Vorherrschaft gekämpft und das Grab des heiligen Jakobus und den Weg dorthin »befreit« haben soll, nachdem ihm der Apostel im Traum erschienen sein und ihm den dorthin führenden Sternenweg gezeigt haben soll. Zudem war Aachen traditionelle Sammlungs- und Aufbruchstation zur »nyder straß« für die Santiago-Pilger, die über Lüttich, Brüssel, Noyon, Paris zur Via Turonensis führte. In Aachen wurden die hier ankommenden oder von hier aufbrechenden Pilger mit den gezeigten Heiligtümern (Berührungsreliquien) an Christi Menschwerdung, an sein öffentliches Wirken und an seinen Erlösungstod erinnert (Marienverehrung: Schrein mit Kleid Mariens aus der Heiligen Nacht und Windeln; Enthauptungstuch Johannes des Täufers, Lendentuch des Gekreuzigten).

Jakobspilger unterwegs (Detail aus einem Stich von H. Coek nach Breughel).

Periodisch im Sieben-Jahresrhythmus fanden im späten Mittelalter Fernwallfahrten (Heiligtumsfahrten) der Pilger aus Ungarn, Böhmen, Mähren und Österreich nach Aachen statt (Ungarnkapelle am Dom). 1514 erfolgte dazu eine Anbindung der Zeigung des Heiligen Rocks in Trier an diesen Turnus. Die von den Ungarn-Pilgern begangenen Wege führten entweder auf dem Hinweg von Andernach über Trier oder auf der Krönungsstraße über Sinzig und Düren (Haupt der heiligen Anna) nach Aachen. Eine Variante dazu war der Weg rheinaufwärts über Köln (Gebeine der Heiligen Drei Könige) nach Aachen. Es hat aber offenbar auch Ungarn-Pilger gegeben, die eine so genannte Mehrfachwallfahrt durchführten und nach der Heiligtumsfahrt in Aachen noch eine Wallfahrt auf der »nyder straß« nach Santiago anschlossen, wie wir aus einer Notiz aus dem Jahre 1212 über das Grab eines ungarischen Bischofs wissen, der in Namur auf dem Pilgerweg starb. Ihren Rückweg von Aachen über Trier konnten die Pilger durch die Eifel nehmen, über Roetgen – wo ein Gasthaus und eine Straße noch heute den Namen »Pilgerborn« (Pilgerquelle) tragen –, Kaltenherberg, Prüm (zwei Hospitäler), Bitburg und Helenenberg (Hospitäler). Von dort konnten sie mit dem Schiff moselabwärts ihren Weg in die Heimat fortsetzen. Entlang dieser Wege gingen von der so genannten Ungarnwallfahrt keine wesentlichen siedlungsfördernden Impulse aus. Der Wegverlauf hat sich aber im Laufe der Jahrhunderte verfestigt. Er könnte daher von Jakobspilgern ent-

weder benutzt worden sein (zum Beispiel von Andernach nach Trier) oder in bestimmten Abschnitten mit ihren Routen identisch gewesen sein (zum Beispiel von Prüm nach Trier).
Die in Bruderschaften organisierten Pilger der St. Matthias-Wallfahrt nach Trier halten mit großer Zähigkeit an ihren althergebrachten Wegen aus dem Rheinland durch die Eifel fest. Aus dem Norden von Mönchen-Gladbach kommen sie größtenteils auf den Römerstraßen über Düren, Zülpich, Blankenheim, Büdesheim, Bitburg und Helenenberg nach Trier. Andere Gruppen aus der Neuss-Krefelder Gegend benutzen den Weg durch das Ahrtal bis nach Adenau und erreichten Trier über das Kloster Klausen (siehe unten), wo sie mit Pilgern, die auf anderen Wegen gezogen kamen, zusammentreffen konnten.

Bonn als Wallfahrtsort und Brückenkopf

Die Anfänge des Christentums reichen in Bonn bis um das Jahr 300 zurück. Bei Ausgrabungen unter der Krypta des heutigen romanischen Münsters wurden die Fundamente einer Märtyrerkirche (cella memoriae) mit zwei steinernen Tischen ergraben, die den Soldaten der »Thebäischen Legion«, den Heiligen Cassius und Florentius und ihren Gefährten geweiht war. Bonn war deshalb selbst ein berühmtes Wallfahrtsziel und lag am Kreuzungspunkt alter Pilgerstraßen und zwar der von Köln nach Süden führenden Rheinroute und einer Ost-West-Route.
Die ältesten Fernstraßen, die Bonn passieren, stammen aus römischer oder sogar noch aus vorgeschichtlicher Zeit. So ist der aus dem Osten nach Bonn führende Heerweg wahrscheinlich schon in römischer Zeit als Durchgangsstraße für Truppenbewegungen angelegt worden; in seinem westlichen Teil wird er auch Alte Römerstraße genannt. Die aus militärisch-strategischen Gründen angelegten römischen Straßen waren gepflastert und im Rheingebiet dank des günstigen Klimas ausbesserungsfähig. Bis 1806 dienten sie als Handelsstraßen und blieben die einzigen brauchbaren Verkehrswege in der Region.
Von Bremen kommende Pilger konnten durch die Soester Börde (Paderborn), den Haarstrang (Brilon) und von hier auf dem von Marsberg heranführenden Heerweg durch das Sauerland (Remblingshausen, Ödingen, Elspe) und das Oberbergische Land (Olpe, Siegburg) nach Bonn gelangen. In Höhe des ehemaligen Bonner Römerlagers befand sich bei Schwarzrheindorf eine Furt, die eine Überquerung des Rheins ermöglichte, wo die Pilger im Bonner Jakobusspital Aufnahme finden konnten. Von Bonn aus standen den Pilgern mehrere Möglichkeiten zur Fortsetzung ihres Weges offen: die Rhein-Moselroute nach Süden, die Fortsetzung des Heerweges als Verbindungsweg zur Römerstraße

von Köln nach Trier oder die Krönungsstraße, die von Frankfurt nach Aachen führte und sie zur »nyder straß« brachte, auf der sie über Maastricht, Lüttich, Brüssel nach Paris weiterziehen konnten.
Pilger, die von Bonn den Weg über die Eifel oder nach Aachen wählten, gingen auf der nach Westen in Richtung Euskirchen führenden Heerstraße, die als römische Verbindungstraße zu der großen aus Gallien über Trier durch die Eifel nach Köln führenden römischen Fernstraße angelegt worden war. Die Heerstraße verläßt Bonn am Westtor des ehemaligen römischen Legionslagers (porta decumana) und ist noch heute an den Straßen- und Flurnamen (Alter Heerweg, Heerstraße, Steinstraße, Heidenweg) zu erkennen. Über Endenich und Lessenich führte der Heerweg die Pilger an Gielsdorf, (Jakobuskirche) und Buschhoven (Wallfahrtsort mit romanischer Marienstatuette) vorbei zum Kloster Essig (Hospital Marienstern mit Jakobusbruderschaft). Dieser Weg ist heute mit dem Muschelzeichen des Europarates und der Aufschrift „Pilgerweg" von der Bonner Innenstadt aus gekennzeichnet. An diesem Punkt konnten sie den Weg nach Süden fortsetzen – über Odendorf durch den Hardtwald in Richtung Münstereifel und von dort auf Römerstraßen weiter nach Trier oder die Krönungsstraße auf der Frankfurt-Aachener Heerstraße den Weg nach Aachen über die Niederstraße wählen. Jakobs-Pilger, die vom Rheinland nach Vézelay in Frankreich gehen wollten, hatten also mehrere Wahlmöglichkeiten. Die wichtigsten über Trier führenden Routen werden nachstehend näher erläutert.

Spuren der Jakobspilger. In der südöstlichen Ecke des Münsters zwischen Chor und Querschiff gab es eine bereits im Jahre 1327 erwähnte Kapelle mit einem dem Apostel Jakobus geweihten Altar. Alte Pilgerführer erwähnen ferner besonders das Grab der heiligen Adelheidis von Villich in Pützchen und die Heilige Stiege auf dem Kreuzberg (als Abbild der Treppe, die Jesus zu Pilatus emporgestiegen ist). Die Stadt besaß früher einmal ein Jakobusspital, das der Aufnahme von Kranken, Alten und Pilgern diente. Das Bonner Spital soll alten Berichten zufolge von »Jakobsbrüdern« errichtet worden sein. Aus alten Urkunden geht hervor, dass das St. Jakobsspital in der Sternstraße zusammen mit einer Stiftung im Jahre 1454 von den Eheleuten Nicolaus und Margarete an die Stadt Bonn übertragen wurde. An diese Tradition erinnert noch das gegenüberliegende Weinhaus Jakobs, »Zum Hospitälchen« genannt. Wenn die Pilger von Bonn auf dem Heerweg in die Eifel zur Römerstraße nach Trier gelangen wollten, kamen sie in Endenich unterhalb des Kreuzberges an der Kirche St. Magdalena vorbei, die im 14. Jahrhundert an der Stelle einer dem heiligen Lambertus geweihten Kapelle errichtet worden war (heute befindet sich dort ein Gebäude aus dem Jahre 1893).

Die Eifelrouten der Jakobspilger

1. Der Klöster-Reliquien-Weg

Die in diesem Buch beschriebene Route führt vom Schrein der Heiligen Drei Könige im Dom zu Köln nach Bad Münstereifel zu den Gräbern von römischen Märtyrern und von dort weiter nach Prüm zu den Sandalen Christi, und schließlich nach Trier zum Heiligen Rock Christi und der Ruhestätte des Apostels Matthias in der gleichnamigen Abtei. Wie die großen Pilgerwege in Frankreich orientiert sich der Weg an der vorhandenen Infrastruktur (z. B. Römerstraßen und Hospitäler) und den großen christlichen Heiligtümern in der Region. Dabei berührt er die Klöster von Walberberg, Bad Münstereifel, Prüm und Helenenberg. Einiges spricht dafür, dass die Pilger des Mittelalters von der Kölner Bucht über die Eifel in Richtung Trier und dann weiter nach Mittelfrankreich dem Zug der wichtigsten römischen – wahrscheinlich sogar schon in vorgeschichtlicher Zeit angelegten – Straßen gefolgt sind, die sich in der Gegend von Blankenheim nach Süden hin vereinigen. Die Wahl dieser Route wäre auch aus der religiösen Sicht der mittelalterlichen Pilger plausibel, da sie zu wichtigen heiligen Orten mit den für die damalige Zeit bedeutsamen Christusreliquien in Prüm (Sandalen, Dornenkrone) und Trier (Heiligen Rock) führte, die gerne aufgesucht wurden. Der kürzeste Weg war aus Sicht der Pilger nicht immer der beste. Die optimale Route wurde nicht von der Geographie, sondern von der Frömmigkeit, oder manchmal auch von rein praktischen Gesichtspunkten (politische Verhältnisse, gute Aufnahme und Verpflegung in Hospitälern) bestimmt. Oft wurden mehrere Heiligtümer zu einer Pilgerfahrt verknüpft (Mehrfachwallfahrt). Prüm, Maria Laach, Trier und Echternach waren Wallfahrtsorte von überregionaler Bedeutung, die Fernpilger durchaus zu einem »Umweg« veranlassen konnten. Abzweigungen nach Echternach zu den Willibrodus-Reliquien boten sich in Waxweiler (Jakobusstatue in der Kirche) über Neuerburg (mit einem St. Eligius Hospital) oder in Niederstedem (Jakobuskirche) an. Auf dem Weg von Echternach nach Trier oder in umgekehrter Richtung kamen die Pilger an der Jakobuskirche von Wintersdorf (romanischer Ostbau von 1110) vorbei.

2. Die direkte Römerstraße von Köln nach Trier

Ein anderer Weg durch die Eifel könnte über die Römerstraße geführt haben: Lechenich, Zülpich (St. Martinskirche hatte St. Jakobus als Nebenpatron, der südliche Nebenaltar war den Aposteln Jakobus und Thomas geweiht, später auch »Jakobskirche« wegen der vielen Pilger genannt),

Blankenheim, Jünkerath, Büdesheim, Weissenseifen, Nattenheim, Bitburg, Newel und von dort nach Pallien oder nach Pfalzel bei Trier.
In Blankenheim stieß diese Route mit dem in diesem Führer beschriebenen Weg zusammen. Hier hätte sich Gerolstein als drittes Tagesziel ebenso angeboten wie Prüm, da auf der Strecke nach Prüm eine Zwischenübernachtung auf der Höhe von Jünkerath eingeplant werden musste (bei der in diesem Führer beschriebenen Route ebenfalls vorgesehen); sonst hätten annähernd vierzig Kilometer an einem Tag zwischen Blankenheim und Prüm zurückgelegt werden müssen. Sowohl von Gerolstein als auch von Prüm wäre Bitburg das nächste Etappenziel vor Erreichen Triers gewesen. Zwischen Bitburg und Trier kam als Unterkunft das Kloster Helenenberg in Betracht, das früher nur »Hospital« genannt wurde und in einem Reisebericht des 16. Jahrhunderts als Pilgerunterkunft erwähnt wird. Es diente nicht nur den Matthias-Pilgern zur Herberge, sondern wurde auch von den Pilgern der Ungarnwallfahrten auf dem Rückweg von Aachen nach Trier aufgesucht.

3. Der »Ahr-Lieser-Weg«
Seit dem 15. Jahrhundert wurde von Köln durch die Eifel auch die Strecke Godorf, Wesseling, Alfter, Gielsdorf (Jakobuskirche mit Fresken und Statue des Heiligen) Witterschlick, Meckenheim, Ersdorf (Jakobuskirche mit Jakobusreliquie), Altenahr, Hönningen, Adenau nach Daun und von hier aus der Weg über Manderscheid nach Wittlich benutzt. Auch diese Route bewegt sich entlang alter Römerstraßen. Ab Wittlich verband sie sich mit anderen von Jakobspilgern nach Trier benutzten Wegen. Trier wäre so von Köln aus in fünf Tagen zu erreichen gewesen.

4. Weg durch die Grafschaft, Ahrtal und Vulkaneifel
Das Gebiet von Ahr und Grafschaft wurde von Süden her von einer weiteren Wegvariante der Ungarnwallfahrt durchzogen, die von Frankfurt (Ort der Königswahl) auf der Krönungsstraße durch das Rhein- und Ahrtal bei Sinzig und die Grafschaft nach Düren und Aachen (Ort der Königskrönung) führte. Diese Straße, auch Frankfurt-Aachener-Heerstraße genannt, war ein bedeutsamer alter Pilger-, Handels- und Königsweg, der als frühmittelalterlicher Fernweg im 8. Jahrhundert entstanden war. Seine Bedeutung lag nicht nur darin, dass er die kürzeste Verbindung zwischen den Kaiserpfalzen von Frankfurt und Aachen war, sondern auch einen wichtigen Abschnitt in der Achse von Flandern über Frankfurt, Augsburg und Tirol nach Oberitalien bildete. Der Wegabschnitt ab Sinzig ist von zahlreichen Wegkreuzen und Kapellen als Einrichtungen für die Pilger gesäumt und führte über Eckendorf

Werthhoven, Statue des heiligen Jakobus.

(Grabstein mit zwei Muscheln und Pilgerstab, Wasserleitung für Aachenpilger), Ersdorf (Jakobuskirche mit Jakobusreliquie), Rheinbach und das kurz vor Euskirchen gelegene Augustinerinnen-Kloster Essig (Hospital), Frauenberg (Flügelaltar der Kölner Malschule mit einer Darstellung der Maria Salome, der Mutter des Jakobus und Johannes; die Apostel sind als Kinder im Pilgerhabitus beziehungsweise mit Kelch dargestellt), Jakobwüllesheim (Jakobuskirche), Düren (Haupt der heiligen Anna) nach Aachen. Die von Köln kommenden Pilger gelangten auch nach Trier, wenn sie die Strecke auf der Frankfurt-Aachener Heerstraße über Rheinbach, Ersdorf, Werthhoven (Jakobuskapelle mit Jakobusstatue), Neuenahr nach Mayen wählten, wo sie auf die Andernacher Route stießen.

Die Rhein- und Moselroute

Auf dieser Wegvariante findet man im Rheintal und dessen näherer Umgebung Spuren des Jakobuskultes noch in Gielsdorf (Fresken mit Hühnerwunder, Jakobusstatue), Bonn (ehemaliges Jakobusspital), Linz und Oberbreisig (Fresken mit Pilgerkrönung), Oberlahnstein (die gotische Hospitalkapelle St. Jakobus mit Pilgergrab diente als Unterkunft für die aus Marburg durch das Lahntal kommenden Pilger, die hier den Rhein überquerten).

Entlang der Mosel gibt es noch Spuren der Jakobusverehrung in Bremm, Klotten und Karden, obwohl auch dieser Teil der Region von Kriegsverheerungen betroffen war. Der ehemalige St. Jakobusaltar von Bremm befindet sich heute im Rheinischen Landesmuseum in Bonn. In Karden kann man noch heute einen Altar zu Ehren des Jakobus Major und Johannes des Täufers aus dem Jahr 1628 vorfinden. In noch viel früherer Zeit gab es hier einen Altar zu Ehren der drei Heiligen Philippus, Jakobus und Bartholomäus. In Klotten wurde ein Jakobusaltar in der zum Hospital gehörenden Kirche mit urkundlicher Belegung von 1517 nachgewiesen. Unterhalb von Bernkastel auf der Strecke im Moseltal nach Trier gab es offenbar einen Mangel an Pilgerunterkünften. Möglicherweise wurde das Moseltal deshalb gemieden und der Weg über Maring nach Klausen benutzt. Diese Route traf bei Klausen auf die Andernacher Strecke, wo sich Versorgungsstationen befanden. Vielleicht haben die hier vorbeiziehenden Pilgerzüge dazu beigetragen, dass sich in Maring eine Figur des Jakobus in einem Renaissance-Altar des Jahres 1601 befindet. Das Vorhandensein dieser Figur spricht dafür, dass dem Moselweg für Pilgerreisende ebenfalls eine Bedeutung zukam. Spätestens seit dem 14. Jahrhundert bestanden im Moseltal Unterkunftsmöglichkeiten für Pilger in einigen Klöstern, wie z. B. im Kloster Machern in der Nähe von Bernkastel. Ab Bernkastel soll »zahlreicher« Pilgerverkehr die Straße, welche am Kloster Machern vorbei lief, belebt haben.

Gielsdorf, Fresko (Rekonstruktion) Berufung des Jakobus (im Kahn mit Pilgerstab) und des Johannes (aus: Kalebasse Nr. 12, S.20).

Der Weg von Andernach nach Trier (Ungarnwallfahrt)

In Andernach bot sich ein alternativer Weg an, der das hochwassergefährdete Moseltal mied und als Verbindung nach Trier für Reisende aus dem Westerwälder bis Sachsen-Anhaltiner Raum geeignet war. Dass dieser Weg von Pilgern begangen wurde, haben Nachforschungen zu den Ungarnwallfahrten im Rheinland ergeben, wo er als eine Hauptroute dieses Wallfahrtswegenetzes beschrieben ist. Ein Teil der Pilger aus Ungarn legte die Strecke auf dem Frankfurt-Aachener Heerweg zurück. Diese Andernacher-Route folgte der römischen Straße und führte an der am Laacher See gelegenen Abtei Maria Laach und an Niedermendig vorbei nach Mayen. Von Andernach nach Mayen betrug die Wegstrecke etwa 28 Kilometer.

Pilgerkrönung (Mittelalterlicher Holzschnitt).

Spuren der Jakobspilger:
Auf der Strecke von Andernach bis Mayen gibt es einige Anhaltspunkte dafür, dass auch Santiago-Pilger diesen Weg genommen haben könnten. In der Kirche von Niedermendig befinden sich gleich zwei Darstellungen des Apostels Jakobus. In einem Fall trägt die Figur des Jakobus Major Pilgertracht und wird begleitet von einem heiligen König. Ferner wird Jakobus mit Pilgern gezeigt, denen er Kronen aufsetzt (Pilgerkrönung). Ihre Entstehungszeit ist in das 13. bis 14. Jahrhundert zu datieren. Die Abtei Maria Laach war selbst ein wichtiges Wallfahrtsziel und unterhielt ebenfalls ein Hospiz zur Unterbringung von Pilgern und Reisenden. Auch gab es hier 1208 eine den Aposteln Johannes und Jakobus geweihte Kapelle.

In Mayen finden sich ebenfalls Spuren der Verehrung des heiligen Jakobus. Die heute nicht mehr erhaltenene Kapelle des Hospizes in der Stehbachstraße war neben der Allerheiligen Dreifaltigkeit auch den Heiligen Jakobus, Leonhard, Jodokus, Elisabeth und Katharina geweiht. Weiterhin waren in diesem Ort der Orden der Templer und nachfolgend der Johanniterorden tätig. Von diesen beiden Ritterorden ist bekannt, dass sie sich an Jakobswegen insbesondere in dünn besiedelten Gegenden der Pilger annahmen, ihnen Unterkunft und Pflege in Hospitälern gewährten und vielfach somit erst die Voraussetzung dafür schufen, dass eine bestimmte Wegroute begehbar wurde. Propsteien und Deutschordenskomtureien hatten zudem die Aufgabe, die Wegabschnitte für die Reisenden zu sichern.

Hinter Mayen konnte man zwischen der Moselroute, die über Monreal nach Moselkern führte und der über Lehnholz und weiter über Kaisersesch nach Trier führenden Straße wählen. Dahinter liegt das Kloster Martenthal an der Stelle einer ehemaligen Furt. Die Nutzung dieses Übergangs wurde später durch den Bau einer Brücke erleichtert.

In Lutzerath gibt es eine Wendelinusstatue, die von ihren äußeren Attributen – Pilgerhut und Muschelmantel – wie ein heiliger Jakobus aussieht. Auf der Höhe von Wengerohr erreichten die Pilger in Wittlich die erste städtische Siedlung nach dem Verlassen von Mayen. Hier ist seit dem 13. Jahrhundert ein Hospital nachgewiesen, welches mit Sicherheit Pilger auf dem Weg nach Trier beherbergt hat.

Bei Klausen unweit Trier vereinigte sich die Andernacher Straße mit der aus

St. Jakobusstatue in Biewer bei Trier.

dem Moseltal über Mehring herauf führenden Koblenzer Strecke. Die Zahl der Reisenden, die sich auf diesen beiden Straßen fortbewegten, dürfte spätestens ab Klausen beachtliche Ausmaße angenommen haben. Daher wurde dort eine Versorgungsstation für Pilger gegründet. In der Legende des heiligen Eberhard, der 1439 in Klausen eine kleine Kapelle mit Klause errichtet hat, wird erzählt, dass er sich um die Pilger gekümmert haben soll. Auch dies lässt darauf schließen, dass diese Route von zahlreichen Pilgern begangen wurde. Einige Routen von Matthias-Pilgern aus dem Rheinland führten über Klausen. Die ehemalige Fremdenherberge des später hier gegründeten Augustinerklosters ist noch heute erhalten. Die Straße fällt danach in Richtung Schweich zum Moseltal ab, wo es seit dem 10. Jahrhundert eine Fährverbindung über die Mosel gab. Auf der anderen Moselseite hatte dann ein Pilger noch rund zehn Kilometer bis zum damaligen Stadtgebiet von Trier zurückzulegen. Eine andere Route, welche die Mosel über eine Brücke zu überqueren erlaubte, führte über Föhren Richtung Ehrang, Pfalzel nach St. Jost, wo es ein Hospital gab, in dem auch Santiago-Pilger Aufnahme gefunden haben. Hier konnten Pilger vor Erreichen der Stadt Trier Unterkunft finden. Diese Wegstrecke hatte zudem den Vorteil, dass die Pilger nicht wie bei einer Fähre vom Wasserstand abhängig waren und Wartezeiten im Fährbetrieb in Kauf nehmen mussten.

Die Zubringerwege von Trier nach Metz

Trier war ein Knoten- und Sammelpunkt für Reisende aus Nordosten und Osten in Richtung Nordspanien. In der Literatur wird zwar der direkte Weg von Trier über Luxemburg nach Paris betont, doch haben die Pilger sicherlich, von Trier aus ihren Weg durch Lothringen in südlicher Richtung nach Burgund genommen. Die hinter Trier dem Moselufer folgende Römerstraße dürfte im Mittelalter durch Überschwemmungen in großen Teilen zerstört gewesen sein, daher dürften die trockenen Lagen der römischen Straßen oberhalb des Laufes der Mosel bevorzugt worden sein, während man die durch mangelnde Wegpflege und Überschwemmungen der Mosel gefährdeten Talrouten dem Verfall überließ. In römischer Zeit mied man die meist sumpfigen Talgründe und bevorzugte Wegführungen auf den Höhenrücken, die nicht nur trocken waren, sondern auch einen guten Überblick über sich anbahnende Gefahren gestatteten. Ein weiteres Argument für die Bevorzugung solcher Routen durch Jakobspilger könnte sein, dass die Etappenorte nicht mehr als eine Tagesreise voneinander entfernt waren. Schließlich war im Spannungsfeld zwischen Frankreich, Trier und anderen in der Umgebung Luxemburgs aktiven Großmächten der damaligen Zeit jeder Wegverlauf von den jeweils wechselnden politischen Verhältnissen bestimmt, wobei lokale gegenüber den überregionalen Aspekten überwogen. Auch dies könnte ein Grund gewesen sein, den Weg nicht im Grenzland entlang der Mosel zu wählen, sondern ihn weiter ins politisch sicherere Hinterland zu verlagern.

Für den Reisenden des Mittelalters boten sich für die Wahl seiner Wegstrecke von Trier nach Santiago de Compostela grundsätzlich drei Möglichkeiten an:

1. Der Weg von Trier nach Metz rechts der Mosel entlang

Auf den Straßen, die sich rechts der Mosel über die Höhenrücken durch das Land zwischen Mosel und Saar ziehen, war ein Anschluß an andere Verkehrswege aus dem Saargebiet möglich, die eine Verbindung nach Metz suchten. Römerstraßen sind auch hier zahlreich nachgewiesen und ein Handelsverkehr im Mittelalter belegt. Am Weg liegende Abteien wie Mettlach oder Villers-Bettnach konnten den Reisenden Obdach bieten. In Saarburg gab es zudem ein Hospital. Diese Route im Grenzgebiet zwischen Frankreich und Deutschland führt aber durch ein dünnbesiedeltes Land. Wie in den angrenzenden Gebieten im Hunsrück und in der Eifel haben französische Truppen im 17. und 18. Jahrhundert hier eine Entvölkerung durchgeführt, um militärische Pufferzonen zu schaffen, die es feindlichen Truppen erschweren sollten, auf französisches Gebiet vorzustoßen. Wegen der fehlenden wirtschaftlichen und logistischen Voraussetzungen sollten Truppen des Gegners für einen längeren Zeitraum nicht versorgt und damit geschwächt werden. Sicher hat diese Politik in den genannten Gebieten mit dazu beigetragen, dass Zeitdokumente über den Jakobskult nur in geringer Zahl erhalten sind. In der Zeit der Französischen Revolution wurden zahlreiche Klöster wie z. B. Villers-Bettnach geplündert und gebrandschatzt und damit letzte Spuren der Pilgerschaft vernichtet.

a. Der Weg auf der römischen »Saar-Canner-Route«:
Diese Route verlässt Trier rechts der Mosel via Konz und führt über die Saar-Canner-Route zum Teil auf Römerstraßen nach Metz. Von der Abtei St. Matthias in Trier führt der Weg am Ufer der Mosel entlang bis nach Konz, wo man das Moselufer verläßt und links dem Lauf der Saar bis nach Saarburg folgt. Hinter Saarburg führt der Weg auf der Höhe an der Jugendherberge vorbei durch den Wald zum alten Wallfahrtsort Klause bei Kastel und von dort weiter über Freudenburg, Kesslingen (Kirche St. Jakob und Holzfigur des Heiligen von 1724 sowie einem Altar mit römischem Grabstein), Oberleuken und Hellendorf nach Lothringen, wo in Merschweiler und Kitzing wieder die römische Straße erreicht wird. Durch das Tal der Canner erreicht man Metz über die Orte Homburg-Budange, Villers-Bettnach (Reste des Zisterzienserklosters), Vigy und St. Barbe (Wallfahrtsort).

b. Der Weg auf der Römerstraße über Tawern, Fisch, Merzkirchen in das Canner-Tal:
In Konz konnten die Pilger die Saar überqueren und das Moseltal über eine über die Höhen führende Römerstraße verlassen, die an dem schon in der Römerzeit erwähnten Ort Tawern mit einer großartigen Tempelanlage vorbeiführt. Folgt man dieser Route, so gelangt man auf der Höhe von Saarburg beim kleinen Ort Fisch im Ortsteil Rehlingerhof zur St. Jakobus-Kirche (Rehlinger Kirche) mit romanischem Westturm, die zu dem heute untergegangenen Ort Littdorf gehörte und jetzt im Mannebachtal in einem Friedhof liegt. Auf dieser Route gelangt man über die Kollesleukener Schweiz nach Merzkirchen und erreicht Metz entweder über die durch das Tal der Canner führende Römerstraße (siehe unter a.) oder über die neu ausgeschilderte Route über Perl, die ebenfalls Römerstraßen berührt.

c. Der Moseluferweg:
Pilger, die Landwege meiden wollten, konnten in Konz auf dem Uferweg nach Metz gelangen. Für die Annahme, dass auch der Weg rechts der Mosel von Pilgern benutzt wurde, spricht unter anderem die Tatsache, dass zur Zeit der großen Pilgerbewegung der Bau einer steigenden Anzahl von Brücken in dieser Region überliefert ist. Offenbar sind diese Flussübergänge häufig überquert worden, was auf eine Verbindung von Marktstandorten mit häufig benutzten Verkehrswegen hindeutet. Aufgrund der Entstehungszeit der Märkte entlang der Straße und der Lage der Brücken in Pallien (bei Trier), Wasserbillig und Metz kann geschlossen werden, dass dies eine wichtige Handelsroute war.

Brückenzölle waren zwar wesentliche Einkommensquellen für die regionalen Herrscher, die Unterhaltung der Brücken verursachte aber hohe Kosten. Hinzu kam, dass Brücken in Krisenzeiten ein Sicherheitsrisiko waren, vor allem, wenn sie in einer zu großen und schwer kontrollierbaren Zahl in einer Region vorhanden waren. Eine Brücke bei Metz ist seit dem 6. Jahrhundert, bei Thionville seit dem frühen 14. Jahrhundert erwähnt.
Nach Überquerung der Römerbrücke über die Saar in Konz führte der Weg am rechten Moselufer auf der Römerstraße über Nennig (Römervilla mit Mosaikfußboden) in Richtung eines der zentralen Orte jener Zeit nach Sierck les Bains, das von den Ruinen der Burg der Herzöge von Lothringen überragt wird und heute noch Teile seines mittelalterlichen Stadtbildes und der Stadtbefestigung mit Torturm bewahrt hat. Das Wappen der Herrn von Sierk zeigt drei Jakobsmuscheln auf rotem Querstreifen. Am südlichen Stadtrand befand sich einst ein wohlhabendes Kartäuserkloster, von dem noch die romanische Kapelle Marienfloss erhalten geblieben ist. In Königsmacker konnten die Pilger den Weg entweder an der Mosel entlang bis nach Diedenhofen fortsetzen oder den Landweg nach Metz über das Cannertal benutzen.

2. Von Trier nach Metz auf Straßen links der Mosel

Von Trier nach Metz konnten die Pilger auch die römische Trasse über das Luxemburger Gebiet links der Mosel benutzen, die Trier im Mittelalter über Thionville (Diedenhofen) mit Metz verband. Diese Strecke verlief von Trier zunächst am Moselufer in Richtung der Sauermündung nach Luxemburg und folgte dann der im Hinterland auf ebenen Höhenrücken entlang führenden Römerstraße nach Diedenhofen. Für den Verkehr des Mittelalters war dieser Streckenverlauf ideal, da sich dem Reisenden nach der Bewältigung des einzigen stärkeren Anstiegs aus dem Moseltal bei Münschecker auf die Hochfläche keine schwierigen Hindernisse topographischer Art mehr in den Weg stellten. Die Straße führte schnurgerade und eben durch die Landschaft. Siedlungen gab es in gut zu bewältigenden Entfernungen, und bei kriege-

Titelblatt des ersten deutschen Pilgerführers von Hermann Künig von Vach, Leipziger 1521 (aus: Klaus Herbers, Deutsche Jakobspilger und ihre Berichte).

rischen Auseinandersetzungen boten sich die befestigten Orte Luxembourg, Rodemack und Diedenhofen (Thionville) zur Zuflucht an. Diese Römerstraße führt zunächst von Trier am erhöhten Moselufer am westlichen Talhang entlang über Pallien nach Igel (Säule) und Wasserbillig, wo die Sauer auf einer Sprengbogenbrücke überquert wurde. Spätere Hinweise auf einen Fährverkehr lassen darauf schließen, dass auch nach dem Verfall der Römerbrücke die römische Trasse noch benutzt wurde.

Spuren der Jakobspilger: Der Ort Münschecker (Iroschottengründung, von Mönchsacker abgeleitet (?) mit einer 1570 erstmals erwähnten Jakobskirche mit einem Jakobsaltar sowie einer Jakobswiese und einem Jakobsbrunnen) liegt unweit der Mosel auf diesem Abschnitt. In Dahlheim zeugen römische Ruinen und eine im 6./7. Jahrhundert neu gegründete fränkische Siedlung von der Nutzung der hier entlang führenden Straße. Im nahegelegenen Altwies steht eine Jakobsstatue von 1721 in der auf einer Anhöhe gelegenen Kirche, die möglicherweise im Zusammenhang mit der Wiederbelebung des Jakobskultes steht. Ab Filsdorf bei Dalheim nimmt die Römerstraße einen schnurgeraden Verlauf in Richtung Hettange Grande und macht bei Thionville einen leichten Knick in Richtung Metz, um danach wieder geradlinig bis Metz zu verlaufen. Orte wie Beyren, Dahlheim und das etwas seitab liegende Rodemack sind Etappenpunkte auf dem Weg nach Diedenhofen, die als Marktstandorte einen Straßenverlauf belegen. Als mauerumwehrter Ort mit zweitürmigem Tor bot Rodemack Pilgern und Kaufleuten Sicherheit. Seine Ausdehnung dürfte sich seit dem Mittelalter kaum verändert haben, wie man an den Überresten des früheren Mauerrings erkennen kann. Diedenhofen (Theodonis Villa, franz. Thionville) war fränkische Königpfalz, wo Karl der Große Reichsversammlungen abhielt. Die Stadt hätte Etappenort für die letzte Station vor dem Erreichen von Metz sein können. Diedenhofen hatte das Marktrecht und Fährverbindungen über die Mosel. In ihren Mauern gab es ein Hospital. Über die Orte St. Anneff und Boussange erreichte die alte Straße bei Maisonrouge das Stadtgebiet des heutigen Metz. Heute führt dieser Straßenverlauf allerdings auf der D 112E durch die zwischen Nilvange (Kirche mit Jakobusstatue) und Metz gelegenen Industrie- und Wohngebiete.

3. Von Trier nach Paris über Echternach, Luxemburg, Longwy, Verdun

Paris war in Frankreich der nördlichste Sammelpunkt des Weges über Tours nach Santiago. Von Trier aus gab es eine direkte Route über Luxemburg, die einen Bogen um Metz machte. Die Entscheidung, auf dieser Strecke über Verdun nach Paris zu gehen und Trier und Metz auszulassen, konnten die Pilger schon in Bitburg oder im Kloster Helenenberg treffen, wenn sie dort den Weg über Echternach wählten.

Spuren der Jakobspilger: Von Echternach aus gab es eine Verbindung nach Luxemburg, das man in einem Tag erreichen konnte. Der Weg führt durch eine sanft hügelige Landschaft und stellt keine großen Anforderungen. Zuerst übersteigt man den Jakobsberg. Dort gab es im 16. Jahrhundert eine Wallfahrtskapelle und einen Brunnen, um den Wasservorrat aufzufrischen. Im 18. Jahrhundert war neben der Kirche eine Klausnerwohnung. Weitere Zeichen der Verehrung des Pilgerapostels finden sich in Roodt sur Syr. Hier ist seit 1624 der Patron S. Jacobus Major schriftlich verbürgt, das Patrozinium ist jedoch wahrscheinlich viel älter. 1753 erhielt Roodt als Reliquie Partikel von den Gebeinen des Apostels. Direkt neben der Kirche befand sich ein Dorfbrunnen, der Pilgern Erfrischung bot. In Reuland gibt es eine Statue des heiligen Jakobus sowie Hinweise auf eine Rechtsstreitigkeit wegen der Bezahlung einer Messe in der Jakobskapelle zu Heffingen. Die Stadt Luxemburg erreichten die Pilger durch einen kleinen Taleinschnitt, der sanft in den Luxemburger Stadtgrund abfällt. Hier stand das Hospital. Einige glauben, dass der so genannte »Tour Jacob« seinen Namen von der nebenan befindlichen Porte de Trèves erhalten hat, durch die früher die Jakobspilger in die Stadt einzogen. Andere führen den Namen des Turmes auf einen einstigen Gefängniswärter gleichen Namens zurück. Von Luxemburg bot sich der Weiterweg nach Longwy mit seiner romanischen Kirche am Mont St. Martin an. Dann stand der Weg nach Verdun und Paris offen.

Grenzübergang nach Frankreich hinter Erft .

Die Fortsetzung des Weges hinter Metz: Vézelay, Tours oder Le Puy ?

Von Metz aus konnten die Pilger die Ausgangspunkte der drei großen Pilgerstraßen (Straße von Tours »Via Turonensis«, Straße vom Limoges »Via Lemocvicensis« oder über das Rhonetal die Straße von Arles »Via Podensis«) ansteuern, auf denen sie ihr großes Ziel in Nordspanien erreichen konnten. In diesem Führer wird die Route von Metz zu dem in Burgund gelegenen Wallfahrtsort Vézelay mit dem im Mittelalter verehrten Grab der heiligen Magdalena in 28 Tagesetappen beschrieben. Die dort beginnende Straße von Limoges wurde vor allem von Pilgern aus dem Norden und Osten Europas begangen.
Die Bischofsstädte Metz, Toul und Verdun waren nicht nur wichtige Städte in der Geschichte Europas, sondern auch Knotenpunkte der Pilger- und Handelswege und somit Sammelpunkte für Pilger in dieser zentral gelegenen Region. Diese Städte waren zugleich auch selbst Wallfahrtsziele und erlangten als Zentren eines religiös-geistigen Lebens und künstlerischen Schaffens großen Ruhm. Unter ihnen war Metz der wahrscheinlich bedeutendste Sammelpunkt für Pilger in der Region. In dieser Stadt trafen die Fernstraßen aus Trier und Saarbrücken zusammen. Und hier mussten die Pilger die weitreichende Entscheidung treffen, ob sie schon hier nach Süden abbiegen und durch das Rhone-Tal den über Le Puy führenden Weg (Via Podensis) ansteuern oder sich auf direktem Weg westwarts in Richtung Paris begeben sollten. In Châlons-sur-Marne konnten sie nochmals wählen, ob sie die nach Süden über Vézelay führende Hauptroute (Via Lemovicensis) nehmen oder auf dem zunächst weiter östlich über Paris-Tours führenden Weg (Via Turonensis) nach Spanien ziehen sollten.

Der Zubringerweg von Köln nach Vézelay zur Via Lemovicensis
Die Via Lemovicensis wurde hauptsächlich von Pilgern aus dem Norden von Belgien aus und dem Osten von Deutschland aus begangen. Um zu dem Ausgangspunkt dieser Pilgerstraße, der burgundischen Stadt Vézelay zu gelangen, mussten die Pilger von Köln zuerst die Eifel durchqueren. Nach dem Besuch der Etappenstädte Trier und Metz wurden sie wieder in die einsame Weite der ebenen Landschaften Nordfrankreichs entlassen, bis sie auf dem nordfranzösischen Zubringerweg die alte Bischofsstadt Verdun erreichten. In der Champagne bogen sie dann in Châlons-sur-Marne nach Süden in Richtung Burgund ab. Schon bald hinter der Stadt Troyes betraten sie das Gebiet von Burgund. Von hier zogen sie über St. Florentin an der Zisterzienserabtei

Rastender Pilger. Mittelalterlicher Holzschnitt.

Pontigny vorbei nach Auxerre, wo sie in der Bischofsstadt zahlreiche Pilgerziele wie z. B. das Grab des Bischofs St. Germain in der gleichnamigen Abteikirche mit karolingischer Kryta aufsuchten. Dort musste man schon seit der Mitte des 9. Jahrhundert den Pilgerstrom so durch rechtwinklig geführte Umgänge um den Kryptenraum lenken, dass die Pilger von einem Seitenschiff aus in die Krypta hinabsteigen und über das andere wieder hinausgelangen konnten, ohne dass dabei Störungen entstanden oder die Liturgie der Mönche im Chor beeinträchtigt wurde. Der Sammlungspunkt und Wallfahrtsort Vézelay bildete schließlich den ersten Höhepunkt einer Pilgerreise auf dem Weg nach Santiago de Compostela. Zugleich war hier der Ausgangspunkt für die Fortsetzung des Weges auf der hier beginnenden Via Lemovicensis (oder auch nach Vézelay, Via Viziliacenis genannt) erreicht.

Von Vézelay führte eine südliche Wegvariante die Pilger über Nevers durch die Landschaft der monotonen Hochfläche des Berry zu den Klöstern von St. Pierre, der Zisterzienserabtei Noirlac und der Stadt St. Amand-Montrond (mit dem Grab von Peter dem Pilger). Ein besonderer Anziehungspunkt muss für die Pilger die von zurückkehrenden Kreuzfahrern nach dem Vorbild der Jerusalemer Heilig-Grabkirche erbaute Kirche von Neuvy-Saint-Sepulcre gewesen sein, bis sie schließlich über Gargilesse (mit Ruinen eines ehemaligen Pilgerhospizes) den Etappenort La Souterraine erreichten. Zu dieser Stadt konnten sie auch über eine nördliche Variante gelangen, die über La Charité-sur-Loire und Bourges führte. Von La Souterraine (der »Unterirdischen«, benannt nach der von den Pilgern aufgesuchten Krypta) ging es – einen Umweg zwecks Verehrung der Reliquien des heiligen Bartholomäus in der Abtei von Bénévent in Kauf nehmend – weiter nach St. Leonhard, wo viele Pilger das Grab des heiligen Leonhard aufsuchten (daher wird diese Route auch »Straße des heiligen Leonhard« genannt). In der Kunst des Limousin wird der Heilige häufig zusammen mit dem heiligen Jakobus abgebildet. Dieser auch bei uns, vor allem in Bayern (»Leonhardiritt«), sehr verehrte Volksheilige, liegt hier begraben. Er ist der Patron der unfruchtbaren Frauen und der Gefangenen. An seinem Grab hängen noch immer die Ketten, mit denen er gefangen gehalten wurde. Die Kirche, in der er bestattet wurde, ist in der Romanik als Pilgerkirche mit prächtigem Kapellenkranz konzipiert worden. Der für das Limousin typische, reich geschmückte Kirchturm ragt wie ein Zeigefinger Gottes in der Landschaft empor und ist ein weithin sichtbarer Orientierungs- und Anziehungspunkt für die Pilger gewesen.

St. Jakobus an der Steipe in Trier.

Durch die Landschaft des Limousin gingen die Pilger weiter nach der Stadt Limoges zu den Überresten des Bekenners und Heiligen Martial, und von dort zum nahegelegenen Ort Solignac, wo der heilige Eligius (St. Eloi) gewirkt und ein Kloster gegründet hat. Das nächste große Ziel war die Stadt Perigeux mit dem Grab des heiligen Frontus, der als Apostelschüler des heiligen Petrus verehrt wurde. Nach der Durchquerung eines damals wasserlosen und deshalb gefürchteten sandigen Ödlandes, das heute bewaldet ist und als »Les Landes« bezeichnet wird, erreichten die Pilger in St. Severs das Vorpyrenäengebiet, wo sie in der Abtei den Leichnam des heiligen Severinus verehrten, der hier im Auftrag des Papstes als Missionar gegen die Verbreitung des Arianismus gewirkt hat und von den Vandalen im Jahr 407 enthauptet wurde. Über Orthez und La Sauveterre-de-Bearn erreichten die Pilger schließlich in Ostabat, den wichtigsten Sammlungspunkt vor der Überquerung der Pyrenäen. Kurz vor diesem Ort laufen die drei Hauptwege von Frankreich an einem Punkt – Gibraltar genannt – zusammen. Von hier führt nur ein Weg zu dem hinter dem ersten Pyrenäenpass gelegenen Kloster Roncesvalles. Dahinter beginnt der spanische Teil des Jakobsweges (Camino de Santiago).

Der Zubringerweg von Metz zum Rhonetal und zur Via Podensis
Der Abschnitt im Reiseverkehr von Lothringen nach Spanien wird bereits in der »Vita Johannis Gorziensis« erwähnt. Von Toul zogen die Pilger weiter nach Langrès in Richtung Burgund. Hinter Toul führt der Weg über eine fast ebene, trockene Hochfläche, die erst kurz nach St. Elophe ins Tal der Maas (Meuse) abfällt.

Spuren der Jakobspilger: Soulosse/St. Elophe: Die Doppelortschaft war im 10. Jahrhundert Zollstation und verfügte über das Marktrecht. Mit dem Aufblühen der Champagnemessen und der Stärkung der Bedeutung von Neufchateau verlor der Ort seine zentralörtlichen Funktionen. Eine Leproserie in Soulosse und eine bis heute erhaltene Pilgerkirche eigneten sich als Pilgerunterkunft für Santiagopilger.
Chateauneuf: Der Ort liegt unweit der Römerstraße und bot ebenfalls Voraussetzungen für die Versorgung der Pilger des Mittelalters. Sein Hospital aus dem 14. Jahrhundert liegt wiederum – wie in Trier und Luxemburg – außerhalb der Stadt, die Hospitalskapelle steht unmittelbar an der Durchgangsstraße nach Süden.
St. Jacques-au-Mont: Unweit von Chateauneuf erhebt sich eine neoromanische Anlage, die heute der Verehrung der Jeanne d'Arc dient. Früher war hier ein Jakobskloster mit Hospital, von dem heute aber keine Spuren mehr vorhanden sind, da sie im letzten Jahrhundert mit dem Jeanne d'Arc gewidmeten Gebäude überbaut wurden. Dieses Kloster besaß einige im Jahre 1097 durch einen Wanderprediger aus Benevent transferierte St. Jakobsreliquien. Für Jakobspilger war es unweit der Römerstraße Toul–Langrès günstig zu erreichen.
Dijon: Von der Kirche St. Estèphe gilt als gesichert, dass sie ein weiterer Sammlungs- und Aufbruchsort für Jakobspilger zur Via Podensis war. Im Rhonetal vereinigte sich die aus Lothringen kommende Nord-Süd-Route mit der Pilgerstraße, die von der Schweiz von Einsiedeln über Bern und Genf über die »Oberstraß« bis zur Pont-St-Esprit führte, wo die Pilger den Fluss überquerten.

Der Regen von Gottes Gnade
kann sich nicht auf den Berggipfeln des Stolzes sammeln,
aber er fließt leicht in die Täler der Demut hinab.

Paramahansa Yoganada

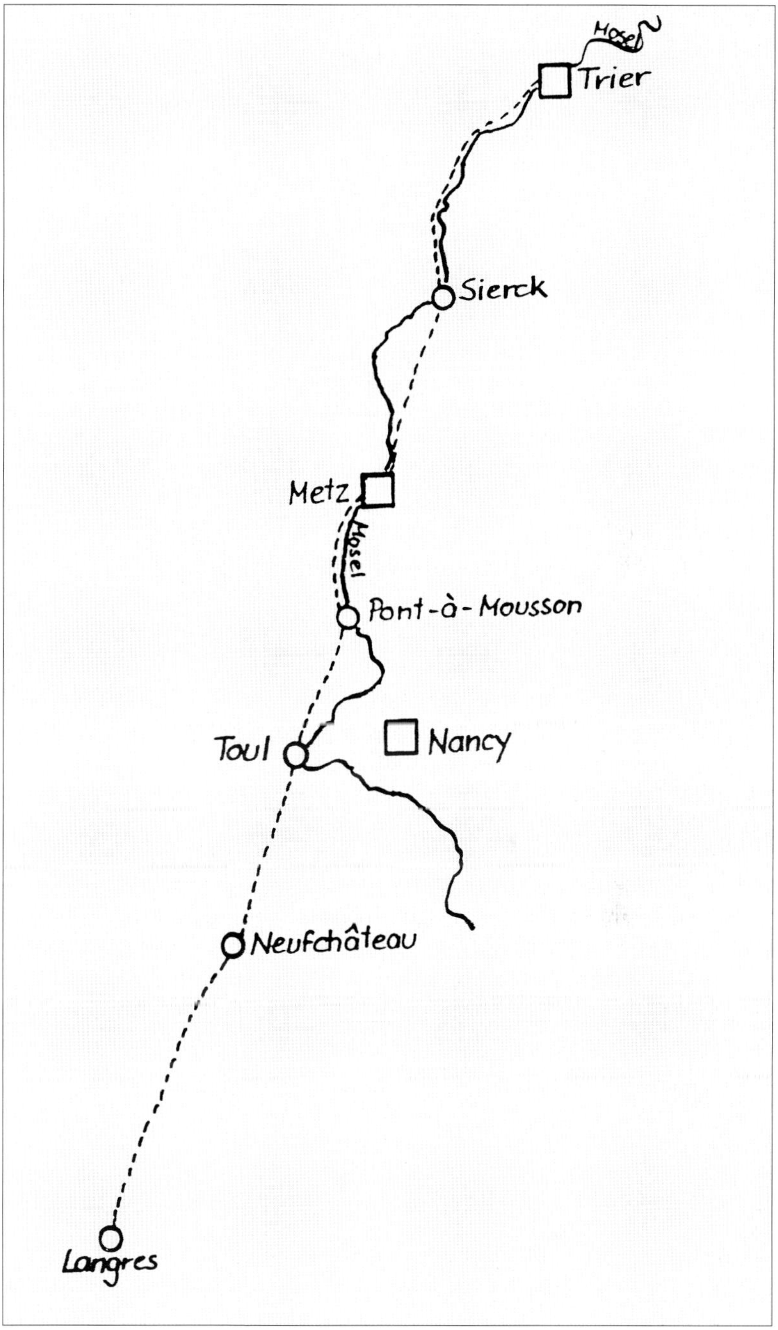

Gesamtübersicht des Jakobusweges von Trier über Metz nach Langrès (aus: Kalebasse Nr. 17, S. 13).

Deutsche
St. Jakobus-Gesellschaft e.V.

THE CONFRATERNITY OF
SAINT JAMES

Embleme der Deutschen St. Jakobus-Gesellschaft und der Englischen St. Jakobusbruderschaft aus: Sternenweg und Hatfield, John, Pilgrim Guide to the Roads through France to Santiago de Compostela, 2. Vézelay to the Pyrenees).

6. Städte und Landschaften

In diesem Kapitel werden Erläuterungen zur Geschichte, Kultur und zu den Landschaften des Jakobsweges von Köln über Trier nach Vézelay in der Reihenfolge der unter Kapitel 7 angegeben Wegbeschreibungen gegeben. Um die Übersichtlichkeit bei den Wegbeschreibungen zu wahren, sind diese Erläuterungen hier eingefügt worden.

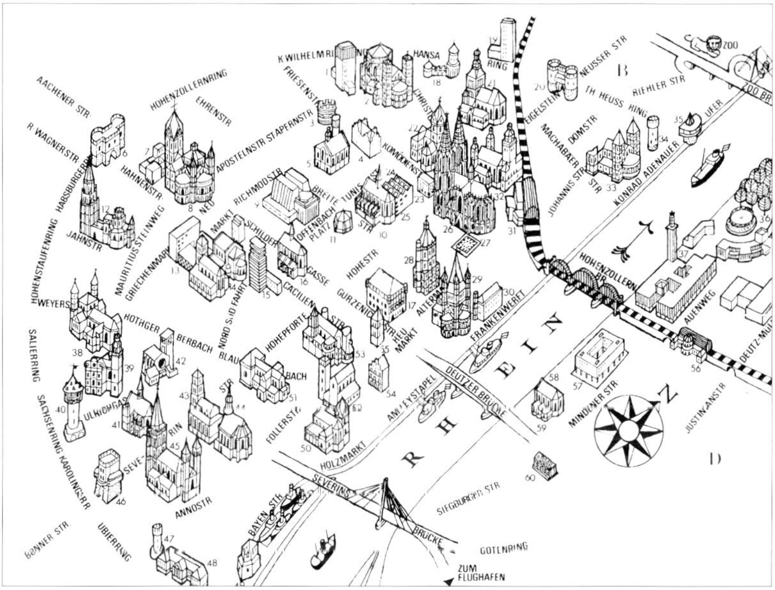

Plan mit den mittelalterlichen Kirchen von Köln (aus: Köln, Verkehrsamt der Stadt Köln).

Köln

Geschichte des Domes

Der Kölner Dom steht auf einer Ansammlung vorchristlicher Kultstätten. In diesem Areal befand sich in römischer Zeit eine beträchtliche Zahl von Weihestätten, Tempeln und Heiligtümern, z. B. ein Matronenheiligtum für Muttergottheiten, ein Mithras-Heiligtum für den Sonnengott oder ein Tempel für den Staatsgott Mercurius, dessen Reste man unter dem Dom freigelegt hat. Man nimmt an, dass die Stelle schon einige Zeit vor dem Toleranzedikt von 313 des Kaisers Konstantin eine christliche Kultstätte war. Wo sich heute der Dom erhebt, befand sich in unmittelbarer Nähe der römischen Stadtmauer um das Jahr 313 die erste Bischofskirche Kölns, die vermutlich noch vom heiligen Maternus errichtet worden ist.

Der Grundriss der ersten Kölner Bischofskirche hatte mit der Basilika von Alt-St. Peter viel gemein. Der Chor lag, wie in den frühen römischen Kirchen im Westen; im Osten war ein Vorhof (Atrium) mit einer Taufkirche angegliedert. Dieser Bau wurde in der ersten Hälfte des 5. Jahrhunderts durch einen Neubau auf kreuzförmigem Grundriss ersetzt. Aus jenen frühen Tagen des Christentums am Rhein hat sich im Ostteil des Domes ein achtseitiges Taufbecken erhalten. Es befindet sich im Ostteil des Domes hinter einer Gittertür.

Nach der Anerkennung Kölns als bischöfliche Metropole setzte auch außerhalb der römischen Stadtmauern eine rege Bautätigkeit ein. Vor allem auf den Gräberfeldern der Märtyrer entstanden weitere frühchristliche Kirchenbauten wie die von St. Gereon, St. Ursula und St. Severin.

Der kostbare Dreikönigsschrein, das wichtigste Ziel der Pilger, leuchtet jedem Besucher aus dem Chor entgegen. 1164 kehrte Rainald von Dassel, der Kanzler Kaiser Barbarossas, von der Eroberung Mailands zurück und brachte als wertvollstes Beutestück die Reliquien der Heiligen Drei Könige und der Märtyrer Felix und Nabor mit. Später wurden auch die vom heiligen Bruno im 10. Jahrhundert aus Italien mitgebrachten Gebeine des heiligen Gregors von Spoleto in dem Schrein aufbewahrt.

Kaiserin Helena, die Mutter Konstantins des Großen, soll anlässlich ihrer Reise in das Heilige Land die Gebeine der Heiligen Drei Könige aufgefunden und nach Konstantinopel gebracht haben. Von dort sollen sie von einem Bischof Eustorgio nach Mailand überführt worden sein. Während der Eroberung Mailands durch Kaiser Barbarossa im Jahre 1162 waren sie in einem Glockenturm versteckt.

Der Erwerb dieser Reliquien war ein Glücksfall für die Stadt Köln, denn es entstand eine rege Wallfahrt, die ungeahnte wirtschaftliche Impulse auslöste. Im Wappen der Stadt Köln finden sich drei Kronen, die an die Heiligen Drei Könige Kaspar, Melchior und Balthasar erinnern. Kaiser und Könige pilgerten hierher und bedachten die Stadt mit zahlreichen Privilegien und Schenkungen. Köln stieg zu einem der wichtigsten Wallfahrtsorte in Europa auf. Die Vorstellung, dass die Menschen, deren Gebeine hier aufbewahrt wurden, Jesus Christus als Kind gesehen und ihn sogar berührt haben sollen, bewegte die Menschen tief. Die Heiligen Drei Könige galten als Patrone der Pilger, Reisenden und eines guten Todes. Sie waren daher auch Ziel der Compostela Pilger.

1181 schuf der berühmteste Goldschmied jener Zeit, Meister Nikolaus von Verdun, einen Schrein zur würdevollen Umhüllung der Gebeine. In der Domschatzkammer werden noch weitere wichtige Reliquien aufbewahrt, wie die in eine Monstranz eingearbeiteten Petrusketten und der Petrusstab, der wie ein antikes Kugelszepter gestaltet ist und zu den ältesten Bischofsstäben zählt. Seit der Zeit Kaiser Konstantins d. Gr. wurden Bischöfe mit dem Ring und Würdezeichen der Konsuln der römischen Kaiserzeit ausgestattet.

1248 wurde unter Erzbischof Konrad von Hochstaden der Grundstein zum großen St. Petrus Dom gelegt. Unter seiner Herrschaft gelangte das Erzstift Köln in den Jahren 1238–1261 zum Höhepunkt seiner Macht im Deutschen Reich. Das Domkapitel beruft Meister Gerhardus, der die Kenntnis der französischen Bauschule mitbringt und die Linie der Neubauten in Frankreich, ausgehend von Chartres (1191), Reims

St. Jakobusstatue am Portal des Kölner Domes mit Muschel in der linken Hand.

St. Georg, Köln. Blick ins Innere auf den Hochaltar.

(1211) und Amiens (1220), hier im Rheinland fortsetzen sollte. Alle bis dahin erbauten Kathedralen wollte man übertreffen und im neuen Stil der Gotik etwas schaffen, was alles Bisherige übertraf. Anstelle von drei Kirchenschiffen plante man fünf, die Zahl der Kranzkapellen des Chores wurden von fünf auf sieben erhöht, die Türme sollten den Himmel berühren. Der gotische Stil ist ohne den geistesgeschichtlichen Wandel im religiösen Denken jener Zeit nicht denkbar. Mit dem Aufkommen der Mystik und der neuen theologischen Lehrgebäude entstand eine große religiöse Begeisterung, die dem Bau als spiritueller Verkörperung des Himmlischen Jerusalem eine ungeheure Schubkraft verlieh. In der scheinbaren Überwindung der Schwerelosigkeit und dem überirdischen Leuchten der Glasfenster fand diese Spiritualität ihren Ausdruck. Ungeahnte Pilgerströme waren der äußere Anlass für den Domneubau gewesen. Unter den Pilgern befanden sich sicher auch viele, die ihrem Weg nach Santiago über Köln nahmen. Mit dem Neubau des hochgotischen Chores wollte man eine zweite kostbare bauliche Umhüllung für diesen goldenen Schatz, quasi einen zweiten »gläsernen Schrein« für die Heiligen Drei Könige schaffen. 1320 war der Chor fertig gestellt, dann kamen die Bauarbeiten zum Erliegen. Das Unternehmen überstieg die Wirtschaftskraft der Stadt. Der Dom blieb unvollendet, bis er im 19. Jahrhundert nach den wieder gefundenen Originalplänen fertig gestellt und 1880 eingeweiht wurde.

Die in der Kunstlandschaft der Isle de France entwickelte gotische Architektur erfuhr im Kölner Dom eine Steigerung und Perfektion. Seine Baumeister übertrafen die Vorgängerbauten in Amiens und Laon, indem es ihnen gelang, »den absolut vollkommenen, den idealen Kirchenbau zu schaffen« und »die gesamte innere Raumschale völlig einheitlich durchzukonstruieren« (Arnold). Besonders deutlich wird dies an dem durchgängig verwirklichten Prinzip, dass jedes aus dem Gewölbe stammende Bauglied eine »Ableitung nach unten«, d. h. eine Verbindung mit dem Boden erhielt.

Spuren der Jakobspilger: Dom St. Peter und Maria. Am Petersportal des Südturmes, das noch aus dem Mittelalter stammt, stehen fünf lebensgroße Apostelfiguren von 1370, darunter auch der heilige Jakobus Major. Im Innern sind an den Pfeilern des Binnenchores Apostelgestalten angebracht, darunter auch eine Statue des Apostels Jakobus von 1280/90. Im Chor des Domes, in der so genannten Maternuskapelle, befindet sich das Jakobusfenster mit Szenen aus dem Leben des Heiligen. Das Farbfenster mit kleinfigurigen Darstellungen stammt aus der Zeit um 1320. In dieser Zeit wurde der Binnenchor neu verglast und für Pilger zugänglich gemacht. Eine St. Jakobusbruderschaft, von denen es in der Stadt mehrere gab, besaß im Chor eine Kapelle, in der sie ihre Gottesdienste abhielt. Nur eine dieser Bruderschaften aber war eine Pilgerbruderschaft im eigentlichen Sinne.

In der Kirche St. Kunibert steht die gotische Statue eines Heiligen als Jakobspilger (St. Jodokus?). Am Ende der Hohen Straße gelangt man auf ein Straßenstück, das die Hohe Pforte genannt wird. Hier, wo sich einst das Südtor befand, ist die Grenze der römischen Ausdehnung erreicht. Außerhalb der Stadtmauern führte die römische Heerstraße auf einem Knüppeldamm durch das unwegsame sumpfige Gelände einer Bachlandschaft in südlicher Richtung nach Bonn. Im Mittelalter dehnte sich die Stadt weiter nach Süden aus. Auf dem schattigen, mit Bäumen bestandenen, idyllischen Waidmarkt hat man im Mittelalter mit dem Färberwaid gehandelt, das zum Baufärben des Leinens diente. Die Waidhändlerbruderschaft hatte sich als ihren Schutzheili-

gen den heiligen Jakobus auserkoren. Eine 1825 abgebrochene Kölner Jakobuskirche befand sich unmittelbar nördlich neben der heute noch vorhandenen St. Georgskirche. Beide Kirchen waren durch die heute noch vorhandene spätgotische Vorhalle miteinander verbunden. Eines der drei Glasgemälde des Westchores zeigt den heiligen Jakobus. Wo früher in römischer Zeit die Menschen zu ihrem Wegegott beteten, erbat man im Mittelalter vom heiligen Jakobus Beistand und Schutz für seinen Weg.
Nicht weit von hier mündet links die Straße »An St. Katherinen« ein. Hier befand sich ein ehemaliges Hospital, welches nach dem berühmten Katharinen-Kloster auf dem Sinai benannt und von der Deutschordenskommende betreut wurde. Die Stiftung dieses Hospitals durch Peter Koilgin erfolgte 1520. Es war für Fremde bestimmt, die »im Elend weilten«, d. h., die sich in der Fremde aufhielten. Das Wort »Elend« taucht auch in der ersten Strophe des bekannten Liedes der deutschen Jakobspilger auf: »Wer das Elend bauen will, der heb' sich auf und sei mein Gsell«. Für die in diesem »Elendskloster« Verstorbenen wurde 1335 ein eigener Friedhof angelegt, weil Fremde nicht auf Kölner Pfarrfriedhöfen beerdigt werden durften. Später wurden hier auch Hingerichtete und Protestanten begraben. Im 15. Jahrhundert errichtete man auf diesem Friedhof eine spätgotische Kirche, die durch den heutigen Bau der Elendskirche von 1678 ersetzt wurde.
Im Spätmittelalter gab es in der Stadt Köln ein gut entwickeltes soziales Sicherungssystem, das Schutz und Pflege bei Krankheit und Invalidität gewährte. In vielen Kölner Hospitälern fanden auch Pilger Pflege und Aufnahme. Das 1349 als Pilgerherberge gegründete »Hospital zum Ipperwald« war eine der grössten Einrichtungen seiner Art im Deutschen Reich. Die ältesten Hospitäler entstanden bei Klöstern und Stiften wie St. Pantaleon oder St. Maria im Kapitol, wo Arme, Kranke, Pilger und Fremde Obdach fanden. Später entwickelten sich diese zu reinen Pfründnerhäusern, in die man sich einkaufen musste. Dies verlangte nach einem Ersatz durch Neugründungen, die seit dem 14. Jahrhundert durch Stiftungen von Bürgern erfolgten – z. B. des Albrecht von Zelle, der das Hospital auf dem Gelände gegenüber des späteren Zeughauses errichten ließ, um »al dae zo beherbergen gemeyne pylgeryme ind auch armen« oder des Peter van Hellen, der auf der Breiten Straße in seinem Haus »zume Esele« und den dazugehörigen Gebäuden eine Herberge für arme Pilger schuf, die nach Aachen oder sonst zu Gottes Heiligen unterwegs waren. Im »Hospital St. Revilien« bei St. Ursula, dessen Stifter das Ehepaar Daym und Mettel van Loeven war, fanden die Ärmsten der Stadt Aufnahme. Aus einem Bericht des Hermann von Weinsberg geht hervor, dass sein im Alter von 33 Jahren an Fieber und Gelbsucht erkrankter mittelloser Großvater Gotschalk, der als Bote und Reisebegleiter für Santiagopilger seinen Lebensunterhalt verdient hatte, in dieses Hospital gebracht wurde. Das »Heilig-Geist-Spital« des Domhofes entstand aus einem Hospital der Domkirche. Seit dem 14. Jahrhundert diente es aber nicht mehr als Kranken- und Armen-

haus, sondern als Zentralstelle zur Verteilung von Almosen, die zuerst als Naturalien, später in Form von Geldzahlungen erfolgt sind. Auch andere Pfarrkirchen wie z. B. St. Aposteln unterhielten so genannte »Armenbretter«, wo die Spenden ausgeteilt wurden. Betteln und Almosen waren eine gesellschaftlich akzeptierte Form des Lebensunterhalts, wenn es keine Alternativen gab.

Das frühe Christentum in Köln und St. Severin: Letzte Station vor dem Verlassen der mittelalterlichen Stadt an der Severinstorburg war für die Pilger die Kirche St. Severin. An der Stelle, wo sich der heutige spätgotische Bau aus der Zeit um das 15. Jahrhundert erhebt, lag in römischer Zeit an der Ausfallstraße vor den Toren der Stadt ein Gräberfeld, in dem schon im 4. Jahrhundert ein Totenhaus (cella memoriae) mit Apsis errichtet wurde. Solche römisch-frühchristlichen Friedhöfe waren Nahtstellen zwischen der römisch-heidnischen Kultur und dem jungen Christentum. Sie sind auch in Köln im Bereich der St. Gereonskirche und in Bonn unter dem Münster nachgewiesen worden. Auf geheimnisumwitterten Plätzen wie diesen sind schon in früher Zeit Märtyrer verehrt worden. Obwohl im Rheinland selbst geschichtlich keine Christenverfolgungen nachgewiesen werden konnten, haben sich Legenden vom Martyrium der heiligen Ursula und ihren Gefährtinnen sowie der Thebäischen Legion gebildet und hartnäckig gehalten.

Die Severinstorburg in Köln. Hier verließen die nach Süden ziehenden Pilger die Stadt.

Die Thebäische Legion war auf Bitten des römischen Mitkaisers des Westens, Maximilian, von Kaiser Diokletian zur Bekämpfung eines Aufstandes in Gallien aus Ägypten (Theben) herbeigerufen worden. Als be-

kannt wurde, dass Mitglieder dieser Legion, die das Christentum angenommen hatten, den Staatskult ablehnten, soll es in der heutigen Schweiz zu ersten Hinrichtungen gekommen sein. Die Truppe wurde daraufhin geteilt. In Köln sollen Gereon und seine Gefährten, in Bonn Cassius, Florentius und Malusius durch das Schwert hingerichtet und begraben worden sein, in Xanten verehrt man die Gräber der dort getöteten Soldatenheiligen Victor und Mallosus. Man nimmt an, dass sich die Gläubigen zum einen von der Nähe zu diesen Heiligen Fürsprache und Segen beim Jüngsten Gericht erhofften. Zum anderen war es üblich, zum Gedächtnis an die hier bestatteten Toten auf den Friedhöfen so genannte Opfer- und Liebesmahle abzuhalten.
Die Erforschung solcher frühchristlicher Begräbnisstätten hat die Bestätigung dafür erbracht, dass es gegen Ende des 4. Jahrhunderts in den Hauptstädten der beiden römischen Grenzprovinzen Köln und Mainz bereits ein entwickeltes christliches Gemeinwesen ebenso wie in Trier gegeben haben muss, das allerdings durch den Niedergang der römischen Herrschaft und den damit verbundenen Umwälzungen fast wieder ganz zum Erliegen kam.
Der kleine unter der heutigen Severins-Kirche ergrabene Bau diente zuerst zur Aufnahme der Märtyrergräber der heiligen Cornelius und Cyprian († 258). Im Laufe der Jahrhunderte ist er immer wieder erweitert und umgebaut worden. Um 804 erscheint diese Kirche dann unter dem Namen des Bischofs Severin, der aus Bordeaux stammte und um 346 vom Volk und Klerus zum Bischof erwählt wurde. Er übte in den unruhigen Zeiten des Umbruchs von der römischen zur fränkischen Herrschaft in Köln sein Amt aus.
Über der Krypta des polygonal gebrochenen Chores der Severinskirche ruht heute der Schrein des heiligen Severin. Dieser war nach Köln gerufen worden, um einen der Irrlehre des Photinianismus anhängenden Bischof abzulösen. Sein Episkopat soll 60 Jahre gedauert haben.
Die Stadt wurde um 355 von den Franken erobert, zerstört und 375 von den Römern zurückerobert und neu befestigt. Schlimmer jedoch wogen die unsicheren inneren Zustände der jungen Christengemeinde, da sich der Arianismus auch hier mit großer Macht ausbreitete und die ganze Kraft seines Hirtenamtes forderte. Severinus wichtigste Gegenmaßnahmen zur Festigung des katholischen Glaubens waren die Förderung des Mönchtums und die intensive Missionierung der Gläubigen. Als der heilige Severin bei einem Besuch in seiner Heimatstadt Bordeaux starb, wurde er in der dortigen Kirche begraben. Die Kölner erinnerten sich erst wieder an ihn, als die Stadt von einer anhaltenden Dürre geplagt wurde, und ihnen durch eine Engel offenbart worden sein soll:

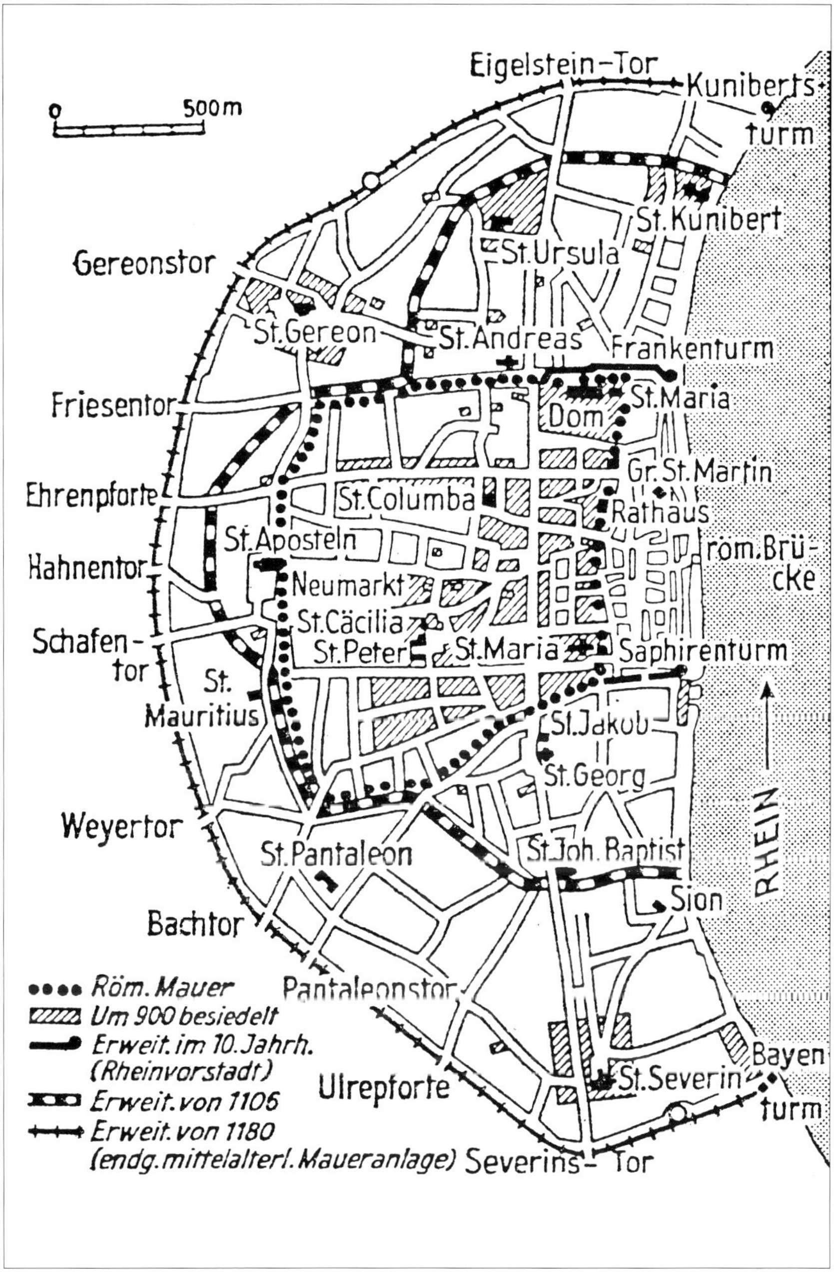

Ausdehnung der Stadt Köln (aus: Schneider, Wolf, Überall ist Babylon).

Stempel von St. Severin in Köln.

»Ihr habt Euren Hirten und Bischof nicht bei Euch«. Darauf zogen sie nach Bordeaux, wo man ihnen einen Teil der Reliquien aushändigte. Im 11. Jahrhundert wurde ein sehr kostbarer Schrein angefertigt, der in schweren Zeiten, wie bei Dürre, Wassernot, Pest und Cholera durch die Straßen der Stadt getragen wurde, um Hilfe von dem Heiligen zu erflehen. Im Jahre 1795 musste dieser neben dem Dreikönigsschrein wohl bedeutendste Kölner Reliquienschrein eingeschmolzen werden, um die immensen Geldforderungen während der französischen Besetzung erfüllen zu können. Das Wenige, was davon übrig blieb, wurde für den heutigen, im Jahr 1828 gefertigten Schrein verwendet. Eine in der Domschatzkammer aufbewahrte goldene Scheibe aus Zellenschmelz in durchscheinender Emailtechnik zeigt den heiligen Severin auf dem Thron sitzend. Sie stammt wahrscheinlich von dem alten Schrein und gilt als eine der bedeutendsten figürlichen Arbeiten dieser Kunstgattung aus der ottonischen Zeit, die nördlich der Alpen erhalten geblieben ist.

Rheinische Bucht, Vorgebirge und Jülicher Börde

Die Straße am Fuße des Vorgebirges führt durch ein Gebiet mit vielen Obst- und Gemüsegärten. Dichte Obstbaumpflanzungen verwandeln im Frühling die Gegend in ein weisses Blütenmeer. Der bewaldete Rücken des Vorgebirges, die so genannte Ville, schiebt sich wie ein Keil in die Niederrheinische Bucht und unterteilt sie in die zum Rhein hin gelegene Kölner Bucht und die dahinter liegende Jülicher Börde. Am rekultivierten Seengebiet des ehemaligen Braunkohletagebaus vorbei gelangt man auf der Höhe durch ein zusammenhängendes Waldgebiet in die an Wasserschlössern reiche Erftniederung nach Weilerswist.

Der Kottenforst

Der Name wird erstmals 886 in einer Urkunde der Abtei Prüm als »cotenforast waltmarca« bezeichnet. Im Jahre 973 wird die Schenkung an das Erzstift Köln durch Kaiser Otto II. bestätigt. Die Grenzen der damaligen Schenkung stimmen noch weitgehend mit den heutigen Grenzen des

Waldes überein. 1064 vererbte Erzbischof Anno II. den Wald der Abtei Siegburg, die ihn an das Kölner Erzbistum verkaufte. Den Spuren der jüngeren Geschichte des Waldes – durch den Braunkohletagebau entstand hier eine romantische Seenlandschaft – begegnet man bei der Durchquerung des Vorgebirges. Erst nach dem Wiener Kongress 1815 begann unter preußischer Herrschaft eine geregelte Forstwirtschaft. Da die Bäume in einem »Staunässeboden« stehen, ist der Wald reich an Nassholzarten. Der Kottenforst ist heute ein Naturparadies für viele Vogelarten und für seinen Wildreichtum und interessante, seltene Flora berühmt. Eine wichtige Landmarke mitten im Wald ist der »Eiserne Mann« – eine alte Grenzbefestigung zwischen den Gemeinden Heimerzheim und Alfter.

Die Eifel

Der Name »Eifel« erscheint zum ersten Mal 762 in dem lateinischen Wort »Pagus eflensis«. Seit 1086 spricht man regelmäßig von der Eifel als Landschaftsbezeichnung. Die natürlichen Begrenzungen der Eifel sind im Norden die Rheinische Bucht, im Osten der Rhein, im Süden die Mosel und im Westen Belgien und Luxemburg. Die Landschaftsräume der Eifel werden gebildet vom Hohen Venn, der Rur-Eifel, der Ahr-Eifel, der westlichen Hocheifel, der Zentraleifel und der Schneeeifel. Die beiden letztgenannten Gebiete werden auf der in diesem Führer beschriebenen Route durchwandert.
Wer zu Fuß durch die Eifel wandert, wird nicht nur die Formenvielfalt einer einsamen Gebirgslandschaft bewundern, die häufig vulkanischen Urprungs ist und ihr ein besonderes, manchmal eigentümlich raues Gepräge verleiht, sondern auch unbekannte Naturschönheiten in reizvollen, weltabgeschiedenen Gegenden entdecken und schätzen lernen. Von den vielen Flüssen der Eifel werden wir dem Lauf der Erft von Weilerswist nach Bad Münstereifel und dem der Prüm von Prüm bis Biersdorf ein Stück folgen. Die Höhenunterschiede in der Eifel sind zum Teil beträchtlich und reichen von 200 bis 700 Metern. Gute Wegmarkierungen des Eifelvereins sorgen für eine sichere Orientierung.
»Die Eifel ist kein unwirtliches Land, weder so einförmig wie der Hunsrück noch so rauh und wüst wie der Westerwald« resümierte vor etwa 150 Jahren der Schriftsteller Karl Simrock, und er weist zu recht auf das reiche kulturelle Erbe der Eifel mit ihren vielen Burgen, Klöstern und Kirchen hin, die damals wie heute »ein romantisches Interesse« finden. Berühmte Geschlechter, die in der deutschen Geschichte eine Rolle ge-

spielt haben, hatten in der Eifel ihre Stammburgen, wie die Grafen von Manderscheid-Blankenheim oder Virneburg, die Herzöge von Aremberg oder die Herren von Kempenich.
Die Bevölkerung der Eifel hat im Laufe der Geschichte viel erdulden müssen. Der Wille der Herrschenden, Leibeigenschaft, Abgabenpflichten, Fron- und Kriegsdienste schufen eine über tausendjährige Abhängigkeit. Kriege, Hungersnöte, bedingt durch Missernten, karge Frucht, durchziehende Heere und Zerstörungen ließen die Eifel zu einem Armenhaus werden und entvölkerten ganze Gebiete. Hiervon zeugen zahlreiche Wüstungen (leere Dörfer), die nach dem Verlassen ihrer Bewohner dem Verfall preisgegeben wurden. Erst nach der Einführung der Kartoffel in der 2. Hälfte des 19. Jahrhunderts gingen die durch katastrophale Missernten bedingte Hungersnöte in der Eifel zurück. Anhand der erhalten gebliebenen Wohnhäuser und des Mobiliars kann man sich ein Bild von den ärmlichen, beengten Lebensverhältnissen der Menschen jener Zeit machen. Im Freilichtmuseum in Kommern ist z. B. ein Hof aus dem in einem Seitental der Ahr gelegenen Binzenbach vom Ende des 17. Jahrhunderts zu sehen, der nur eine Wohnfläche von 36 Quadratmeter aufweist, die für eine mehrköpfige Familie ausreichen musste. Winzige Fenster sorgten für schlechte Luft- und Lichtverhältnisse.
In der Gegend von Prüm erreichen wir die Schneeeifel. Hier herrschen besonders harte klimatische Bedingungen vor. In diesem rauesten Teil der Eifel beträgt die mittlere Tagestemperatur zwischen fünf und sechs Grad. Die Westwinde regnen sich an dem 20 km langen Kamm zwischen Brandscheid und Ormont so stark ab, dass der jährliche Niederschlag bis zu 1000 mm beträgt. In langen Wintern werden bis zu 60 Schneetage gezählt.

Bad Münstereifel

Flankiert von den Höhen des Bergwaldes der nördlichen Eifel, die bis zu 430 Meter ansteigen, liegt die Stadt in einer geschützten Talmulde im tief eingeschnittenen oberen Erfttal. Ihre Lage am Rande der Eifel war im hohen und späten Mittelalter verkehrspolitisch von großer Bedeutung, weil die Straßen aus der fruchtbaren Lößbörde um Euskirchen und Zülpich nach Süden in die Binneneifel hier vorbeiführten.
Der Ort hat sich aus einer fränkischen Hofgründung entwickelt und war Königbesitz. Die Stelle des ehemaligen Königshofes, den die Eltern Karls des Großen der Abtei Prüm schenkten, ist noch im Straßenbild an der Immunität des Klosters ablesbar. Die Waldgebiete südlich von

Westfassade der ehemaligen Stiftskirche in Bad Münstereifel.

Münstereifel wurden zwischen dem 9. und 12. Jahrhundert durch Rodungen erschlossen. Orte, deren Namen auf –scheid, –rath, –berg usw. enden, sind in dieser Zeit entstanden. Zum Schutz des Klosters wurde in karolingischer Zeit auf dem Hügel die Wallanlage »Alte Burg« errichtet, die erst später in die Umwehrung der Stadt einbezogen wurde.
Pilger und Reisende betraten die Stadt von Westen durch das prächtige Werthertor aus dem 14. Jahrhundert. Die Ringmauer hat sich hier in stattlicher Höhe erhalten und ist mit Türmen verstärkt worden. Zur Stadtseite befindet sich ein Wehrgang. Links die mit der Stadtbefestigung eng verbundene landesherrliche Burg, die am Ende des 13. Jahrhunderts durch die Grafen von Jülich als Talsperre am Austritt der Erft in die Euskirchener Niederung errichtet wurde. Das Wappen der Grafen ist über der Toreinfahrt des aus Bruchsteinen errichteten Turmes angebracht, den ein gotischer Kleeblattfries schmückt. Vom Radberg, auf dem die Burg steht, können wir uns einen guten Überblick über die Topographie des Ortes verschaffen. Aus dem Gewirr der Dächer ragen erhaben die Türme vom stattlichen Westwerk des im Jahr 830 von Abt Marquard von Prüm gegründeten Benediktinerklosters empor, das im 12. Jahrhundert in ein Kollegiatstift umgewandelt wurde. Aus dieser Zeit stammt noch die frühromanische Kryp ta, die Kirche selbst wurde um die Jahrtausendwende als romanische Pfeilerbasilika errichtet. Großer Anziehungspunkt waren für Pilger die Gebeine des hier verehrten römischen Märtyrerpaares Chrysantus und Daria, das im 3. Jahrhundert gelebt hat und wegen seines Wirkens für die Ausbreitung des christlichen Glaubens während der diokletianischen Christenverfolgung den Tod fand. Daria war wohl heidnische Priesterin, als sie Chrysanthus heiratete, trat dann zum christlichen Glauben über und missionierte wie ihr Mann unter den Heiden. Ihre Gebeine brachte Abt Marquard 844 von einer Romreise mit nach Prüm. Von dort kamen sie nach Münstereifel, wo sie sich seither in einem Sarkophag befinden.

Sehenswert sind in Bad Münstereifel ferner das rote gotische Rathaus, die Jesuitenkirche und das alte Gymnasium, das aus einem 1625 gegründeten Jesuitenkolleg hervorgegangen ist. In seiner berühmten Bibliothek befinden sich seltene Werke, einige geben Zeugnis von den Gräueltaten aus der Zeit der Hexenverfolgungen.

Spuren der Jakobspilger: In Münstereifel wird 1393 erstmals ein Hospital erwähnt, das an der Spitalsbrücke an der Erft lag. Ab 1430 ist ein von einem unbekannten Bürger gestiftetes Hospital zum heiligen Quirinus von Neuss nachgewiesen.
Als sich die Jesuiten 1629 hier niederließen und ein Kollegium gründeten, wurde das Hospital an eine andere Stelle in der Orchheimer Straße (heute Haushaltswarengeschäft) verlegt. Aus dem vom Spitalsmeister sorgfältig geführten Hospitalsbuch, in dem alle Einnahmen und Ausgaben in Geld und Naturalien aufgezeichnet sind, sowie den dem Rat alljährlich zur Prüfung vorgelegten Rechnungen geht hervor, dass auch Pilger auf dem Weg nach Rom und Santiago de Compostela Empfänger von Wohltaten waren. Die Mittel für dieses Hospital stammten u. a. aus Hospitalshöfen des Umlands (»Hospitalshalfen«) und Armensammlungen.
Die erste Nachricht von Pilgern datiert in einer Hospitalsrechnung aus dem Jahr 1474/75, als man im Hardtwald zwischen Stotzheim und Kirspenich überfallene Pilger mit Brot und Bier beköstigte und verpflegte. Ob es sich dabei um Jakobspilger handelt ist nicht überliefert. Klarere Hinweise auf Jakobspilger, die über Münstereifel gingen, ergeben sich aus den Aufzeichnungen im 17. Jahrhundert. In dieser Zeit dürfte die Mildtätigkeit und Nächstenliebe des Münstereifeler Hospitals über seine Grenzen hinaus bekannt gewesen sein und viele Pilger angezogen haben. In der Orchheimer Straße ist folgender Zimmermannsspruch an einem Fachwerkhaus zu lesen: »Wer nit hürt die Stimm der Armen und sich ehrer nit dot erbarmen, den erhürt Got nicht, wan er kumt vor sin Gericht«.
In der Hospitalsrechnung von 1608 wird vermerkt, dass für das pockenkranke Kind eines Jakobsbruders sechs Silbergroschen aufgewendet werden mussten. 1610 wurden drei Jakobspilger am 22. April gegen Vorzeigen der Bestätigung des Heimatpfarrers und am 20. September auf dem Rückweg gegen den Nachweis der Pilgerurkunde aus Santiago de Compostela erneut aufgenommen und mit Geld ausgestattet. Sechs Monate hatten diese Pilger also für die Hin- und Rückreise gebraucht. Die letzte Eintragung stammt von 1698, danach reißt die Pilgertradition ab. Dem Ratsprotokoll von 1670 ist zu entnehmen, dass wegen der aufkommenden Ausbreitungsgefahr der Pest keine »Jacobsbrüder« bei Strafe in die Stadt eingelassen werden sollten.
Im Heimatmuseum wird die Statue eines als Jakobspilger reich mit Jakobsmuscheln bestückten Rochus mit Pilgerstab, Pilgerhut und Pilgermantel

aufbewahrt. Sie stand mit einer Figur des heiligen Sebastian früher in einer der beiden Figurennischen der Halle des Werthertores und sollte wohl das Eindringen der Pest abwehren.
In der Stiftskirche gab es bis in die 2. Hälfte des 19. Jahrhunderts einen dem heiligen Jakobus geweihten Altar. 1936 entdeckte man unter mehreren Übermalungsschichten das Epitaph eines Stiftsherren, der diesen in betender Haltung vor dem heiligen Jakobus zeigt, mit grünem Gewand und rotem Mantel bekleidet und Schwert und Buch in der rechten Hand haltend. Aus der Inschrift ist der Name des Heiligen und das Datum 1472 entziffert worden, aber unter der Tempera-Malerei befinden sich ältere Malschichten. Weitere Darstellungen des Apostels finden sich auf den Borten der Chormäntel zweier Stiftsherren aus dem 16. Jahrhundert. Unter den Zwölf Aposteln am Schrein der Martyrer Chrysanthus und Daria ist der heilige Jakobus als Pilger dargestellt.
Auf der Grabplatte der Margaretha von Metternich († 1570) im westlichen Joch des nördlichen Seitenschiffs sind zwei Wappen mit je drei Jakobsmuscheln abgebildet. Das Geschlecht derer von Metternich war aus einem Seitenast der Ritter von Hemberg, die Erbkämmerer des Erzbischofs von Köln waren, hervorgegangen. Dieses Geschlecht ließ sich seit dem 14. Jahrhundert in dem an der Swist an der Römerstraße Köln-Trier gelegenen Dorf Metternich nieder. Fortan benannte sich diese Linie nach diesem Dorf, behielt aber ihr früheres Stammwappen bei. Die drei Jakobsmuscheln im Wappen könnten daraufhin deuten, dass Angehörige dieser Adelsfamilie, die Verehrer des heiligen Jakobus waren, die Pilgerreise nach Santiago auf sich genommen haben. Das Muschelwappen ziert auch das Flaschenettikett der bekannten Fürst-Metternich'schen Sektkellerei.

Prüm

Gründung: Die Ursprünge des Prümer Klosters gehen auf die Stiftung einer gewissen Bertrada, einer Schwester Karl Martells und ihres Sohnes Charibert zurück, die 721 in einer Schenkungsurkunde an das Kloster Echternach hier ein Kloster stifteten und es mit umfangreichen Ländereien ausstatteten. Diese erste Klostergründung wurde mit iroschottischen Mönchen aus Echternach beschickt. Damals war Willibrord Abt in Echternach. Nach 30 Jahren verliert sich allerdings die Spur der Mönche im Dunkel der Geschichte bis Pippin der Jüngere, dessen Gemahlin eine Enkelin jener Bertrada war, im Jahr 751 eine Neugründung des Klosters vornahm. Er stattete es reich mit Ländereien aus, ließ eine Klosterkirche bauen und schenkte ihr als besonders kostbares Geschenk »die Sandale des Heilands«, die er von Papst Zacharias erhalten hatte. Die Ausstattung dieser Kirche war so kostbar, dass sie »die Goldene« genannt wurde. Nun besetzte Pippin das Kloster mit angelsächsischen Mönchen aus St. Faron bei Meaux in Frankreich, die als romtreu galten.

Prüm war königliches Eigentum und reichbegütertes Hauskloster der Karolinger. Unter Karl dem Großen wurde der Neubau fertig gestellt und von Papst Leo III. eingeweiht. Beim Frankenkreuz auf dem Friedhof ist die Stelle markiert, wo sich diese erste Kirche befand. An Karl und Pippin den Jüngeren, die beiden großen Förderer des Klosters, erinnern die Statuen am Eingang der heutigen Kirche.

Auch die Nachfolger Karls des Großen fördern das Kloster und bauen es weiter aus. Karls Sohn Ludwig (der Fromme) versucht die Einheit seines Reiches in der Erbfolge zu sichern und bestimmt 817 seinen Sohn Lothar zum Kaiser. 829 stößt er diese Erbfolgeordnung zugunsten des Sohnes seiner zweiten Gemahlin, Karls des Kahlen, um.

Dagegen lehnen sich die anderen Söhne auf. Nach dem Tode Ludwigs (841) beansprucht Lothar den Kaiserthron und lässt sich in Rom zum Kaiser krönen. Daraufhin verbinden sich seine Brüder Ludwig (der Deutsche) und Karl (der Kahle) gegen ihn. Es kommt zum Bruderkrieg. 842 leisten Ludwig der Deutsche und Karl der Kahle die so genannten »Straßburger Eide«, mit denen sie den kaiserlichen Herrschaftsanspruch ihres älteren Bruders zurückweisen. Lothar wird besiegt und muss sich 843 im Vertrag von Verdun mit der Teilung des Reiches abfinden: Ludwig erhält den Teil östlich des Rheins (Ostfranken), Karl den westlichen Teil von Maas, Schelde und Rhone (Westfranken) während das verbleibende inhomogene Mittelstück Lothar zufällt. Obwohl sein Reich von Italien bis Friesland reicht und Rom und Aachen dazu gehören, ist es nicht lebensfähig. Prüm gehörte damals zu diesem Reichsteil, und es war jener Lothar I., der das Kloster wieder reich beschenkte. Von all den Schätzen hat sich allein das Prümer Messbuch erhalten, ein Kleinod mittelalterlicher Buchmalerei. Lothar erweist dem Kloster eine weitere große Ehre: Er erwählt es zu seiner Grabstätte. Im Jahre 855 dankt er ab und tritt in das Kloster ein, wo der kaiserliche Mönch im Alter von 60 Jahren wenige Tage später stirbt. Sein Marmorsarkophag, gestiftet von Kaiser Wilhelm I., schmückt den Chor der Klosterkirche.

Lothars I. Reich zerfällt nach seinem Tod und wird unter seinen drei Söhnen aufgeteilt. Lothar II. erhält das Gebiet zwischen Friesland und Hochburgund: »Lotharingien«. Er verleiht Prüm das Markt- und Münzrecht, gerät aber mit dem nach der Zerstörung des Klosters durch die Normannen zum Abt gewählten Regino in Konflikt, der sich darüber empört, dass der Herrscher seine Ehe wegen einer Mätresse auflösen will. Lothar beschuldigt seine Frau dagegen der Blutschande mit ihrem Bruder und findet sogar einen Bischof, der die Ehe scheidet. Rom reagiert hart und eindeutig: Die Mätresse wird exkommuniziert, die Ehe für gültig erklärt. Um seinen unehelichen Sohn zu legitimieren, reist Lothar nach Rom und stirbt auf der Rückreise in Piacenza. 888 zersplittert sein Reich immer mehr.

Innerhalb von zehn Jahren wird das Kloster Prüm zweimal von den Normannen heimgesucht (882 und 892). Im Osten stellen die Ungarn eine neue Bedrohung dar. Trotzdem geht das Kloster, das die Gunst der Großen reich gemacht hatte, nicht unter. Abt Regino ordnet die klösterlichen Besitzverhältnisse neu, indem er sämtliche Urkunden und Schenkungen der Karolinger im »Goldenen Buch« (Liber aureus) zusammenfasst. Dieses Urkundenbuch ist heute eine unschätzbare Quelle der Wirtschaftsgeschichte. Durch Intrigen des wiedererstarkten Adels wird Regino schließlich 899 aus der Führung des Klosters gedrängt und verbringt seinen Lebensabend in Trier, wo er zur rechten Hand des Erzbischof Radbod wird. Hier engagiert er sich auf dem Gebiet der Musik und schreibt das Buch »Epistula de Harmonica Institutione«, um etwas mehr Ordnung und Klangschönheit in den mancherorts verwilderten Choralgesang der Mönche zu bringen. Er entwickelt sich zum Geschichtsschreiber mit der von ihm verfassten »Chronica«, einer Weltchronik von Christi Geburt bis zum Jahre 906, außerdem schreibt er eine Art Handbuch für Visitationen und Sendgerichte, die eine Sammlung der wichtigsten kirchlichen Dekrete enthält.

Wissenschaft und Bildung: Die Benediktinerabtei Prüm stand im Mittelalter in hohem Ansehen. Von allen Klöstern der Eifel war es zweifellos das bedeutendste, ein Ort der Bildung und Zentrum blühenden wirtschaftlichen Lebens. Ihre erste Blütezeit hatte die Abtei unter den Karolingern, die Prüm zu einer Stätte der Bildung und Gelehrsamkeit entwickelten. Zeitweise sollen hier bis zu 300 Mönche abwechselnd das Chorgebet verrichtet haben. Nachdem Karl der Große die Klöster verpflichtet hatte, Schreibschulen einzurichten, wurden in den Skriptorien regelmäßig Bücher abgeschrieben und im Land verteilt. Im Zeitalter der karolingische Renaissance schuf der Mönch Wandalbert eine Lebensgeschichte des heiligen Goar sowie des bereits erwähnten römischen Märtyrerpaares Chrysantus und Daria. Wandalbert gilt als der erste rheinische Dichter. Der Prümer Klosterschule gehörten auch Ado von Vienne und Berno von Reichenau an. Unter seinem Abt Geradus von Vianden erreicht die Abtei in den Jahren 1185 bis 1212 ihre größte Blüte.

Wirtschaftliche Stellung: Prüm war das ganze Mittelalter hindurch blühendes Wirtschaftszentrum. Grundlage war eine erfolgreich geführte Landwirtschaft; unter ihrer Hand entwickeln sich die Fronhöfe zu wahren Mustergütern. Noch 1222 gehören der Abtei 119 Güter in weiter Streulage, ohne die Güter in nächster Umgebung. Der »Prümer Urbar« verzeichnet die Abgaben an Naturalien der Klostergüter an das Kloster. Eine besondere Rolle spielen die Weingüter, da der Wein nicht nur dem Eigenbedarf diente, sondern auch auf Märkten verkauft wurde.
Kirchenpolitische Stellung und Niedergang: Anfang des 13. Jahrhunderts ist Prüm so mächtig und einflussreich, dass der Trierer Erzbischof sogar die Errichtung eines eigenen Bistums erwägt. Das geistliche Fürstentum besitzt zahlreiche Privilegien wie das Markt- und Münzrecht sowie Zollfreiheit im ganzen Reich. Seine Untertanen haben Immunität vor der gräflichen Gerichtsbarkeit, die Prümer Äbte haben sogar Sitz und Stimme im Reichstag und stellen ein Kontigent zum Reichsheer. Aber mit der Zeit kommt es immer mehr zur Verweltlichung und zu einem Niedergang der Sitten, schließlich wird die Klostergemeinschaft aufgelöst, die Klostergüter werden aufgeteilt. Die Abtei wird auf eine neue geistige Grundlage gestellt und nimmt die Bursfelder Reform an. Trotzdem hält auch hier der Protestantismus Einzug. Schon sind die Abtei und der Ort geneigt, den neuen Glauben anzunehmen, da erreicht 1576 der Trierer Erzbischof mit Unterstützung von Kaiser und Papst die Union mit Trier. Nach über 200jährigem Bemühen hat Trier sein Ziel erreicht und die Abtei unter seinen Einfluss gebracht. Von nun an ist der Trierer Erzbischof Administrator der Abtei. Zwar gelingt es in der Folgezeit, wieder bescheidenen Wohlstand aufkommen zu lassen, die Klosterzucht wiederherzustellen und die Pflege der Wissenschaften fortzuführen, aber der innere Widerstand gegen den äußeren erzbischöflichen Einfluss bleibt fortbestehen. 1768 kommt es zu Spannungen, weil der Konvent die Regierung der Fürstabtei beansprucht und Trier die Unterwerfung des Konventes erzwingt. 1801 ist das Ende der Fürstabtei gekommen: Sie geht zusammen mit dem Kurstaat Trier unter als im Frieden von Luneville ihre Auflösung beschlossen wird.
Baugeschichte: Die in den Jahren 1721–26 von Johann Georg Judas in den Formen des Barock neu errichtete zweitürmige ehemalige Klosterkirche St. Salvator ist jetzt Pfarrkirche des Ortes. Sie besitzt ein dreischiffiges Langhaus, das, wie Dehio es ausdrückt, »von weiten, machtvollen Raumverhältnissen« geprägt und mit seinen vier Jochen noch sehr dem gotischen Geist verhaftet ist. Von der barocken Ausstattung hat sich das braune, zweireihig in Eiche geschnitzte Chorgestühl von 1721 erhalten, seine Reliefdarstellungen zeigen Szenen aus dem Leben

Mittelrisalit der Abteigebäude von Prüm.

des heiligen Benedikt. In ungewöhnlichem Kontrast dazu stehen die zwischen den hohen Rückenlehnen angebrachten allegorischen weiblichen Darstellungen. Ein schönes Ausstattungsstück ist die fein gearbeitete Steinkanzel vom Ende des 16. Jahrhunderts mit Szenen aus dem Leben Christi, die eine Verbindung herstellen zu dem Patrozinium und dem Reliquienschatz dieser Abtei. Der Hauptaltar stammt aus der Karmeliterkirche in Kreuznach, die Seitenaltäre aus Trier und Mahlberg. Zerstörungen des Zweiten Weltkrieges fügten der Kirche schweren Schaden zu. Nach teilweisem Einsturz wurde sie in den alten Formen wiederhergestellt.
Für den Neubau des Klostertraktes verpflichtete man berühmte Architekten wie Johann Georg Seitz und nach dessen Tod Balthasar Neumann. Aber das ehrgeizige Vorhaben kommt aus Geldmangel zum Erliegen. Erst zwischen 1908–1912 werden die Gebäude zur Unterbringung einer Schule (Regino-Gymnasium) und eines Amtsgerichtes fertig gestellt.

Spuren der Jakobspilger: Die ehemalige Klosterkirche St. Salvator wurde Jesus, dem heiligen Retter, geweiht, weil man hier seit alters her eine Sandale Christi verehrte. Außerdem besitzt das Kloster ein Stück der Dornenkrone Christi. Bei seinem Eintritt in das Kloster vermachte Kaiser Lothar I. diesem eine Menge Reliquien, darunter auch Teile der Gebeine des heiligen Jakobus. Diese Reliquien sind in einem 1031 auf Geheiß Kaiser Heinrichs II. in dem im Kloster erstellten Verzeichnis ausdrücklich erwähnt. Weitere Partikel von diesem Heiligen stammen aus dem Reliquienschatz, den Abt Marquard von Prüm aus Rom mitbrachte, wo sie noch im 6. Jahrhundert waren. Kaufleute errichteten in der Klosterkirche einen Altar, der noch 1685 bezeugt wird. Prüm besaß als Wallfahrts- und Pilgerort zwei Hospitäler, eines für Laien und eines, das der Geistlichkeit vorbehalten war.

Echternach

Zwischen Luxemburg und Deutschland liegt von der Sauer umflossen eine der ältesten Stätten der Christianisierung und der geistigen Grundlagen Europas. Der heilige Willibrord aus Northumberland gründete hier 698 eine Benediktinerabtei, nachdem er von Irmina, der Äbtissin des Klosters Oeren bei Trier deren Besitzungen in Echternach geschenkt bekam. Schon früher war hier auf dem Pfarrhügel ein Klösterchen für Wandermönche (Schottenmönche) mit einem Hospital für die Armenpflege, das als eines der ältesten caritativen Einrichtungen Europas gilt. Aus ihm ging später das Echternacher Klosterhospiz hervor.

Der hl. Willibrord vor der Basilika in Echternach.

Willibrord entwickelte sich zu einer der bedeutsamsten Gestalten in der Missionsgeschichte Westeuropas. Er erkannte, dass für den Erfolg der Missionsarbeit die Zusammenarbeit mit den weltlichen Machthabern ebenso unverzichtbar war wie der Kontakt mit dem Papst in Rom. Bei seiner zweiten Romreise erhielt er von Papst Sergius I. die Bischofsweihe für das Amt des Missionserzbischofs in Utrecht. Einen großen Teil der ihm persönlich gemachten Schenkungen vermachte er Echternach. Hier entstand jene berühmte Missionsschule, die sich zum Einfallstor für die weitere Missionierung Germaniens entwickelte, und von hier aus entsandte er den Apostel der Deutschen, den heiligen Bonifatius nach Osten. Nach seinem Tod im Jahre 739 wurde sein Grab in der Klosterkirche zu Echternach zum Anziehungspunkt großer Pilgerscharen. Um 751 verlieh Pippin dem Kloster die Immunität, d. h. als so genannte reichsfreie und königliche Abtei erhielt es eine eigene Ge-

Die Willibrord-Basilika in Echternach.

Siegel der Abtei Echternach (aus: Staud, Richard Maria und Reuter, Josef, Die kirchlichen Kunstdenkmäler der Stadt Echternach).

richtsbarkeit, durfte öffentliche Abgaben erheben und königliche Beamte durften nicht mehr in die inneren Angelegenheiten des Klosters eingreifen. Unter Karl dem Großen wurde das Kloster weiter großzügig gefördert. Nach einer Phase des Niedergangs durch Laienäbte führten die lothringische Klosterreform von Gorze und die Kirchen- und Klosterpolitik der Ottonen das Kloster zu neuer Blüte. Seit der Gründung des Klosters stand die Schreib- und Malschule (Skriptorium) in hohem Ansehen. Eines der kostbarsten Stücke mittelalterlicher Buchausstattungs- und Illustrationskunst, die hier entstanden sind, ist das »Goldene Evangelienbuch von Echternach«, das sich heute im Nürnberger Germanischen Nationalmuseum befindet.

Über der um 800 n. Chr. angelegten und noch heute erhaltenen Krypta mit dem Grab des Heiligen erbaute man von 1016 bis 1031 eine romanische Basilika. 1794 besetzten französische Revolutionstruppen das Kloster und plünderten die Abteigebäude. 1797 mussten es die letzten Mönche verlassen. In der Kirche wurde eine Steingutfabrik eingerichtet, um die Mitte des letzten Jahrhunderts war die Kirche nur noch eine Ruine. Nach ihrem Wiederaufbau erlitt sie 1944 am Vorabend des Weihnachtsfestes durch Beschuss erneut schwere Zerstörungen.

Am Pfingstdienstag findet alljährlich zu Ehren des Schutzpatrons und Missionars dieses Landes die bekannte Echternacher Springprozession statt, die von Sängern angeführt wird, die den Namen des Heiligen anrufen und gefolgt wird von Springern in Viererreihe, die drei Schritte nach vorne und zwei zurückspringen, mal nach rechts und mal nach links hüpfen.

Spuren der Jakobspilger: Willibrord brachte zahlreiche Reliquien nach Echternach, die er vom Papst Sergius I. erhalten hatte. Darunter auch Partikel vom Kleide des heiligen Jakobus, die in dem 1031 geweihten Hochaltar der Kirche eingelassen waren, während die übrigen im Altar der 1034 geweihten Krypta niedergelegt wurden. Im Klosterspital fanden Pilger Aufnahme und Kranke Pflege.

Trier

Römische Geschichte: Die Lage im sonnigen Tal der Mosel bot einen günstigen Siedlungsraum für das keltisch-germanische Mischvolk der Treverer. Nach diesem Stamm wurde die von den Römern 16 v. Chr. gegründete Stadt Augusta Treverorum, das heutige Trier, benannt. Als Kaiser Augustus (30 v. Chr. bis 14 n. Chr.) in Gallien weilt, erkennt er die strategische Rolle dieser Stadt für seine expansiven Pläne. Er läßt ihr deshalb nicht nur seine besondere Fürsorge angedeihen, sondern baute auch die zum Teil aus vorgeschichtlicher Zeit stammenden Fernstraßen konsequent aus. In Trier traf die aus dem Westen von Paris über Reims herführende Römerstraße mit der Straße aus dem Süden von Lyon im Rhonetal über Dijon, und der von Straßburg über Metz kommenden Verbindungstraße zusammen. Von hier strahlten wieder neue Hauptverkehrswege aus zu den Kastellen am Rhein über die Eifel nach Köln sowie nach Koblenz und Mainz. Nachdem die römische Grenze an den Rhein vorgeschoben wurde und das römische Heer am rechtsrheinischen Grenzwall (Limes) Stellung bezogen hatte, wurde Trier Versorgungszentrum. Handel und Gewerbe, vor allem das Töpfergewerbe siedelten sich an und machten die Stadt zu einem wirtschaftlichen Mittelpunkt. Kaufleute und Händler wurden von diesem Umschlagplatz für Waren aller Art angelockt und unterhielten rege Geschäfts- und Handelsbeziehungen, die bis nach Gallien und Italien reichten. In der neu gegründeten Stadt vermischten sich die Treverer mit den hier angesiedelten römischen Soldaten und erwiesen sich als gelehrige Schüler der Technik und Kultur ihrer Eroberer. Kunst und Wissenschaft wurden großzügig gefördert und berühmte Akademien und Rednerschulen machten Trier zu einer Musenstadt nördlich der Alpen. Ausdruck dieser Blüte sind die zahlreichen Villen und Gutshöfe, die auf dem Lande errichtet wurden, oder die mit reichem plastischen Schmuck verzierten Grabmäler entlang der Römerstraßen wie z. B. in Igel bei Trier.

Schon Mitte des 1. Jahrhunderts wird Trier als eine sehr prächtige Stadt (»urbs opulentissima«) bezeichnet. Im Jahre 117 erhebt Kaiser Hadrian Trier zur Hauptstadt und zum Sitz des Prokurators, des obersten Finanz- und Steuerbeamten für die Provinz Gallia Beligica und die germanischen Provinzen. Erst gegen Ende des 2. Jahrhunderts wird Trier mit einer fast 6,5 km langen Mauer umgeben, die ein Siedlungsareal von 285 ha umschloss. Doch auch diese Befestigung konnte nicht verhindern, dass die Stadt in den Jahren 275 und 276 nach dem Zusammenbruch des rechtsrheinischen Grenzwalles von den Alemannen und Franken erstürmt wurde und starke Zerstörungen erlitt, die der

St. Jostkapelle in Biewer bei Trier

blühenden Entwicklung der Stadt ein jähes Ende setzten.
Mit der unter Kaiser Diokletian vorgenommenen Neuordnung des römischen Staatsgebietes in einen westlichen und einen östlichen Teil tritt wieder eine Festigung der Verhältnisse ein und Trier nimmt einen zweiten großen Aufschwung. In dieser Zeit wird von Diokletian für die westliche Reichshälfte Constantius Chlorus zum Kronprinzen ernannt. Er wählt Trier als seine Residenz, weil es in der Nähe der gefährdeten Gebiete lag. Unter seinem Sohn Konstantin dem Großen, der hier von 306–316 residiert, wird der Aufbau der Stadt weiter vorangetrieben. Es entstehen der Palastbau, der sich als Kernbau des Domes noch erhalten hat, die Basilika, die Kaiserthermen und als Teil der Stadtbefestigung die Porta Nigra. Jetzt war Trier Sitz einer Zentralverwaltung mit ungefähr 2000 Beamten, die für ein Gebiet von Schottland bis Südspanien zuständig war. Entsprechend ihrer politischen Bedeutung und ihrer wirtschaftlichen und kulturellen Blüte zählt die Stadt im 4. Jahrhundert n. Chr. 80 000 Einwohner und besitzt eine bedeutende Münzprägestätte.
Das frühe Christentum in Trier: Nachdem Kaiser Konstantin im Jahre 312 die christliche Religion als gleichberechtigt im römischen Reich anerkannt hat, fasst auch das Christentum hier endgültig festen Fuß. Die Ausbreitung der christlichen Lehre nach Trier dürfte rhoneaufwärts erfolgt sein. Die Kunde von der neuen Lehre erreicht vor allem die mittleren und unteren sozialen Schichten und dürfte in der Frühzeit in starkem Maße auch durch die Legionen, Händler und Gewerbetreibende verbreitet worden sein, die ihre Waren aus dem Süden auf der Römerstraße von Metz nach Trier brachten. Jedoch nehmen von Anfang an auch Reiche und Vornehme den neuen Glauben an. Nach den Chronisten des Mittelalters wurden Trier und die Mosellande schon im 1. Jahrhundert n. Chr. durch Schüler des Petrus für den christlichen Glauben gewonnen. Diese ersten Missionare Triers werden in den heiligen Eucharius, Valerius und Maternus verehrt. Erstmals schriftlich erwähnt wird ein Erscheinen der Trierer Bischöfe Agritius und Maternus im Jahr 314 auf der Synode in Arles.

Der heilige Paulus erwähnt in seinem zweiten Timotheus-Brief, dass ein gewisser Crescenz nach Gallien gereist sei. Um die Mitte des 2. Jahrhunderts gab es in Gallien und Germanien schon viele bischöfliche Kirchen. Schon Irenäus von Lyon bezeugt, dass es zu jener Zeit in Germanien Kirchen und Bekenner des Evangelium gab. Es wird sich dabei um linksrheinische bischöflich organisierte Gemeinden gehandelt haben. Dauerhafte christliche Gemeinden sind wohl erst im 3. Jahrhundert anzunehmen.

Viele Spuren deuten auf ein reges Leben in der frühen christlichen Gemeinde von Trier hin. Nach antiker Sitte lagen die Begräbnisplätze außerhalb der Stadt, entlang der großen Fernstraßen vor dem Nord- und Südtor. Über den christlichen Begräbnisstätten wurden bei den Kirchen St. Maximin, St. Paulin und St. Matthias Gedächtniskirchen errichtet. Die ersten Glaubensboten ließen sich bei der Matthiaskirche inmitten eines römischen Gräberfeldes im Süden der Stadt unmittelbar an der Römerstraße in Richtung Metz und Marseille nieder. Eine vornehme Senatorenwitwe namens Albana gewährte ihnen nach der Überlieferung großzügige Gastfreundschaft, indem sie ihnen ihr Haus als Wohnstatt und Kirche zur Verfügung stellte. Daraus entstand die erste, dem heiligen Johannes geweihte Kirche, in der die beiden Bischöfe später ihre Ruhestatt fanden.

Auf dem Friedhof nördlich der Abteikirche hat man in der Umgebung der Quirinus-Kapelle mehrere unterirdische Grabkammern aus dem 3.–4. Jahrhundert freigelegt. Der Raum, der sich direkt unter der achteckigen Kapelle befindet und mit einem Tonnengewölbe und einer Apsis versehen ist, war die ursprüngliche Gruft des heiligen Eucharius, des ersten Bischofs von Trier. Die Kapelle musste wegen der großen Zahl der herbeiströmenden Pilger bald erweitert werden. Als sie den Raumbedürfnissen aber immer noch nicht genügte, ließ der spätere Bischof Cyrillus um 450 neben der »Cella Eucharii« eine größere Kirche erbauen und dorthin die Gebeine seiner Vorgänger Eucharius und Valerius überführen. Er bestellte Mönche, die in ihrer Nähe als Einsiedler leben und das Heiligtum behüten sollten. Nach den Zerstörungen der Völkerwanderungszeit ließ Bischof Cyrill im 5. Jahrhundert die außerhalb der Stadt gelegenen Anlage wieder aufbauen. Es ist davon auszugehen, dass schon sehr früh Pilger diesen Ort aufgesucht haben und die Tradition der Verehrung der drei Heiligen nie abgerissen ist. Jedenfalls ist die Einrichtung einer geordneten seelsorgerischen Betreuung als Zeichen dafür zu werten, dass die Grabeskirche in hoher Verehrung stand und einem ausgeprägten Bedürfnis der Menschen, sie aufzusuchen und hier zu beten, entsprach. Offenbar scheint das Wallfahrtswesen in der

Frühzeit dem Wandertrieb der christianisierten Franken entgegengekommen zu sein und hat ihn in geordnete Bahnen gelenkt.
Nach der Wiederentdeckung des Matthiasgrabes nahmen die Pilgerscharen enorm zu. Dies führte dazu, dass das Kloster schließlich sogar den Namen des Apostels Matthias anahm.
An der Stelle der erwähnten Grabkammer unter der St. Quirinus-Kapelle befand sich sehr wahrscheinlich ein noch älteres Heiligtum, das den drei Muttergottheiten (Matronen) und der Diana geweiht war. Auch an anderen Stellen der Eifel sind drei heidnische weibliche Gottheiten durch christliche verdrängt worden. In diesem Fall sind aber die drei weiblichen Gottheiten durch die drei männlichen Glaubensboten Eucharius, Valerius und Maternus ersetzt worden. Diana ist wohl dem Soldatenheiligen St. Quirinus gewichen. Somit hat hier wohl auch ein Austausch des matriachalischen gegen einen patriachalischen Kult stattgefunden. Unter den Pilgern war es alte Sitte, Steine auf diesen Dianatorso zu werfen, wahrscheinlich um auf diese Weise ihre Verachtung für das Heidentum zu demonstrieren.

Quirinuskapelle der Benediktinerabtei St. Matthias.

Heiligenlegenden und die kirchenpoltische Stellung Triers: In einem alten Trierer Martyrologium wird berichten, diese drei Glaubensboten hätten in Trier, »bei dem ganz im Götzendienst versunkenem Volke«, eine so große Aufregung verursacht, dass sie auf Anstiftung der heidnischen Priester mit Steinen beworfen wurden. Doch als sie anfingen zu beten, seien ihre Widersacher erstarrt und hätten damit aufgehört.
Der Kampf des Eucharius gegen das Heidentum wird in der Kunst durch eine Bestie symbolisiert, die ihm zu Füßen liegt. Ähnliche Darstellungen von Heiligen mit Bären kennt man im Alpenraum vom heiligen Korbinian und vom heiligen Gallus oder mit Drachen in Metz vom heiligen Clemens. Die Zeichensprache verrät, dass sich der alte Götterkult und der heidnische Glaube auf dem Lande und in abseitigen Gebirgsgegenden noch lange gehalten hat. Bevor die drei Missionare nach Trier kamen, sollen sie im Elsaß gepredigt und Wunder bewirkt haben. Dort erkrankte Maternus und starb am Fieber. Die Legende erzählt, dass Eucharius und Valerius nach Rom zurückkehrten, wo sie den Apostel Petrus beschworen, ihnen Maternus zurückzugeben. Er habe

Benediktinerabtei St. Matthias. Ansicht von Norden.

ihnen daraufhin seinen Stab gegeben und befohlen, diesen auf den Leichnam des Maternus zu legen und folgende Worte zu sprechen: »Im Namen Jesu Christi, befiehlt dir der Apostel Petrus, dass du aufstehst.« Zurückgekehrt taten sie dies und der Verstorbene wurde zum Leben erweckt, nachdem er 40 Tage lang im Grab gelegen haben soll.
Der »Petrusstab« des heiligen Eucharius kam im Jahr 954 unter Vermittlung des heiligen Bruno nach Köln. Einen Teil davon erhielt Trier wieder zurück. Heute befindet er sich im Limburger Dom, während der andere Teil noch in Köln liegt.
An dieser Legende wurde das ganze Mittelalter mit großer Hartnäckigkeit festgehalten. Immerhin räumt sie der Stadt und ihrem Bistum einen Vorrang gegenüber anderen konkurrierenden Bischofsstädten, in diesem Fall Metz, ein. Die besondere Rolle Triers zeigt sich unter anderem auch daran, dass es nicht nur das Grab eines Apostelschülers, sondern auch noch ein Apostelgrab vorweisen konnte.
Trier als Bischofssitz: Der Legende nach hat die Mutter Konstantins, Kaiserin Helena, ihren Palast Bischof Agritius zum Bau einer Kirche geschenkt. Reste dieses ersten Kirchenbaus von 325 sind noch im heutigen Dom vorhanden. Unter dem Dom wurde eine prunkvoll gemalte Kasettendecke ausgegraben, die diese Legende glaubwürdig macht. Zum Ende der Römerzeit waren acht Kirchen in Trier vorhanden. Die Bedeutung Triers als Bischofsstadt zeigt sich auch daran, dass sich im 4. und 5. Jahrhundert berühmte und gelehrte Männer wie die Heiligen

Hieronymus, Athanasius, Ambrosius und Martin von Tours hier aufhielten. In Trier und im Moselland begegnen sich Antike, Christentum und Germanentum. Durch die Verschmelzung dieser drei schöpferischen Kräfte entsteht eine neue »Abendländische« Kultur. 100 Jahre lang erlebt Trier im 4. Jahrhundert eine Zeit des Glanzes als Weltstadt, bis sich der kaiserliche Hof 395 wegen der drohenden Gotengefahr von der Stadt abwendet und seinen Sitz nach Mailand verlegt. Danach wird die Stadt mehrfach ein Opfer von Überfällen der Franken.
Als die Römerherrschaft an Rhein und Mosel unterging, bekannte sich die romanisierte Bevölkerung in den Städten zum Christentum, während sich auf dem Lande das Heidentum noch lange gehalten hat. Im 9. Jahrhundert verwüstet der Normannensturm die Stadt und raubt ihr viel von der einstigen Bedeutung und Größe. Obwohl nur ein Drittel der Fläche ihrer einstigen Ausdehnung wieder bebaut wurde, wird Trier danach Sitz eines Erzbischofs, dem eine große Kirchenprovinz untersteht: Die Bistümer Metz, Toul und Verdun zählen dazu. Wie in Köln und Mainz orientierte sich die kirchliche Organisation der Bischofsitze in dieser Region auch nach dem Untergang des römischen Reiches an der römischen Provinzialorganisation. Diese Verbindung war so fest, dass sie alle politischen Umwälzungen bis zur französischen Revolution überstand.
Im 12. Jahrhundert wird der Trierer Erzbischof Kurfürst und ist damit als Territorialherr neben den beiden anderen geistlichen Kurfürsten von Mainz und Köln und den vier weltlichen Kurfürsten von Sachsen, Brandenburg, Böhmen und dem Pfalzgraf bei Rhein berechtigt, den deutschen König zu wählen. *Der Dom:*
Dehio nennt den Dom St. Peter »eines der ältesten und ehrwürdigsten sakralen Bauwerke des Abendlandes«. Aus der ehemaligen Doppelkirchenanlage Kaiser Konstantins entstanden Dom und Liebfrauenkirche. Der Quadratbau aus römischer Zeit wurde unter Erzbischof Poppo (1016–47) nach Westen und durch Erzbischof Hillin (1152–69) durch Anbau des Ostchores (lothrinigische Einflüsse des Doms von Verdun) nach Os-

Der Trierer Dom in römischer Zeit.

ten erweitert. Frühromanische Ostkrypta (1032), hochromanische Westkrypta (1121). Eine breite Treppenanlage für Wallfahrer mit Marmorfiguren Kaiser Konstantins und der heiligen Helena führt zur Heiltumskammer.

Der Heilige Rock: Seine Herkunft bleibt im Verborgenen. Die ersten Nachrichten darüber stammen aus dem 11. Jahrhundert. Im Jahre 1196 ließ Bischof Johann »die Tunika des Herrn« im Dom einmauern, wo sie dreihundert Jahre lang blieb. Die heilige Helena soll das nahtlos gewebte Gewand Christi zusammen mit einigen Nägeln und einem Stück Holz vom Kreuz von ihrem Besuch im Heiligen Land mitgebracht und vor ihrem Tod verfügt haben, dass die Reliquien in ihre Heimatstadt Trier gebracht werden. Seit dem 16. Jahrhundert gibt es Wallfahrten zu dieser Reliquie, die zu diesem Anlass öffentlich gezeigt und ausgestellt wird. Untersuchungen haben ergeben, dass die Textilie aus dem 1.–4. Jahrhundert n. Chr. stammt.

Das Grab des Apostels Matthias: Die Wahl dieses Apostels wird als erste Handlung des Petrus als Führer der Jünger angesehen. Über das Wirken und den Tod des heiligen Matthias (nicht zu verwechseln mit dem Evangelisten Matthäus) ist nichts sicheres bekannt. Er soll zuerst in Judäa, später in Makedonien in Nordgriechenland und in Äthiopien das Evangelium verkündet haben. Etwa um das Jahr 63 starb er den Märtyrertod durch Steinigung und Enthauptung durch das Beil. Er wird daher mit den Attributen Buch, Schwert, Beil und Steinen dargestellt und ist Schutzheiliger der Bauhandwerker und Zimmerleute. Die Reliquie, ein Drittel seines Leibes, soll von Kaiserin Helena (255–330), nach Rom gebracht worden sein und von dort, durch Bischof Agricius († um 332), nach Trier. Sie galt lange Zeit als verschollen und wurden erst 1127 bei den Bauarbeiten für die heutige romanische Pfeilerbasilika wieder entdeckt, nachdem man sie zuvor tief im Kir-

Dom in Trier.

chenboden versenkte. Die Grabstelle geriet wieder in Vergessenheit, so dass noch 1053, als Kaiser Heinrich III. sich um Reliquien des Heiligen bemühte, der Erzbischof bekennen musste, dass er den Ort des Grabes nicht wisse. Das tat freilich der Anziehungskraft, die der Ort auf die Pilger ausübte, keinen Abbruch, denn ihnen genügte die Gewissheit, dass in dieser Kirche der Heilige begraben liegt. Nach der Wiederentdeckung des Grabes nahm die Zahl der Pilger stark zu. Die Hirnschale des Apostels wurde im Mittelalter in der Matthias-Kapelle von Kobern an der Mosel aufbewahrt. Im 15. Jahrhundert kam sie in den Trierer Dom. Erst 1928 überführte man sie nach St. Matthias, um die Verehrung des Apostels anzuheben.

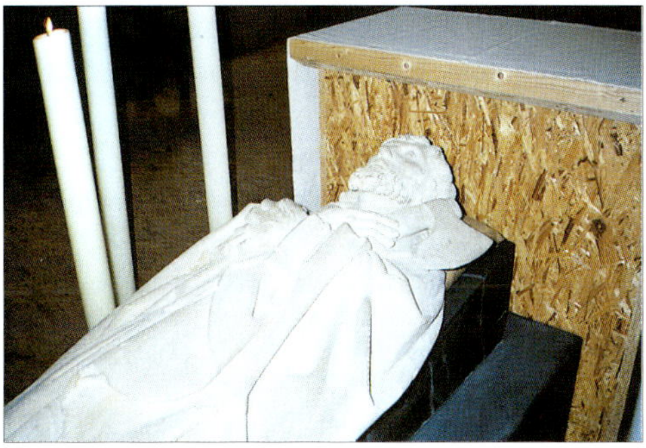

Liegende Apostelfigur des heiligen Matthias in der Abteikirche St. Matthias in Trier.

Spuren der Jakobspilger: Trier war nicht nur selbst ein berühmter Wallfahrtsort, sondern auch Durchgangsstation der Pilger von und nach Santiago de Compostela. Die Stadt war sicher ein wichtiger Anziehungspunkt für Pilger auf deutschsprachigem Gebiet, im Rang etwa vergleichbar mit Vézelay. Zudem bestand von hier aus die Möglichkeit, einen Abstecher nach Echternach zu machen, das ebenfalls eine bedeutende Wallfahrtsstätte des Mittelalters war. Ein Blinder namens Folbert soll einer Nachricht aus dem Jahre 1072 zufolge auf seinem Weg nach Santiago in Trier Station gemacht und hier eine Vision gehabt haben, die zur Auffindung der Reliquien des heiligen Paulinus (St. Paulin) führte. Für eine Verbindung von Jakobs- und Matthiaswallfahrt spricht ferner die Tatsache, dass Pilger aus Villmar auf ihrem Rückweg aus Spanien 1491 beim Generalvikar in Trier die Erlaubnis erwirkten, in ihrem Heimatort eine Matthias-Bruderschaft gründen zu dürfen. Der heilige Jakobus ist neben der heiligen Helena und den Heiligen Petrus und Paulus einer der vier Trierer Stadtheiligen. Er ist an der dem Trierer Hauptmarkt zugewandten Westseite des zinnengekrönten und mit hohem Walmdach erbauten spätgotischen Haus Steipe als plastischer Schmuck an der linken Ecke im Pilgerornat abgebildet. Die Pfeiler (Steipen) des Hauses bildeten früher eine offene Laube, die einst Sitz des Marktgerichtes war. Der heilige Jakobus war der Patron der Küfer in Trier. Die 1308 gegründete Küferzunft hielt alljährlich in der Liebfrauenkirche einen Gottesdienst ab, bei dem eigens eine alte Jakobusfigur bekränzt mit reifen

Trauben der Mosel oder der Saar aufgestellt wurde. In Trier gab es ferner ein Jakobsspital, eine Jakobsstraße und eine Jakobsbruderschaft. Ein Weber namens Wilhelm aus Trier, der mindestens dreimal nach Santiago gewallfahrtet sein soll, war Gründer einer Bruderschaft im Minoritenkloster zu Trier. Auf einer 1464 von ihm mitgebrachten Urkunde des Kardinals aus Santiago de Compostela wurde den Mitgliedern und Förderern der Bruderschaft ein Ablass versprochen. Die Bruderschaft ging in napoleonischer Zeit in den Vereinigten Hospizien auf, deren Weine noch heute den heiligen Jakobus im Etikett tragen. Im Hof der Hospizien befindet sich eine Jakobus-Statue, die daraufhinweist, dass Pilger in Trier in den Hospizien Aufnahme fanden. In der Kirche des am Moselufer gelegenen St. Irminenklosters (Vereinigte Hospizien) steht im Chor rechts eine barocke Statue des heiligen Jakobus, der als Pilger mit Pilgerstab und Kalebasse mit wehendem Gewand gegen den Wind ankämpfend dargestellt wird. Ein neben dem Klosterbezirk neu erbautes Seniorenwohnheim trägt den Namen Jacobsstift. An der Pforte zum Klosterbezirk neuzeitliche Bronzeplastiken, die an die traditionelle Aufnahme und Verköstigung von Kranken, Schwachen und Pilgern erinnern.

Jakobusbruderschaften: Neben der Pilgerfürsorge kümmerten sich im Mittelalter die Jakobsbruderschaften auch um sonstige soziale und karitative Tätigkeiten (Kranken- und Altenpflege). Die meist nicht gänzlich mittellosen Bruderschaftsmitglieder arbeiteten nicht allein um Gottes Lohn, sondern verfolgten auch Eigeninteressen, da ihre Tätigkeit dazu verhalf, soziale Unruhen unter der ärmeren Bevölkerung zu vermeiden. Als Mitglied war man zwar in der Regel selbst zur Pilgerschaft nach Santiago de Compostela verpflichtet, konnte sich aber dieser Pflicht auch durch eine Ablösesumme entledigen. Zwar verfolgten viele dieser Bruderschaften den primären Zweck, die Verbreitung des Jakobskults zu fördern und die Pilger zu unterstützen, viele sahen jedoch in der Pilgerfahrt eine Metapher für den Menschen als einen »Homo viator« schlechthin und mancher begnügte sich auch damit, aus Reiseberichten vorzulesen und die Pilgerschaft nur »im Geiste« nachzuvollziehen. Die Finanzierung der Bruderschaft erfolgte aus Stiftungen zumeist in Grundstücksform, z. B. Weinbergen. Die Erträge dieser Grundstücke, seien es Pachten oder Naturalien, wurden und werden für die Finanzierung der Spitäler verwandt. Das Trierer Jakobsspital lag für den Pilger überaus günstig zur Römerbrücke und damit in unmittelbarer Nähe zu den Wegen nach Echternach und Luxembourg. Die Nähe zu den Wegknotenpunkten in Trier machte es für Reisende aus allen für den damaligen Verkehr maßgeblichen Richtungen gut erreichbar. Man geht davon aus, dass in Deutschland insgesamt 100 solcher Bruderschaften bestanden haben.

Bereits im Jahre 1017 ist in Biewer eine capella brevera urkundlich bezeugt. 1609 wird hier ein Jakobusheiligtum erwähnt. In St. Jost bei Biewer sollen die aus der Eifel, von der Mosel oder vom Rhein auf der Andernacher Route hergekommenen Compostela Pilger gerne ihr Quartier genommen haben. Die Einwohner des damals noch kleinen Dorfes Biewer stellte der gewaltige Pilgerandrang vor eine grosse Herausforderung.

Emblem der Vereinigten Hospizien.

Jakobimarkt: Mit der Versorgung der Pilger enstand in Biewer schon früh die Entwicklung eines regelrechten Marktes. Von alters her wird hier am Jakobustag und dem darauf folgenden Sonntag Kirmes gefeiert. Zu dem anfänglichen Kramermarkt kam bald auch ein Viehmarkt, auf dem sich die meist bäuerlichen Pilger am Jakobustag nach Erledigung ihrer kirchlichen Pflichten mit den profanen Dingen des Alltags versorgen konnten. Die Verehrung des Apostels Jakobus in Biewer bezeugt ein auf einem Gebetszettel erhaltenes Jakobuslied. Dieser Jakobus-Markttag bestand bis ins 20. Jahrhundert hinein. Kurfürst Johann Philipp von Walderdorff sah aber im Feilhalten von Waren und der Abhaltung von Jahrmärkten eine Entheiligung der Sonn- und Feiertage und verbot mit einer Verordnung vom 30. September 1766 diesen Handel. Unter den Franzosen und Preußen wurde der »Kram- und Handelstag« wieder eingeführt. Ähnliche Jacobimärkte am Jakobstag gibt es im Rheintal in Remagen und im Moseltal in Traben.

Am westlichen Ortsausgang von Biewer in Richtung Pallien befindet sich das schon 1238 erwähnte ehemalige Leprosenhaus St. Jost mit einer angebauten Kapelle von ca. 1750, die dem heiligen Jodokus geweiht ist. Im Innenraum begegneten die Pilger neben der Statue dieses Heiligen auch einem weiteren Pilgerpatron, dem heiligen Jakobus, ebenfalls in Pilgertracht dargestellt. Seit 1464 gab es in St. Jost eine Bruderschaft der Leprosen, die ihren Brudermeister am Jakobstag aus ihrer Mitte heraus wählte. Einmal im Jahr strömten hier die nicht in Spitälern untergebrachten, sondern bettelnd umherziehenden Leprakranken zusammen, um sich auszutauschen und Ratschläge zu geben.

In dem hier errichteten Spitalgebäude konnten auch Pilger Unterkunft und Verpflegung finden. Auf diese Weise war ein geordneter Zustrom der Pilger in und durch die Stadt gewährleistet. Der heilige Jodokus war häufig auch der Patron der Jakobusbruderschaften, Schiffer und der Siechenhäuser. Von Jakobspilgern aufgesuchte Kirchen und Kapellen wurden nach ihm benannt. In Walber-

Siegel der Stadt Trier, Anfang 12. Jahrhundert.

berg im Vorgebirge befindet sich eine Statue des Heiligen, und in der westlichen Eifel ist die St. Jodokus-Kapelle in St. Jost im Nitzbachtal bei Mayen ein bekannter Wallfahrtsort.
Papst Eugen III. weihte am 11. Januar 1148 bei seinem Aufenthalt in der St. Matthias Basilika einen in der Mitte der Kirche stehenden Altar zu Ehren des Heiligen Kreuzes und der Apostel Matthias und Jakobus. An der Straße hinter Trier in Richtung Konz bei Estrich befand sich ein weiteres Leprosenspital, der Estricher Hof, der zur Abtei St. Matthias gehörte. Wahrscheinlich sind solche Spitäler außerhalb der Städte angelegt worden, um eine Einschleppung und Ansteckung von Krankheiten zu verhindern. Die Lepra hatten aus dem Heiligen Land heimkehrende Kreuzfahrer mitgebracht. Die Angst vor dieser Krankheit, gegen die es kein Heilmittel gab und die man als Geißel des Mittelalters bezeichnet hat, war damals so groß, dass die Erkrankten von ihren Mitmenschen als tot angesehen wurden. Überall gab es solche Leprosenheime, in denen die Erkrankten von der Öffentlichkeit fern gehalten wurden. Wenn der Lepra-Beschauer erst einmal die Krankheitssymptome bestätigt hatte, vollzog sich die Überführung in ein solches Siechenhaus. Zuvor fand eine feierlichen Zeremonie durch den Gemeindepfarrer statt, die einer Begräbnisfeier ähnelte. Nach dem Meßopfer begleitete man den Kranken zum Siechenhaus, von wo er nie wieder in den Kreis seiner Angehörigen zurückkehren durfte. »Aussätzige« durften sich nicht an öffentlichen Quellen waschen. Sie mussten außerhalb des Siechenhauses Handschuhe tragen und durch ihre Kleidung, meist einen grünen Umhang, äußerlich für andere schon von weitem erkennbar sein, um eine Ansteckung zu vermeiden. Gesunde Pilger dürften wohl kaum in einer solchen Leprasiedlung übernachtet, sondern lieber im Freien genächtigt haben. Doch könnten Aussätzige auf ihrer langen Pilgerreise zum Ort der erhofften Heilung hier Aufnahme gefunden haben. Jedenfalls deutet der Standort auf einen zum Betteln geeigneten Reiseverkehr hin. Betteln war für Leprakranke unverzichtbar, da sie oft ihre einzige Einkommensquelle darstellte. Denkbar wäre es, dass damals auch eine größere Anzahl bettelnder lepröser Pilger umherzog, zumal sie das Ideal des armen Pilgers, der nichts mehr zu verlieren hat, am sinnfälligsten verkörperten.

Lothringen

Der Name Lothringen ist von Lothar II. abgeleitet, der 855 nach der Abdankung seines Vaters Lothar I. das Reich Mittelfranken erhielt und dessen nördlichen Teil Lotharingien nannte. Dieses Mittelreich wurde 880 im Vertrag von Ribemont an das Ostfränkische Reich angegliedert. Das Gebiet des heutigen Lothringens wird geographisch im Westen

durch die Vogesen und im Osten durch das Pariser Becken begrenzt. In der Geschichte war Lothringen hart umkämpftes Grenzgebiet zwischen Frankreich und Deutschland.
Schlachtfeld des 14. August 1870. Östlich von Metz, auf der Linie zwischen Colombey und Nouilly, liegt das Schlachtfeld vom 14. August 1870 im Krieg zwischen Frankreich und Deutschland. Nach der Kriegserklärung Frankreichs am 19. Juli 1870 war die deutsche Armee unter dem Oberbefehl des preußischen Generalstabchefs Moltke Anfang August nach Frankreich vorgedrungen. Als die französischen Truppen westlich der Mosel im Gebiet von Colombey und Nouilly in schwere Kämpfe verwickelt wurden, konnten sie erst am 15. August ihren Rückzug über die Mosel in Richtung Verdun antreten. Diese Verzögerung war für den Ausgang dieses Krieges mitentscheidend, da bei Vionville, am 16. August, die deutschen Truppen der im Rückzug auf Verdun begriffenen französischen Armee in die Flanke fallen und sie einkreisen konnten.

Metz:

Geschichte: Die Stadt liegt am Zusammenfluss von der Seille mit der Mosel, die hier mehrere Inseln bildet und schon im Altertum Kultstätte (Divoduron) der gallischen Mediomatriker war. Im Jahr 52 v. Chr. wurde die auf einem Hügel gelegene Keltensiedlung von den Römern erobert, die ihr den Namen Divodurum Mediomatricorum gaben. Die Römer erbauten eine großartige Wasserleitung, die Quellwasser von dem 23 km entfernten Gorze auf einem großen, noch in Teilen erhaltenen Viadukt über die Mosel in die Stadt heranführte. Das Bistum wurde der Legende nach von dem Petrusschüler Clemens gegründet, der einen Drachen mit giftigem Atem besiegt haben soll. Am Eingang zur Krypta der Kathedrale ist dieser Drache dargestellt. Diese Begebenheit ist auf dem abgebildeten Siegel der Abteikirche St. Clement dargestellt, wo der Heilige einen geflügelten Drachen an der Hand mit sich führt (Sinnbild der Überwindung des Heidentums durch das Christentum). Eine schon im 7.

Siegel der ehemaligen Abteikirche St. Clement von Metz mit der Darstellung des heiligen Clemens mit Drachen (Kirchenführer).

Jahrhundert im Ortsteil Sablon gegründete Abteikirche St. Clemens – die 1552 Opfer der zum Zwecke der Befestigung der Stadt niedergelegten Vorstädte wurde – ist im 16. Jahrhundert neu gegründet worden. Der heutige, aus gelbem Sandstein errichtete Bau ist eine gotische Hallenkirche von 1680–1693; das Portal stammt von 1715–1737. Im Dom befindet sich am linken Choreingang ein aus einer antiken Säule gefertigter mittelalterlicher Bischofsstuhl, der als Bischofssitz (Kathedra) dieses ersten Glaubensboten bezeichnet wird. Hinter Metz auf dem Weg nach Gorze führt der Weg auf einem Hügel am so genannten Kreuz des heiligen Clemens (Croix St. Clement) vorbei. An der Legende des Petrusschülers wurde in Metz das ganze Mittelalter hindurch festgehalten. Dies hatte vor allem kirchenpolitische Gründe, weil sie der Stadt und ihrem Bistum eine Sonderstellung gegenüber anderen konkurrierenden Bischofsstädten in Gallien mit Ausnahme von Trier einräumte.

Tätsächlich dürfte Metz erst gegen Ende des 3. Jahrhunderts Bischofssitz geworden sein. Im Jahre 451 überrannten die Hunnen die Stadt. Nach dem Untergang des römischen Reiches im Jahre 511, wurde sie Hauptstadt des fränkischen Reiches Austrasien und kam 870 durch den Vertrag von Mersen ans deutsche Reich. Seitdem erfuhr sie eine wechselvolle Geschichte: Im Jahre 911 war sie französisch, 921 wieder deutsch. Seit dem 14. Jahrhundert war Metz als Reichsstadt Bestandteil des Ostfränkischen Reiches und gelangte insbesondere durch den Tuch- und Lederhandel zu großem Reichtum. 1356 hat in Metz Kaiser Karl IV. das als Goldene Bulle bekannte Reichsgesetz erlassen. 1552 wurde die Stadt von den Franzosen besetzt und gegen Belagerungen Kaiser Karls V. unter radikalen Opfern (Niederlegung der außerhalb der Stadt gelegenen Bauten und der Vorstädte) erfolgreich verteidigt. 1556 wurden Toul und Verdun an Metz abgetreten. Erst 1871 wurde Metz wieder deutsch und ist seit 1918 wieder französisch. Seit fränkischer Zeit war das Bistum Metz kirchenpolitisch Trier untergeordnet. Von seinen Bischöfen ist besonders Chrodegang zu erwähnen, der

St. Pierre aux Nonnais.

Referendar Karl Martells war, 742 Bischof wurde und 766 in Metz starb. Er hat sich sowohl als Staatsmann als auch als Reformator der Kirche (Einführung der römischen Liturgie und des gregorianischen Chorals) und des Mönchslebens hervorgetan und unterhielt enge Verbindungen zum König und zum Papst. Nach dem Tode des heiligen Bonifatius erhielt er 754 vom Papst die Würde eines Erzbischofs.
Karl der Große hielt sich gerne in Metz auf, das zum kulturellen Mittelpunkt der Karolinger aufstieg. Die heute nicht mehr vorhandene Abtei St. Arnulf war Grablege der Karolinger. Im Besitz des einst reichen Domschatzes befindet sich noch der Chormantel Karls (Chape de Charlemagne), eine sarazenische Arbeit aus dem 11./12. Jahrhundert. Die auch aus dieser Zeit stammende bronzene Reiterstatue Karls steht heute im Museum in Paris. Der südliche Chorturm der Kathedrale ist nach ihm benannt (Tour de Charlemagne).
Die älteste Kirche der Stadt und ganz Frankreichs ist die des ehemaligen Bendiktinerinnenklosters St-Pierre-aux-Nonnains, deren Umfassungsmauern von 620 noch vollständig erhalten sind. Der Mauernverband der Basilika ist mit Ziegelschichten in spätrömischer Bauweise errichtet. Der heutige Bauzustand der Kirche mit flacher Holzdecke entspricht dem 10. Jahrhundert. Bei Ausgrabungen wurden 34 Altarschranken aus merowingischer Zeit gefunden, die eine besondere kunstgeschichtliche Kostbarkeit darstellen und heute im Museum für Kunst und Geschichte ausgestellt sind. Im Umkreis der Kirche wurden Reste römischer Bauten aus dem 4. Jahrhundert freigelegt. In der Nähe steht die vom Templerorden um 1200 errichtete Templerkapelle (Chapelle des Templiers). Der achteckige Zentralbau mit Chor wurde nach dem Beispiel der Bauanlage der Tempelherrn im Heiligen Land gestaltet.
Die Domkirche St. Etienne (St. Stephan) steht an der Stelle des einst von den Hunnen verschonten Stephansoratorium, über dem ein karolingischer dann ein romanischer Bau errichtet wurde. Im Jahre 1348 wurde der gotische, von zwei schlanken Türmen flankierte Kirchenneubaus geweiht (Einfluss der Reimser Bauhütte), der aber erst 1520 unter Einbeziehung des älteren Rundbaus einer Marienkirche (Notre Dame de la Rotonde) vollendet wurde. Unter den Portalen sind zu nennen: das sich zur Place des Armes öffnende Liebfrauenportal aus dem Jahr 1240 und auf der gegenüberliegenden Seite das Portal der ehemaligen Marienkirche aus dem 13. Jahrhundert mit figürlichen Reliefdarstellungen und Fabelwesen. Als Baumaterial wurde der schon in römischer Zeit geschätzte gelbe Sandstein aus Steinbrüchen der Umgebung verwendet. Im Innern beeindruckt die starke Aufwärtsbewegung der Mittelschiffwände, die durch das Raumverhältnis von steiler Höhe

Templerkapelle in Metz.

(47 m) und geringer Breite betont wird. Von erlesener Kostbarkeit sind die einzigartigen mittelalterlichen Glasmalereien der Kirchenfenster. Die beiden Querschifffenster und die Westrosette galten einst als die größten ihrer Art. Die Leuchtkraft und Farbenfülle der weiten Glasflächen geben dem Raum eine «mystische Durchsichtigkeit« (Diaphanie). Die frühesten Fenster sind von Hermann von Münster (1384–1392), die späteren von Theobald von Lixheim (1504) und dem aus Straßburg stammenden Valentin Busch (1521–1538), der die Chorfenster schuf. Im 20. Jahrhundert hat Marc Chagall im Chorumgang Fenster mit Szenen des Alten Testamentes und im linken Querschiff Szenen des »Irdischen Paradieses« geschaffen. Die Krypta aus dem 15. Jahrhundert besitzt noch Teile der Vorgängerkrypta aus dem 10. Jahrhundert.

Die Kirche St.Vincent, mit einer äußerlich wenig ansprechenden Barockfassade aus dem 18. Jahrhundert, verfügt im Innern über einen der stilreinsten gotischen Räume der Region (13.–14. Jahrhundert). Das Schema folgt dem einer dreischiffigen Basilika mit zweischiffigem Querhaus, an die sich ein schmaler gotischer Chor und Nebenchöre anschließen. Die Kirche gehörte zu dem 968 von Theoderich I. gegründeten Benediktinerkloster, das geistiger Mittelpunkt der Stadt war. Das mittelalterliche Stadtbild mit Häuserreihen aus dem 14.–16. Jahrhundert, die horizontale Fassaden mit Zinnen und Laubengänge aufweisen, hat sich am besten auf der Place St. Louis erhalten. Auf diesem Platz waren früher die Händler und Geldwechsler anzutreffen.

Das Deutsche Tor (Porte des Allemands) in Metz. Hier betraten die aus dem Norden und Osten kommenden Pilger die Stadt.

Spuren der Jakobuspilger: Metz war Etappenstadt für viele Pilger aus dem deutschsprachigen Raum. Im Mittelalter betraten die Pilger aus dem Osten auf den aus Trier oder Saarbrücken heranführenden Straßen das Zentrum der Stadt beim Deutschen Tor (Porte des Allemands). Das bedeutende Befestigungswerk mit zwei Rundtürmen aus dem 13. Jahrhundert zur Stadtseite und mit zwei Rundtürmen aus dem 15. Jahrhundert an der Außenseite hat sich als Überrest der mittelalterlichen Stadtbefestigung erhalten. Das Tor ist nach den in unmittelbarer Nähe befindlichen Niederlassungen des Deutschen Ordens benannt, deren Gebäude bei der Befestigung von Metz im 15. Jahrhundert niedergelegt wurden. Auf dem Weg durch die Straße der Deutschen (Rue des Allemands) kamen die Pilger an der dem Trierer Bischof St. Eucharius geweihten Kirche (St. Eucaire) vorbei, dessen Grab sie zuvor in St. Matthias aufgesucht hatten. Die heutige Basilika vereinigt Baustile des 12.–15. Jahrhunderts. In der Nähe befindet sich eine weitere Kirche, die dem Trierer Bischof St. Maximin geweiht ist und ebenfalls auf die enge Verbindung von Metz und Trier hinweist. In der Stadtmitte, in der Nähe der Kathedrale, liegt der Jakobsplatz. Hier war ein Hospiz und eine Jakobuskirche. Ein Brunnen sorgte für Erfrischung. Die zentrale Lage war günstig für eine Sammlung aus allen Wegrichtungen. Außerdem lagen die wichtigsten Kirchen und Reliquien in unmittelbarer Nähe. Auf einem Faltblatt der Hotelkette Novotel in Metz, wird noch heute auf die Tradition des Standortes als Jakobusherberge hingewiesen.

Nordfrankreich

In den weiten Ebenen Nordfrankreichs durchquert der Pilger tagelang fruchtbares Ackerland. Hier, wo die Kornkammern Frankreichs liegen, wird ihm bewußt, wie bedeutend dieses Gebiet für die landwirtschaftliche Nutzung im Mittelalter war und noch heute ist. Diese einsamen Gegenden, wo sich im Spätsommer die abgeernteten Felder wie endlose braune Tücher über das Land ausbreiten, sind für jeden Pilger eine Prüfung. In diesen Ebenen ist er – wie später in der spanischen Meseta kurz vor und hinter der Stadt Burgos – ganz auf sich gestellt. Außer den Feldblumen, die sich wie ein bunter Kranz um die Getreidefelder legen oder im Meer der Halme aufgehen, gibt es nur wenig, was dem Auge eine äußere Ablenkung bietet. In diesen einsamen, von der Landwirtschaft geprägten Gegenden können den Pilger Gefühle von Beklemmung angesichts der unendlichen Weite der vor ihm liegenden Horizonte überkommen. Nirgendwo begegnen sich Himmel und Erde auf dem Weg so nahe wie hier, nirgendwo lastet ein bleigrauer Himmel schwerer auf dem Gemüt, und nirgendwo fühlt man sich so unbedeutend wie hier. Aber auch Momente tief empfundenen Glücks hält diese Landschaft bereit – vor allem im Mai, wenn man bei strahlendem Sonnenlicht seinem Ziel nach Westen entgegengeht.

Die grossen Plagen des Mittelalters – Hunger und Seuchen: Beim Gang durch die ausgedehnten Kornfelder wird mancher Pilger daran erinnert, dass der Kampf des Menschen zur Sicherung seines Daseins von Anbeginn von der Suche nach Nahrung gekennzeichnet war. Heute besteht in unserem Teil der Welt zwar eher Überfluss an materiellen Gütern, aber im Mittelalter war um das Jahr 1000 fast jeder mittellos. Bei den Menschen saß die Angst, Hunger zu leiden tief. Ihr Ernährungszustand war schlecht, und es mangelte ihnen an geeigneten Werkzeugen und Kenntnissen, den Boden richtig zu bestellen. Man bearbeitete ihn mit räderlosen Holzpflügen. Für ein Saatkorn erntete man nur zweieinhalb Saatkörner. Karl der Große erließ um 800 seine Landgüterordnung, die unter anderem eine Liste von Küchenkräutern, Heil- und Nutzpflanzen enthielt sowie ein Verzeichnis von Obst- und anderen Baumarten. Zweck dieser Regelung war es, alle Gewächse aufzuführen, die der Gesundheit und dem Überstehen von Krisenzeiten dienen. Gesundheit und Ernährung wurden schon damals in einem direkten Zusammenhang gesehen. Dennoch waren Missernten, Hungersnöte und ernährungsbedingte Krankheiten an der Tagesordnung. Krankheiten wie das Antoniusfeuer oder Infektionskrankheiten wie die Pest rafften die Menschen scharenweise dahin. Ein Mönch hat die im Jahre 1033 in Burgund ausgebrochene Hungersnot wie folgt geschildert: »Wegen ständigen Regens konnten die Felder nicht bestellt werden und die Ernte war schlecht. Einen Teil davon hob man als Saatgut für das nächste Jahr auf, aber da regnete es wieder wie im Vorjahr ununterbrochen. Im dritten Jahr, als alles aufgezehrt war, begann der Hunger. Erst aß man Kräuter und Disteln, Insekten, dann Erde. In ihrer letzten Verzweiflung gruben die Menschen sogar die Toten wieder aus oder töteten sich gegenseitig, um sich aufzuessen.« Dennoch gab es keine Hungerrevolten. Die Menschen sahen ihr Schicksal als gottgewollt. Der Satz »Unser tägliches Brot gib uns heute« war beim Beten des Vater unser durchaus wörtlich gemeint. In dieser entsagungsreichen Welt führte Armut nicht zu Isolierung und Einsamkeit. Der weit verbreitete christliche Gedanke der Brüderlichkeit und Solidarität rettete viele, da das Wenige für das Überleben aller verteilt wurde. Das Elend verstärkt sich im 12. Jahrhundert, als die Menschen, die auf dem Land keine Existenzgrundlage mehr fanden, in die Vorstädte strömten. Jetzt begann ihre Ausgrenzung in der direkten Auseinandersetzung mit dem Reichtum des emporgekommenen Bürgertums. Die Antwort des Christentums war die Bildung sozialer Institutionen wie Hospitäler für Arme, Schwache und Kranke. Neue Bettelorden (Franziskaner, Dominikaner) bildeten sich, um sich dem Armutsideal zu verpflichten und die Nachfolge Christi ernst zu nehmen. Mitten unter den Mittellosen in den Vorstädten errichteten sie ihre Klöster, um den Hilfsbedürftigen nahe zu sein. In den Jahren 1303 und 1306 kündigten zwei sehr harte Winter, in denen sogar die Ostsee zufror, einen Klimawechsel an. Diese »kleine Eiszeit«, die durch heftige Kälteeinbrüche, Stürme und sintflutartige Regenfälle (1315) gekennzeichnet war, dauerte bis in das 17. Jahrhundert an. Angst ging unter den Menschen um, weil die Reifezeit für das Getreide immer kürzer wurde und die landwirtschaftliche Produktion nicht mit dem Anwachsen der Bevölkerung Schritt halten konnten. Längst war durch Rodung der fehlende Nahrungsbedarf nicht mehr auszugleichen. Es fehlte an ausreichender Bewässerung und Düngung, um die ausgezehrten Böden wieder fruchtbar zu machen. Die Folge war eine grassierende Unterernährung, welche die Menschen anfällig für Krankheiten machte und die Ausbreitung der Pest begünstigte. 1347 tauchte sie erstmals in Süditalien auf, 1348 waren Marseille und Avignon betroffen bevor sie sich über ganz Europa ausbreitete. Ungefähr ein Drittel der Bevölkerung starb. Das waren circa 20 Millionen Tote.

Baukunst in Frankreich

Um 1050 setzte mit der Romanik eine neue Phase der Baukunst ein. In Frankreich entstehen 1587 Kirchen. Ein neues Glaubensgefühl führte die Menschen in langen Pilgerfahrten zu den wichtigsten Heiligtümern der Christenheit. Diese Bewegung löste eine rege Bautätigkeit aus, die der cluniazensische Mönch Raoul Glaber folgendermaßen beschrieb: »Es war, als habe die Welt die alten Zeiten abgeschüttelt und kleide sich nun überall in ein weißes Gewand von Kirchen«.

Pilger auf dem Weg.

Kultur in Frankreich

In Südfrankreich besangen die Troubadoure höfisches Leben, im Norden dichteten die Trouvères Lieder und Gedichte über Heldentum, Abenteuer und Begebenheiten aus der Zeit Karls des Großen. Beispiel dieser Gattung ist das Rolandslied, das mit dem Jakobsweg in enger Verbindung steht. Neben den Liedern (chansons) entstanden Erzählungen (roman), in denen Krieg und ritterliches Leben überwiegen (Artus-Sage). In Nordfrankreich dichtet Chrétien von Troyes, der im 12. Jahrhundert am Hof der Grafen der Champagne lebte, die Artussage in französische Reime und interpretiert die alten keltischen Sagen in christlichem Sinn. In seinem Parzival weist Wolfram von Eschenbach den Templern als Hütern des Grals eine besondere Rolle zu.

Lothringen

Geschichte: Das Gebiet zwischen Frankreich und Deutschland war heftig umkämpft. War es im Mittelalter überwiegend deutsches Sprachgebiet, so wird die deutsche Sprache heute, wenn überhaupt, nur noch im Nordosten gesprochen. 843 wurde im Vertrag von Verdun der karolingische Einheitsstaat aufgelöst und unter den Söhnen Ludwigs des Frommen aufgeteilt. Der östliche Teil (Ostfranken) mit den linksrheinischen Gebieten Speyer, Worms und Mainz fiel an Ludwig, den westliche Teil von Maas, Schelde und Rhone (Westfranken) erhielt Karl und das Mittelreich mit sowohl romanischer als auch germanischer Bevölkerung (Mittelfranken) wurde Lothar zugeteilt. Der Name Lothringen ist von Lothar II. abgeleitet, der 855 Mittelfranken, nach der Abdankung seines Vaters Lothar I., erhielt und den nördlichen Teil seines Reiches Lotharingien nannte. Schon 870 erfolgte im Vertrag zu Mersen zwischen Ludwig dem Deutschen und Karl dem Kahlen die Teilung Lothringens. 880 im Vertrag von Ribémont wurde es an das Ostfränkische Reich angegliedert. Otto I. verlieh 953 das Herzogtum seinem Bruder Bruno, der Erzbischof von Köln war und es 959 wiederum in Oberlothringen (Moselanien) und Niederlothringen (Ripuarien) teilte.
Die Anfänge des französischen Staates sind gekennzeichnet durch das Fehlen einer starken Zentralgewalt und die Entstehung von über 30 selbständigen Herrschaften. Das Hauptinteresse des Königshauses galt anfangs dem Westen (England) und dem Süden (Papsttum). Erst später gerät auch der Osten und damit das ans Deutschen Reich angrenzende Gebiet in den Blickpunkt des Interesses. Die Karolinger regierten nach Karl dem Kahlen (843–877) im Westen bis 987, ihnen folgen die Cape-

tinger unter Hugo von Capet (987–996), die nur noch die Landschaft um Paris und Orléans beherrschen. In gerader Linie bauen sie bis 1328 ihre Macht durch Gebietseroberungen aus, die schließlich das Königtum festigen. Als ihre Linie ausstirbt, kommt das Haus Valois auf den Königsthron (1328–1498). Unter ihrer Herrschaft erstarkt der Staat trotz schwerster innerer Krisen.
Heinrich II., seit 1154 König von England, brachte große Teile Frankreichs bis zu den Pyrenäen unter seine Herrschaft. Die zähe Rückeroberung dieser englischen Gebiete in Frankreich durch das französische Königshaus bestimmt die Innenpolitik der nächsten Jahrhunderte. Erbansprüche des englischen Königs Eduard III. auf den französischen Thron gegen die Valois lösen 1333 den Hundertjährigen Krieg aus. 1346 besiegen die Engländer mit ihren Langbogenschützen in der Schlacht von Crécy das schwergepanzerte französische Heer. 1415 bringen die englischen Plantagenets nach einem im Verein mit Burgund erneut errungenen Sieg über den französischen König schließlich ganz Nordfrankreich unter ihre Kontrolle, bis unter dem lothringischen Bauernmädchen Jeanne d'Arc die Gegenbewegung zur Rettung der französischen Nation und des Königtums einsetzte. Nach der Befreiung von Orléans begleitet sie den Thronerben des Hauses Valois, Karl VII., nach Reims zur Krönung. Von 1483–1547, insbesondere unter Ludwig XI. (1461–1483), entwickelt sich Frankreich zur Großmacht und betreibt eine imperialistische Politik (Kampf um die Vorherrschaft in Italien und Burgund). 1552 bringt es die Bistümer Metz, Toul und Verdun unter seine Herrschaft. Unter der absolutistischen Herrschaft Ludwig XIV. führt Frankreich mehrere Eroberungskriege und wird europäische Großmacht. Als der deutsche Kaiser Franz I. 1735 Lothringen an den polnischen König Stanislaus als nicht vererbbares Herzogtum abtritt, fällt es nach dessen Tod endgültig an Frankreich.
Kunst: Einfluss und Förderung der Abteien von Metz und deren Umgebung führten zu einem regen Kunstschaffen von hoher Qualität. Unter Bischof Drogo von Metz (826–855) gelangte die karolingische Kunst der Buchmalerei und der Elfenbeinschnitzerei in der Stadt zu hoher Blüte. Diese Metzer Schule war wesentlicher Impulsgeber für die karolingische Renaissance. Kaum ein anderes Land weist wie Lothringen so viele Werke der Baukunst der romanischen Epoche auf. Im 12. Jahrhundert bilden sich zwei Hauptrichtungen aus: Im Norden die trierisch-lothringische Schule (Hauptwerk ist die Kathedrale von Verdun) und im Süden die von Burgund und Elsaß beeinflusste Vogesen-Schule (Hauptwerk ist das Portal vom Pompierre). Aus der Zeit der Gotik sind die großen Kathedralbauten von Metz, Toul, St. Dié und Avioth zu nennen.

Geografie: Heute versteht man unter Lothringen die Landschaft zwischen den Vogesen im Osten und dem Pariser Becken im Westen und im Norden zwischen den Ardennen und dem Rheinischen Schiefergebirge. Lothringen wird von mehreren im Westen sanft ansteigenden und nach Osten mit einer schroffen Stufenstirn abfallenden Landstufen (franz. Côtes) durchzogen, die von Mosel und Maas mit ihren Nebenflüssen Saar beziehungsweise Meurte durchflossen werden. Auf dem Weg von Metz nach Châlons-sur-Marne werden zuerst die Mosel- dann die Maashöhen und schließlich die Stufe von Bar (Argonner Wald) überstiegen. Grundsätzlich unterscheidet man in Lothringen zwischen Plateaulandschaften (z. B. das Land bevor man Metz erreicht) mit mageren Sand- und Kalksteinböden, Schichtstufenlandschaften (das Land nach Überschreiten der Mosel) mit Weinbau entlang der lang gestreckten Höhenzüge und Ackerbau (meist Getreidebau) in den dazwischen liegenden Landterrassen. Im Osten herrschen Buntsandstein und Muschelkalk vor, nach Westen hin bestehen die durch Erosion der Schichtstufenlandschaft gebildeten Böden aus Ton, Mergel, Kalkstein und Kreide. Ein Drittel der Fläche Lothringens ist mit Wald bedeckt, ein weiteres Drittel besteht aus Grünland.
Nationalheiliger Lothringens ist der heilige Nikolaus. In der Zeit um den 6. Dezember erinnern in Metz und Nancy Umzüge, Messen und Märkte an ihn. Bekannt ist die Lichterprozession des im Mittelalter auch von Kaisern, Königinnen und Adeligen vielbesuchten Pilgerortes St. Nicolas-de-Port südlich von Nancy, wo jährlich mit einem Fingerreliquiar des Heiligen ein Umzug in der Basilika veranstaltet wird.

Gorze

Das kleine Städtchen hat im Mittelalter und in den deutsch-französischen Kriegen der jüngsten Geschichte eine wichtige Rolle gespielt.
Um 750 gründete der Metzer Bischof Chrodegang die Benediktinerabtei Gorzia (Monasterium Gurgitanum), von der unter seiner Leitung eine wichtige Reformbewegung des Mönchslebens ausging. Aus Rom brachte er die römische Liturgie und den gregorianischen Choral mit, die er in Gorze einführen, abschreiben und im ganzen Frankenreich verbreiten ließ. Unter der Mitwirkung Chrodegangs wurden Klöster wie Lorsch und Gengenbach mit Mönchen aus Gorze besiedelt. Viele weitere Stiftungen und Neugründungen am Oberrhein machten das Kloster einflussreich und vermögend. Nach einer Periode der Herrschaft von Laienäbten folgte ein Niedergang, nicht zuletzt durch Locke-

rung der Sitten. Bischof Adalbero I. von Metz (929–62) reformierte Gorze durch strenge Klosterregeln, die im 10.–12. Jahrhundert in mehr als 70 Benediktinerabteien des ottonisch-salischen Reiches eingeführt wurden (Reform von Gorze) und bis nach Regensburg, Fulda und Bamberg reichten. Adalbero erhielt deshalb den Beinamen »Vater der Mönche«. Diese oberlothringische Reform war eine der bedeutendsten der Erneuerungsbewegungen des Benediktinerordens und erfolgte unabhängig von der von Cluny und St. Maximin in Trier. Im 11. Jahrhundert erlangte Gorze die Reichsunmittelbarkeit. Jetzt war es dem Kaiser direkt unterstellt, verfügte über ein eigenes Territorium mit eigener Gerichtsbarkeit und eigenen auswärtigen Beziehungen. Otto III. wählte 953 als Botschafter für den Kalifen am Hof von Cordoba den Mönch Johannes von Gorze. In seiner Blütezeit war das Kloster wegen seiner Schule berühmt. In den Kriegswirren zwischen dem französischen König, der Stadt Metz und den lothringischen Herzögen verlor das Kloster unter Abt Balduin (1422–1445) seine Selbständigkeit und erhielt Kommendaturäbte (meist Bischöfe von Metz). Nach Umwandlung in ein Kanonikerstift 1580 wurde die Kirche abgerissen. Man begnügte sich mit der heute noch erhaltenen kleineren Laienkirche. 1609 erlitt das Kloster weitere schwere Zerstörungen, bei denen es fast alle Gebäude verlor. 1661 wurde es von der französischen Krone übernommen, die von nun an bis zur Revolution Titularäbte einsetzte.

Stempel des Klosters von Gorze.

Laienkirche Saint-Pierre-et-Saint Paul: Die kreuzförmige Basilika wurde zwischen Romanik und Gotik erbaut. Man betritt sie durch ein Portal aus dem 12. Jahrhundert mit der Darstellung des Jüngsten Gerichts. Sie zeigt einen Christus mit erhobenen Händen zusammen mit einem Erlösten und einem Verdammten, darüber zwei schwebende posaunenblasende Engel. Der noch ganz der Romanik verpflichtete dreischiffige Kirchenraum weist in den Arkaden bereits Spitzbögen auf, die Kapitelle über den Halbsäulen sind mit Blatt- und Knospenornamentik geschmückt. Die schmalen Fenster des Langhauses werden von markanten Strebepfeilern eingerahmt, der polygonal gebrochene Hauptchor ist von großen Fenstern durchlichtet.

Barockes Abtspalais: 1696 ließ Fürstabt Phillipp-Eberhardt von Löwenstein diesen repäsentativen Bau errichten. *Museum:* Informationen mit Bild und Ton über die Geschichte des Klosters.

Spuren der Jakobspilger: Kurz vor Gorze steht ein Kreuz mit der Darstellung des heiligen Jakobus als Pilger am Schaft. Ein Pilgerkreuz vor der Kirche zeigt als Doppelkreuz in zwei Richtungen den Gekreuzigten. 765 wurde das Kloster durch Erhalt der Reliquien des Heiligen Gorgonus ausgezeichnet. Dieser sicher auch von Pilgern verehrte Heilige war ein römischer Märtyrer, der unter der diokletianischen Christenverfolgung hingerichtet und dessen Begräbnisstätte im »coemetrium ad duas lauros« überliefert war. Ein Teil seiner Gebeine ist nach Minden gelangt.
In das Martyrologium des Klosters Gorze wurde schon um die Mitte des 9. Jahrhundert, am 25. Juli eine Notiz eingetragen, aus der hervorgeht, dass der Apostel Jakobus nach Spanien überführt worden war und an einem von der dortigen Bevölkerung hochverehrten Ort am Atlantischen Ozean zur letzten Ruhe gebettet wurde. Noch vor 860 ging ein solcher Hinweis auch in andere Martyrolgien wie das des Adonis und später das des Usuardus und Notker von St. Gallen ein. So war dieses lothringische Kloster möglicherweise die Keimzelle für diese sich in der ganzen abendländischen Christenheit verbreitenden Texte, die wesentlich zur Entstehung der großen Wallfahrtsbewegung nach Santiago de Compostela beigetragen haben. Dass auch das Kloster Gorze von Pilgern auf dem Weg nach Santiago aufgesucht wurde, zeigen die Aufzeichnungen des Bischof Anno von Minden, der 1174/75 eine Pilgerreise unternahm, die ihn auf dem Hinweg über das Kloster Gorze zur »Oberstraße« in das Rhonetal führte. Auf seinem Weg nach Spanien schloss er mit diesem und anderen Klöstern wie Cluny und St. Gilles so genannte Gebetsverbrüderungen, die eine Rekonstruktion seines damaligen Weges erlauben. In Franken wurde der heilige Jakobus besonders häufig als Patron bei Klosterkirchen gewählt, die mit der Reformbewegung von Gorze in Verbindung standen.

Die Schlachtfelder des 16. August 1870

Ursachen und Verlauf des Krieges: Frankreich war über die Entstehung eines starken deutschen Staates an seiner Ostgrenze beunruhigt und wollte eine Einigung Deutschlands nicht zulassen. Wegen der Kandidatur eines Mitglieds des Hauses Hohenzollern auf den spanischen Thron und der Emser Depesche Napoleons III., die von Bismark in verkürzter und inhaltlich verschärfter Form veröffentlicht wurde, reagierte Frankreich schließlich am 19. Juli 1870 mit einer Kriegserklärung an Deutschland.
Den Oberbefehl über alle deutschen Truppen hatte König Wilhelm I., die Operationen des preußischen Generalstabs standen unter dem

Oberbefehl des Generalstabchefs Moltke. Die 1. Armee (Standort in Trier) wurde von General Friedrich von Steinmetz befehligt, die 2. Armee (Operationsgebiet Rheinpfalz) vom Prinzen Friedrich-Karl von Preußen und die 3. Armee vom Kronprinzen Friedrich-Wilhelm. Bereits am 4. August stieß die 3. Armee nach Frankreich vor und schlug die Armee Generals MacMahon im Elsaß bei Weißenburg und am 6. August in Wörth. General Steinmetz besiegte am gleichen Tag die Truppen in Forbach. Diese Siege in deckungslosem Gelände waren für die deutschen Truppen sehr verlustreich. Dennoch führten sie nicht die entscheidende Wende des Krieges herbei, da Moltkes Plan, die Franzosen aus dem Raum Mosel und Oberrhein anzugreifen und im eigenen Land in einer Umfassungsschlacht zu besiegen, fehlschlug und die französischen Truppen sich nach Westen zurückziehen konnten.

Der französische Marschall Bazaine versuchte daraufhin, von Westen den Vormarsch der deutschen Truppen auf Paris aufzuhalten; gleichzeitig wollte er dem sich nach Châlons zurückziehenden General MacMahon zu Hilfe eilen, wurde aber bei Vionville und Gravelotte besiegt. General MacMahon erhielt Befehl, die Festung Metz zu befreien. Da ihm der direkte Weg durch die auf Châlons vorrückenden deutschen Truppen versperrt war, nahm er einen Umweg nach Norden über das an der Meuse gelegene Städtchen Sedan. Auf Befehl Moltkes wurden die deutschen Truppen ebenfalls in Eilmärschen nach Sedan verlegt, wo am 27. August die Armee MacMahons völlig von den deutschen Truppen eingekesselt wurde. Nach einer weiteren schweren Niederlage der französischen Truppen bei Sedan kapitulierte am 2. September die Armee MacMahons und Napoleon III. Nachdem bereits am 27. Oktober General Bazaine in Metz kapituliert hatte, war der Weg nach Paris frei.

Das französische Kaiserreich endete mit der Ausrufung der Republik am 4. September, die nochmals ein Heer gegen die deutschen Truppen aufstellte. Im Januar 1871 fiel die Entscheidung, als die deutschen Truppen Paris einschlossen und ein Waffenstillstand vereinbart wurde. Am 26. Februar 1871 wurde der Vorfrieden von Versailles geschlossen und am 10. Mai 1871 im Franfurter Frieden die vorwiegend deutschsprachigen Teile Elsass-Lothringens an Deutschland abgetreten.

Kriegsschauplätze bei Metz: Westlich von Metz liegen an der Straße nach Verdun die Schlachtfelder vom 16. und 18. August 1870, auf denen die blutigsten und verlustreichsten Kämpfe in diesem Krieg stattfanden. Wir durchqueren sie zwischen Gorze und Mars-la-Tour zu Fuß. Zahlreiche Denkmäler erinnern an die gefallenen Soldaten. Theodor Fontane, der als Kriegsberichterstatter in dieser Gegend war, erinnerte sich an das »finstere Gorze«, wo fast jedes Haus ein Lazarett war.

Kriegsverlauf bei Metz: Die französische Hauptarmee unter Marschall Bazaine hatte sich in der Moselfestung Metz und der sie umgebenden vier Forts verschanzt. Als die Armee sich nach Verdun zurückziehen wollte, setzte der Oberbefehlshaber der deutschen Tuppen, Prinz Friedrich Karl von Preußen, in Pont-à-Mousson über die Mosel. Gleichzeitig wurden die französischen Truppen westlich der Mosel im Gebiet von Colombey und Nouilly in schwere Kämpfe verwickelt und konnten erst am 15. August ihren Rückzug über die Mosel antreten. Bei Vionville hinter Metz fielen ihr am 16. August die von Friedrich Karl befehligten Truppen in die Flanken. Zwölf Stunden lang mussten sich die Franzosen der pausenlosen Angriffe der nach und nach von Süden her eintreffenden preußischen Truppen erwehren.
Die Stellung der Franzosen lag hauptsächlich bei Rezzonville und zog sich im Halbkreis bis St. Marcel und Bruville hin. Bei Rezzonville fand der Angriff der Kürassiere und Ulanen statt. Gleich zu Beginn des Kampfes wurde das nur drei Kilometer entfernte Vionville eingenommen. Zwischen Vionville und Mars-la-Tour führten die Gardedragoner und die Kavalleriedivision Rheinbaben einen Entlastungsangriff für die schwer in Bedrängnis geratene Infanterie des 10. Corps durch, wobei sich blutige Reiterkämpfe in einem bisher nicht gekannten Ausmaß abspielten. Die überlegene Feuerkraft des französischen Chassepot-Gewehrs und der Mitrailleuse, eine Art Maschinengewehr mit 200 Schuss pro Minute, wirkte sich dem deutschen Zündnadelgewehr gegenüber bei diesen Kämpfen verheerend aus. Die unter hohen Verlusten erkämpften Erfolge der Deutschen waren dennoch entscheidend, da hierdurch den französischen Truppen der Rückzug auf der Straße nach Verdun abgeschnitten wurde. Die Festung Metz konnte noch neun Wochen gehalten werden bis sie am 27. Oktober 1870 wegen Hunger, Auszehrung und Krankheit übergeben wurde.

Verdun

Geschichte: Kaum eine andere Stadt verkörpert die elfhundertjährige deutsch-französische Geschichte so eindringlich wie diese. Schon in keltischer Zeit siedelten auf dem 75 Meter über der Maas liegenden Hügel Menschen und schufen einen befestigten Ort. Der Name Verdun soll keltischen Ursprungs sein und »starke Feste« bedeuten. In römischer Zeit entwickelte sich hier aufgrund der verkehrsstrategischen Lage an der Straße von Metz nach Reims ein Kastel mit einem bedeutenden Handelsplatz, der auch Handwerker und Kaufleute anzog. Die römische Stadt Virodunum wurde schon im 3. Jahrhundert n. Chr. Bischofssitz. Als erster Bischof wird um 350 der heilige Sanctuarius genannt. Im 4. Jahrhundert hat nachweislich ein Bischof aus Verdun am Konzil in Köln am 12. Mai 346 teilgenommen. Das später »Virdunen« genannte Bistum war bis 1802 kirchenrechtlich von Trier abhängig. 947 fand in der Stadt das einzige Konzil statt.

Territorial gehörte Verdun seit 511 zu Austrasien. Nach dem Tode Karls des Großen wurde dessen Reich im Vertrag von Verdun 843 unter seinen Enkeln aufgeteilt. Mit den Teilungen in Mersen 870 und Ribémont 880 wurden die Grundsteine für die Bildung einer deutschen und französischen Nation gelegt. Seit 843 gehörte Verdun zu »Lotharingien« und wurde von Grafen verwaltet. 925 kam es zwar zum Deutschen Reich, aber erst 987 gaben die Capetinger, unter Hugo von Capet, dem Druck der Kaiserin Theophanu nach und verzichteten auf ihre Ansprüche auf die Stadt. 997 wurde es Reichsfürstentum aufgrund einer Schenkung der Stadt und des umliegenden Gebietes an die Verduner Kirche durch Graf Friedrich von Verdun. Ab dem 10. Jahrhundert trat der Kaiser den nach mehr Unabhängigkeit strebenden gräflichen Familien entgegen und setzte Bischöfe als weltliche Herren ein. Unter Bischof Haimo (990–1024) erlebte die Stadt eine wirtschaftliche Blüte, insbesondere durch den Fernhandel mit im Osten erbeuteten Sklaven für das maurische Spanien. Im 13. Jahrhundert kam es zum Konflikt zwischen der nach Selbstverwaltung strebenden Stadt und der geistlichen Oberherrschaft, als auch Verdun – wie Metz und Toul – von Kaiser Karl IV. zur Reichsstadt (»Virten«) erhoben wurde. Das Bürgertum siegte schließlich in den langwierigen Auseinandersetzungen mit dem Klerus, und der Bischof musste die Stadt verlassen.

Während des ganzen Mittelalters waren die französischen Könige bestrebt, die Ostgrenze ihres Territoriums unter ihren Einfluss zu bringen. 1552 wurden Verdun, Metz und Toul durch Heinrich II. besetzt, um eine Art »Schirmherrschaft« auszuüben. Diese Reichsstädte waren eine Gegenleistung der protestantischen Fürsten unter Führung von Moritz von Sachsen an den französischen König als Dank für dessen Unterstützung gegen Karl V. Damit war ein Präjudiz geschaffen worden, das im Westfälischen Frieden 1648 dazu führte, dass Verdun und die beiden anderen lothringischen Bistümer endgültig Frankreich zugesprochen wurden. 1664 begann man gezielt unter der Leitung des französischen Festungsbaumeisters Vauban die Stadt militärisch durch die Errichtung einer großen Zitadelle zu sichern, die später erweitert und zum wichtigsten militärischen Stützpunkt in Nordfrankreich wurde. Nach der Niederlage Frankreichs im Krieg 1870/71 wurde auf den Höhen rings um

Blick in den Kreuzgang der Kathedrale von Verdun.

die Stadt ein mächtiger Sperrgürtel mit zahlreichen Forts (z. B. Fort Vaux von 1875–1881 oder Fort Douaumont ab 1885) errichtet, an dem sich zwangsläufig ein vernichtender Stellungskrieg entwickelte. So wandelte sich das Bild von Verdun im Laufe der Jahrhunderte von einem Hort christlichen Glaubens zum Schauplatz eines der grausamsten Kriege in Europa, dessen Spuren noch heute an den Granattrichtern und Schützengräben in der Landschaft ablesbar sind.
Kathedrale Notre-Dame: Die erste den Aposteln Peter und Paul geweihte Bischofskirche lag außerhalb der Stadtmauern, an der Stelle der heutigen Zitadelle, wurde aber nach den Hunneneinfällen hinter die Stadtmauern verlegt. An ihrer Stelle entstand 952 das von Bischof Berenger errichtete Benediktiner-Kloster Saint-Vanne, von dem als baulicher Rest noch ein Turm erhalten ist (Tour St.-Vanne). Es ist benannt nach dem um die Mitte des 6. Jahrhundert lebenden Bischof Viton (Vanne). Der Bau der Kathedrale Notre-Dame liegt beherrschend an der höchsten Stelle über der Stadt, am Rande eines steil zur Maas abfallenden Hügels. Sie erhebt sich auf den Fundamenten des römischen Kastells

Nordansicht der Kathedrale von Verdun (aus: Marschall, Hans-Günther und Slotta, Rainer, Romanisches Lothringen, Würzburg 1985).

und stand einst am Rande der alten Stadtmauer des 12. Jahrhunderts. An der Stelle mehrerer durch Brände zerstörter Vorgängerbauten wurde 1048 ein Bau als doppelchörige Anlage mit vier Türmen begonnen. Der Westchor, in den Bauformen salischer Kaiserdome, war 1083 fertig gestellt. Unter Leitung des Meisters Garin (Guarinus) wurde 1130–1147 der Ostteil in burgundischen Formen erbaut. Diese romanische Bischofskirche wurde 1147 von Papst Eugen III im Beisein des heiligen Bernhard und 18 Kardinälen geweiht. Die Flachdecken wurden im 13./14. Jahrhundert durch Gewölbe ersetzt. Während des Barock wurden die romanischen Obergaden und die Pfeilerarkaden nach dem Zeitgeschmack verändert. Der Grundriss zeigt eine in den Formen der rheinischen Romanik konzipierte Anlage mit zwei Querschiffen in der Form eines Lothringischen Kreuzes (Doppelbalken). Er ist seit 1048 im wesentlichen beibehalten worden. Die außen flach geschlossene Westapsis zeigt Einflüsse von Speyer, die Rekonstruktion des polygonalen Ostchors deutet auf eine Apsis nach dem Vorbild des Trierer Domes oder des Trierer St. Simeonsstiftes (mit Zwerggalerie?) hin. Beide Choranlagen besaßen eine Krypta. Die dreischiffige Ostkrypta in reinsten Stilformen einer burgundisch beeinflussten Romanik mit zum Teil noch farbig gefassten Kapitellen stammt aus der Zeit des Baumeisters Garin. Nach einem Brand wurden sie 1715 verfüllt und erst

Stadtsiegel von Verdun (aus: Anhäuser, Uwe, Lothringen, Köln 1985).

nach dem Ersten Weltkrieg wieder freigelegt. Auf zehn neu geschaffenen Kapitellen sind Darstellungen aus der Geschichte der Kathedrale und der Kämpfe aus dem Ersten Weltkrieg abgebildet. Im 18. Jahrhundert trug man die vier, das äußere Erscheinungsbild prägenden Türme ab und errichtete nur die beiden Westtürme wieder.
Kreuzgang: Vom durch Kriegseinwirkungen zerstörten und wiederaufgebauten gotischen Kreuzgang von 1509–1517 stehen noch drei Flügel. Er zählt zu den schönsten seiner Art in Frankreich und weist eine reiche Ornamentik sowie verschiedene Stilmerkmale (z. B. Flamboyant und Anklänge der Renaissance) aus dem 14., 15. und frühen 16. Jahrhundert auf. Von dem früheren romanischen Kreuzgang stammt noch das romanische Kirchenportal.
Bischofspalais: Das angrenzende prachtvolle Bischofspalais aus dem 18. Jahrhundert wurde von Robert de Cotte, einem Baumeister Ludwigs XIV., mit einem im Halbkreis von Gebäuden umschlossenen Ehrenhof errichtet. Vom Garten aus bietet sich ein herrlicher Blick auf die Stadt und das Tal der Maas.

Spuren der Jakobspilger: Von Trier aus bestand eine direkte Route, die über Luxemburg führte und einen Bogen um Metz machte. Pilger, die diesen Weg nach Paris gewählt hatten, gingen über Echternach, Luxemburg, Longwy (romanische Kirche am Mont St. Martin) und erreichten Verdun, wo ihnen der Weg nach Paris offen stand. Sie betraten die Stadt am Ende der Maasbrücke durch die um 1380 errichtete Porte Chaussée, die mit zwei halbrunden, dreigeschossig gegliederten Türmen mit Zinnenschmuck eher an eine wehrhafte Burg erinnert. Von der mittelalterlichen Befestigung, deren Anblick vom östlichen Maas-Ufer her eine beeindruckende Kulisse gewesen sein muss, haben sich bedeutende Reste erhalten (z. B. die Porte Châtel auf dem höchsten Punkt in der Oberstadt aus dem 13. Jahrhundert mit einem Pechnasenkranz). Beim Durchqueren der Stadt bestiegen die Pilger den Hügel, auf dem die Kathedrale liegt und kamen am Löwenportal vorbei, einem Meisterwerk romanischer Plastik. Im 18. Jahrhundert war es zugemauert und ist deshalb sehr gut erhalten. Der Einfluss Burgunds unter dem Baumeister Guarinus wird in der Formensprache des Portals spürbar: Christus in der Mandorla, geradeaus blickend mit segnender rechter Hand, die linke, auf einem Buch liegend, ist umgeben von den Symbolen der vier Evangelisten. Ein fein gearbeiteter Blumenschmuck rahmt das Tympanon ein. Hier kündigt sich schon etwas von dem Geist von Vézelay an. Über dem Portal und der großen Blendnische ist eine kleine Galerie. Sie diente dazu, den Pilgern Reliquien zu zeigen. Am Chorhaupt erblickten die Pilger (heute abgenommene) ausdrucksstarke romanische Plastiken (Verkündigungsszene, Adam und Eva, Kain und Abel). Der Verduner Altar, das Hauptwerk des Nikolaus von Verdun, der auch den Kölner Dreikönigsschrein geschaffen hat, war sicherlich auch Ziel von Jakobspilgern. Der Schrein befindet sich heute in Klosterneuburg bei Wien. Bei der Porte Châtel verließen die Pilger wieder die mittelalterliche Stadt.

Schlachtfelder des Ersten Weltkrieges um Verdun

Ursachen und Verlauf des Krieges: Am 3. August 1914 erklärte Wilhelm II. Frankreich den Krieg. Nach vier Wochen hatten deutsche Truppen den Festungsgürtel im Norden von Verdun erreicht, eine Woche später stand der rechte Flügel des deutschen Heeres 70 km vor Paris. Die aus Lothringen zurückgedrängten französischen Streitkräfte setzten den deutschen Angriffen heftigen Widerstand entgegen. Der Schlieffen Plan, der vorsah, Paris von Westen her zu umklammern und das französische Heer durch drei Armeen auf dem rechten Flügel von Westen in Richtung Schweiz abzudrängen, konnte nicht verwirklicht werden, da der rechte Flügel des deutschen Heeres wegen des Zweifrontenkrieges nicht stark genug war.
Nachdem an der Marnefront der deutsche Angriff zum Erliegen kam, wurde am 10. September der »vorübergehende« Rückzug der 5. Armee in Richtung Osten befohlen, um Verdun einzuschließen. Gleichzeitig setzten sich von Südosten deutsche Truppen nach Verdun in Marsch. Der Rückzug der deutschen Armee durch die nördlichen Argonnen führte dazu, dass sich die beabsichtigte »Zange um Verdun« wieder öffnete. Während dieses von den Franzosen als »Wunder an der Marne« bezeichnete Vorgehen die schnelle Niederwerfung Frankreichs verhinderte, wurde Verdun nicht zum geplanten Angelpunkt des Krieges: Vier Jahre tobte der Stellungskrieg mit einer bis dahin nicht gekannten Materialschlacht, den Erich Maria Remarque in seinem Antikriegsroman »Im Westen nichts Neues« eindringlich und anklagend schildert.
Kriegsschauplatz Verdun: Die Kalksteinhänge der Maas-Höhen im Westen erheben sich steil und schroff, während sie nach Osten flacher abfallen. Bis zu einer Höhe von 100 m steigen sie aus der Lothringer (Woeuvre-) Ebene an. Dieser natürliche Gebirgsriegel spielte in den Kriegen zwischen Frankreich und Deutschland eine tragische Rolle. Begünstigt durch diese natürlichen Gegebenheiten – wie auch von den Höhen der sich östlich anschließenden Argonnen – wurden hier strategische Verteidigungslinien aufgebaut, die vor Verdun zusätzlich mit Festungsgürteln (Forts) gesichert wurden. Diese Frontabschnitte zählten zu den

am längsten und am härtesten umkämpften. Im Ersten Weltkrieg konnten jene Forts von den deutschen Truppen nicht eingenommen werden. Der Versuch, die Festungsgürtel zu durchbrechen – eine der fragwürdigsten und grauenvollsten Kriegshandlungen – kostete 500 000 bis 800 000 Soldaten das Leben. So errang Verdun den traurigen Ruhm, das »Stalingrad des Ersten Weltkrieges« gewesen zu sein. Diese katastrophalen Erfahrungen haben dennoch einen Zweiten Weltkrieg nicht verhindert. Guido Knopp schrieb hierüber einmal: »In den Schützengräben Flanderns, vor Verdun und an der Somme wird die Saat gelegt für eine Zeit, in der der Mensch als Material gilt, nicht als Individuum. Der Erste Weltkrieg ist das Schlangenei des Zweiten.«
Beim Anblick der vielen Soldatenfriedhöfe in Nordfrankreich sollte man nicht vergessen, dass der Krieg auch in Deutschland unter der Zivilbevölkerung einen hohen Preis forderte: Zu Kriegsbeginn hatte die deutsche Regierung im Glauben an einen schnellen Sieg keine Lebensmittelvorräte angelegt. Da die deutsche Landwirtschaft nicht den Bedarf an Nahrungsgütern decken konnte und die Seeblockade Großbritanniens Lebensmitteleinfuhren unmöglich machten, starben von 1914–18 ungefähr 750 000 Menschen an Unterernährung.

Der Zweite Weltkrieg in Frankreich

In der Einschätzung, der deutsche Rüstungsvorsprung sei wegen der alliierten Überlegenheit nur bis 1943 aufrecht zu erhalten, fiel Hitler am 10. Mai 1940 entlang der belgisch-luxemburgisch-holländischen Grenze in Frankreich ein und erreichte in einem Blitzkrieg unter massivem Einsatz von Panzerverbänden den Durchbruch im Ardennen- und Maasgebiet. Durch den raschen Vorstoß des Generals von Manstein zur Kanalküste wurden die französischen Truppen getrennt. Im Waffenstillstand von Compiègne am 22. Juni 1940 wurde Frankreich in einen besetzten, unter deutscher Militärverwaltung stehenden Teil und in einen unbesetzten Teil, der von der so genannten Vichy Regierung unter Marschall Pétain stand, geteilt.
Am 6. Juni 1944 begann die Invasion der Alliierten mit der Landung schwer bewaffneter Divisionen in der Normandie. Nach ihrem Durchbruch in Avranches drangen die alliierten Truppen unaufhaltsam nach Osten vor. Als sie Ende September an der Vogesenfront standen, war die Schlacht um Frankreich zu Ende. Um die Front der Alliierten zu durchbrechen und ihren Nachschubhafen Antwerpen zu bedrängen, befahl Hitler im Dezember 1944 die Ardennenoffensive, die wegen der

schwachen Schlagkraft der deutschen Truppen zum Scheitern verurteilt war. Durch diese Offensive wurde das Kriegsende hinausgezögert und der Widerstand gegen die im Osten Deutschlands heranrückenden Truppen der Sowjetarmee entscheidend geschwächt.

Die Argonnen

Landschaft und Geschichte: Westlich von Verdun zwischen den Flüssen Marne und Maas liegt die als Argonnen bezeichnete wald- und schluchtenreiche Hochfläche von reizvoller landschaftlicher Schönheit. In nord-südlicher Richtung erreichen sie eine Ausdehnung von 60 km, in der Breite nicht mehr als 12 km. Ihre Sandsteinhügel sind bis zu 308 m hoch. 40 Prozent des Gebietes sind bewaldet, hauptsächlich mit Laubbäumen wie Buche und Eiche, in neuer Zeit trifft man auch Anpflanzungen mit Nadelbäumen wie Fichte und Douglasie an. Die Orte dieser Gegend schmücken sich gerne mit der Zusatzbezeichnung »en-Argonne« wie z. B. Clermont-en-Argonne, das am Rande eines Hügels liegt, der zugleich die höchste Erhebung der Argonnen darstellt. In der Mitte der Argonnen erreicht man den kleinen Ort Les Islettes, in dem früher Glaswaren (Champagnerflaschen bis 1937), landesweit berühmte Fayencen und Ziegel hergestellt wurden. An ihrem westlichen Ende liegt die Hauptstadt Ste. Menehould.
Die Argonnen waren schon in keltischer und gallo-römischer Zeit besiedelt. Irische Mönche wie der heilige Rouen brachten im 7. Jahrhundert das Christentum hierher. In Beaulieu ließen sich Benediktiner nieder und kultivierten den Weinbau. Zisterzienser rodeten und besiedelten die sumpfigen Bachtäler bei La Chalade, machten den Boden urbar und errichteten Glashütten und Schmieden. 8 km nördlich von Les Islettes liegt im Tal der Biesme, welches die Argonnen in zwei Bergketten teilt, jenes ehemalige Zisterzienserkloster La Chalade, von dem noch die um drei Joche verkürzte Kirche aus dem 13./14. Jahrhundert und zwei Flügel der Abteigebäude aus dem 17. Jahrhundert erhalten sind. Der Ort war einer der Engpässe in den Argonnen. Folgt man von Les Islettes dem Tal der Biesme 8 km nach Süden, gelangt man zu der im Wald gelegenen Einsiedelei des heiligen Rouen. Mitte September führt eine Wallfahrt zu dieser Stätte. Es handelt sich um Hütte der Pilger und eine moderne Kapelle (1955) von Rayssiguier, einem Schüler Le Corbusiers. Im Wald liegt die so genannte »Grüne Kathedrale« mit einem Himmelfahrtsaltar aus der in der Nähe gelegenen ehemaligen Abtei Beaulieu. Der heilige Rouen gründete dieses Kloster, das im Mit-

telalter große Bedeutung erlangte. 1789 wurden fast alle Gebäude zerstört. Erhalten blieb ein Gebäude mit einer mächtigen eichernen Traubenkelter aus dem 13. Jahrhundert und die Mauer der Mönche.
Kriegshandlungen in den Argonnen: Die Argonnen bildeten von jeher ein natürliches Bollwerk gegen Invasoren aus dem Osten. Lange Zeit war dieser urwaldartige Gebirgszug Grenze zwischen dem französischen Königreich und dem Heiligen Römischen Reich. Seit der Französischen Revolution nannte man die Argonnen die Thermopylen Frankreichs. Dieser stille, dünn besiedelte Landstrich des Argonner Waldes mit seiner teilweise undurchdringlichen Wildnis hat sich in vielen Kriegen zwischen Frankreich und Deutschland als militärisches Hindernis erwiesen und spielte deshalb eine wichtige strategische Rolle, nicht zuletzt, weil von den erhöhten Positionen dieses Hügelmassivs die östlich sich anschließende Kalkebene gut eingesehen und verteidigt werden kann. Außerdem ist eine Durchquerung des bewaldeten Sandsteinmassivs in ost-westlicher Richtung nur an wenigen Stellen möglich.
Im Deutsch-Französischen Krieg 1870/71 richtete der sächsische Kronprinz nach der Einkreisung der französischen Armee bei Metz seine ganzen Anstrengungen auf das Lager von Châlons, wo der Marschall MacMahon seine Armee neu organisierte. Der Kronprinz erhielt Verstärkung seiner Truppen durch die um Metz zusammengezogenen Truppen. Diese »Maas-Armee« führte er mit seinen sächsischen und preußischen Truppen in Richtung Westen durch den Argonner Wald. Bald erreichte ihn und Moltke die Kunde, dass sich die Truppen MacMahons nicht nach Paris zurückgezogen, sondern sich nach Norden zur belgischen Grenze in Marsch gesetzt hätten, um über diesen Umweg den in Metz von den Deutschen eingeschlossenen Truppen zu Hilfe zu eilen. In Eilmärschen wandten sich die deutschen Truppen nach Norden und kreisten die französischen Truppen MacMahon bei Sedan ein.
Im Ersten Weltkrieg erstarrte die Front beim Rückzug der Kronprinzenarmee von der Marnefront in Richtung Verdun in den Argonnen, weil die Bodenbeschaffenheit und der Wald einen Stellungskrieg begünstigten. Die Frontlinie dieses zermürbenden Abnutzungskrieges verlief durch die Mitte des Waldes, wo sich im Dezember 1914 und im Sommer 1915 blutige Nahkämpfe abspielten. Eines der grausamen Merkmale dieses Krieges war der Einsatz von Mienen, deren Spuren noch im Gelände sichtbar sind. Im Norden fanden um die Höhen von Vauquois von Oktober 1914 bis März 1915 erbitterte Kriegshandlungen um einen vorgelagerten Höhenzug statt. Im Bois de la Grurie sind noch deutsche Unterstände erhalten geblieben. Nördlich von Clermont-en-Argonne, bei Varenne-en-Argonne, liegt im Wald eine vom

deutschen Kronprinzen und seinem Generalstab benutzte Blockhütte, die »Abris du Kronprinz« (Unterstand des Kronprinzen) heißt. Im Ersten Weltkrieg kam es 1918 hier zur Offensive der Amerikaner. Im Süden war die Gegend um Beaulieu ein hart umkämpftes Gebiet. Das Museum der Argonnen in Varennes-en-Argonnes ist zu einem großen Teile den Ereignissen des Ersten Weltkrieges gewidmet. Der Krieg in den Argonnen war der Auftakt zu der im Jahre 1916 stattfindenden Schlacht von Verdun. Der übereilte Rückzug der deutschen Armee durch die nördlichen Argonnen führte dazu, dass die Zange um Verdun sich wieder öffnete. Ste. Menehould war während dieser Jahre Lazarettstadt.

Ste. Menehould

Ste. Menehould liegt am westlichen Rande des Argonnerwaldes, an der Grenze zur Champagne um einen von der Aisne umflossenen Hügel, auf dem sich einst eine Festung befand. Die Stadt ist Geburtsort von Dom Pérignon (1639), der als Mönch im nahen Kloster Morimont lebte und den Champagner erfand. Sehenswert sind das stattliche Barockschloss (Rathaus, Hôtel de Ville) von 1730 und der Schlossplatz (Place du Général-Leclerc) in der Unterstadt. An den Außenwänden vieler Bauten sind rot-weiß gestreifte Muster, hervorgehoben durch abwechselnde Verwendung von Ziegeln und weißem Kalkstein. Nach einem

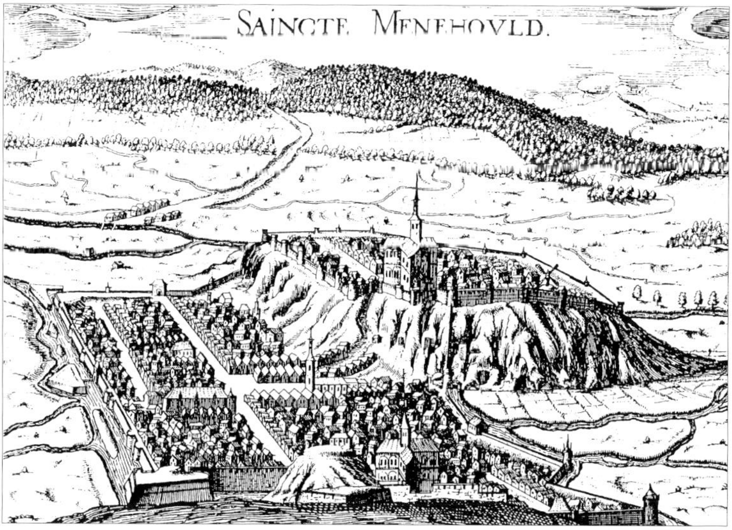

Ansicht von Ste. Menehould (Stich des 16. Jahrhundert).

Brand im 18. Jahrhundert neu erbaut, entstand ein Stadtbild von bemerkenswerter architektonischer Geschlossenheit.
Auf dem Burgberg in der Oberstadt, die ihren mittelalterlichen Charakter behalten hat, liegt inmitten eines Friedhofes die 1289–1350 erbaute Kirche Notre Dame mit Kapellenanbauten aus dem 15. und 16. Jahrhundert. Im Innern befinden sich ein Steinbildnis des Marientodes (15. Jahrhundert), ein Renaissancealtar und eine Madonna; im Chor ein Kapitell, das einen Bauern zeigt, der Schweine zu einer mit Eicheln beladenen Eiche führt.

Spuren der Jakobspilger: Der Name der Stadt Ste. Menehould geht auf die heilige Menechildis zurück, die im 5. Jahrhundert in einer Einsiedelei auf dem Hügel lebte. Sie war die Tochter des Burggrafen über der Aisne (Chateau-sur-Aisne). Nach einer im 14. Jahrhundert entstandenen Legende erhielt sie als jüngste von sieben Schwestern den Schleier von Bischof Alpin von Châlons-sur-Marne. Der Überlieferung nach sprudelte eine Quelle, wo sie mit ihrem Spinnrocken auf den Boden schlug. Ihre Reliquien kamen 1379 in die Pfarrkirche. In alten Litaneien wird sie zusammen mit dem heiliger Rochus angerufen. Jedes Jahr findet an Pfingstsonntag eine Wallfahrt statt. Eine Verehrung der Reliquien der heiligen Menechildis von durchziehenden Jakobspilgern ist anzunehmen. Möglicherweise haben die Klöster La Chalade, Beaulieu und Morimont Jakobspilger bei ihrem Durchzug durch die unwirtlichen Wälder der Argonnen beherbergt.

Champagne

Im Mittelalter war die Champagne mit der Landschaft Brie zu einer Grafschaft vereinigt, deren Hauptstadt Troyes war. Durch Erbfolge kam die Champagne an das Königshaus von Navarra und ging 1318 und 1328 an die Krone von Frankreich über.
Geografie: Nachdem die Pilger die lothringische Schichtstufenlandschaft durchwandert hatten, erreichten sie hinter Ste.-Menehould die trockene Champagne, die von der im Norden fließenden Aisne bis zur Seine bei Troyes im Süden reicht. Diese durch viele Bodenwellen gekennzeichnete, teilweise eintönige Ebene mit wenig ertragreichen kalkhaltigen Böden war für die Pilger eine harte Prüfung, weil sie durch dünn besiedelte, wasserarme Gegenden führt. In wasserarmen Gegenden tragen die an einer Quelle (somme) gelegenen Orte einen entsprechenden Hinweis, z. B. Sommesous, Somme-Vesle u. ä. Westlich an die

trockene Champagne schließt sich die anmutigere, vegetationsreichere Feuchte Champagne an, die mit ihren tonigen Böden und ausgedehnten Hügelflächen von jeher den Weinbau begünstigt hat.
Kunst: In der Champagne gibt es viele hervorragende Kirchenbauten aus gotischer Zeit: die Kathedrale von Reims, die Kathedrale Saint-Etienne (St. Stephan) und die Kirche Notre-Dame-en-Vaux in Châlons-sur-Marne. Besonderheit der Gotik in dieser Region ist eine Säulenreihe zwischen Chorkranzkapitellen und Chorumgang. Die Auflösung der Wand durch großflächige Maßwerkfenster erreicht hier ihren Höhepunkt. Troyes entwickelt sich in der Renaissance zu einem Hauptort der Steinmetzkunst. Aus romanischer Zeit ist die im 30 km westlich von Châlons-sur-Marne – oberhalb der rechten Seite des Marnetals, beim Winzerort Hautevillers – gelegene Benediktinerkirche zu nennen, mit einer sehenswerten Krypta sowie einem Mönchschor mit Chorgestühl und kunstvollem Holztäfelwerk aus dem 18. Jahrhundert. Grabplatte des hier verstorbenen Mönchs und Kellermeisters Dom Perignon. Südlich des Marnetals befindet sich in Orbais-l'Abbaye eine Benediktinerabtei, von der der Speisesaal der Mönche und die von 1180–1210 erbaute Kirche erhalten sind. Das Innere überrascht durch ein stark betontes Querschiff, einen mit einem Triforium ausgestatteten Chor und glasierte Bodenfliesen aus dem 12.–16. Jahrhundert. Der Mittelturm trägt eine Turmspitze aus dem 13. Jahrhundert. Weiter südlich liegt die herrliche Zisterzienser-Abtei von Abbaye du Reclus aus dem 12. Jahrhundert. Das der Jungfrau Maria geweihte Kloster wurde vom heiligen Bernhard 1142 geweiht. Die Barone von Baye machten zuvor dem Orden eine großzügige Schenkung.
Der Weinbau: Vermutlich gab es hier schon zu römischer Zeit Weinbau, der in fränkischer Zeit fortgeführt wurde. Aus Chroniken wird berichtet, dass Bischof Remi von Reims im Jahr 496 anlässlich der Taufe Königs Chlodwigs eine Art Wunder vollbrachte, da er aus einem leeren Fass Wein fließen ließ. Im Mittelalter erlangte der von den Mönchsorden kultivierte Wein der Champagne durch die jährlichen Champagnermessen eine über die Grenzen reichende Berühmtheit. Ende des 17. Jahrhundert wurde die Technik der Schaumweingewinnung in der östlich von Châlons-sur-Marne, im Gebiet der so genannten Montagnes de Reims gelegenen Abtei Hautevillers, von Kellermeister Dom Perignon (1638–1715) entwickelt. Dieses Verfahren ermöglichte es, einen Wein zu erzeugen, der klar blieb und seinen Schaum bewahrte. Das Weinland der Champagne umfasst ca. 23 000 Hektar und teilt sich in vier große Weingegenden, die unterschiedliche Weine hervorbringen. Die Kunst der Champagnerherstellung besteht darin, Weine aus unterschiedlichen Jahren, Rebsorten und Lagen so zu »vermählen«, dass sie zu

einer unverwechselbaren und ausgeglichenen Einheit werden. Diese Mischung (Cuvée) bildet die Grundlage des Champagners. Die Weine der Champagne verdanken ihre Eigenart dem Kalkboden (Wasser- und Wärmespeicher), einem besonderen Klima (10,5° C Jahresdurchschnitt), nach Süden gelegenen Weinbergen und den edlen Rebsorten Chardonnay und Pinot. Die Weinstöcke werden kurz geschnitten, um die Traubenzahl zu verringern und die Qualität zu steigern. Die mit einer Rebe ausgeschilderte Champagnerstraße (La Route du Champagne dans l'Aube) führt durch das südliche Weingebiet der Aube, das in der Gegend von Bar-sur-Aubois und Barséquanais harmonische Tropfen hervorbringt.

L'Epine

Die gotische Wallfahrtskirche Notre-Dame, 1400–1527, erhebt sich wie ein Dom über dem kleinen Dorf. Schon von Ferne sichtbar steht sie in der Ebene als steinernes Wahrzeichen für die Pilgerfahrten zu der Statue heilige Jungfrau aus dem 14. Jahrhundert. Die prachtvollen Turmspitzen mit durchbrochenem Steinwerk und die mit reichem Figurenschmuck verzierten, sich weit öffnenden Portale überraschen ebenso wie das Innere durch seine Lichtfülle, die vom Kalkstein, den großen Glasfenstern sowie der westlichen Fensterrosette herrührt. Der Wandaufbau ist in drei Zonen gegliedert: Arkaden-, Triforien- (mit Laufgang) und hohe Fensterzone. Kostbarstes Stück ist der vollständig erhaltene gotische Lettner. Das Hauptportal zeigt das Leben Jesu: oben die Hirten bei der Anbetung, darunter die Passion (Geißelung, Kreuztragung, Kreuzigung), Auferstehung, Erscheinung und Vorhölle – eingerahmt von Engeln und Propheten. Das linke Portal zeigt die Kreuzigung, das rechte das Martyrium des heiligen Sebastian. Innen befindet sich über der Statue der heiligen Jungfrau der Siegesbalken (16. Jahrhundert).

Spuren der Jakobspilger: Links um den Chor kommt man zum Jakobusaltar mit einer Statue des Heiligen als Pilger (15. Jahrhundert), St. Eloi und St. Etienne (17. Jahrhundert). Beim Lettner eine eigenartige gotische Konstruktion von 1543, die vermutlich als Reliquiar-Tabernakel diente. Innen ein Fresko mit einer von Litaneisymbolen umgebenen Maria. Das mittlere Portal zeigt Erscheinungen der Heiligen Jungfrauen und Maria Magdalena, deren Grab die Pilger in Vézelay aufsuchten.

Châlons-sur-Marne

Geschichte: Das Bistum hieß Catalaunensis dioc., ein Zusammenhang zwischen diesem Namen und der Schlacht auf den Katalaunischen Feldern ist nicht belegt. Als erster Bischof gilt der heilige Memmie, der um 280 gelebt hat und nach dem der östliche Stadtteil von Châlons benannt ist, durch den die Jakobspilger von Osten her einzogen. Ihm folgten die Bischöfe Donatian, Domitian, Alpinus, Elaphius. Der berühmteste Bischof der Stadt ist der heilige Alpinus (Albin), nach dem eine Kirche im Zentrum von Châlons-sur-Marne benannt worden ist. Er ist wohl der Nachfolger von Bischof Amandinus, der 461 das Konzil von Tours unterschrieben hat und sein Amt 47 Jahre innegehabt haben soll. Sein Todesjahr wird um 510 angenommen.
Kathedrale Saint-Etienne (St. Stephan): Prachtvoller gotischer Bau (13. Jahrhundert) mit Fassade aus dem 17. Jahrhundert. 1147 von Papst Eugen III. im Beisein von Berhard von Clairvaux geweiht. Im Inneren ist das Prinzip der »diaphanen Struktur« (Auflösung der Wände durch Glasfenster) zu einem Höhepunkt entwickelt. Ein Raum von höchster Zartheit und Eleganz entstand, ein Skelett von Diensten und schmalen Säulen löst die Raumgrenzen fast bis zur Zerbrechlichkeit auf. Die Hauptgliederungselemente der Gotik – Rundpfeiler, vierteiliger Wandaufriß und sechsteiliges Rippengewölbe – erfahren hier eine letzte Steigerung und Perfektion. Von großer Farbenpracht ist der vollständig verglaste Chor und die Rosette im Querschiff, die der in der Kathedrale von Reims nicht nachsteht. In den Glasgemälden des 12. bis 16. Jahrhunderts werden den Menschen die Glaubenswahrheiten vor Augen geführt. Das Licht, das die göttliche und irdische Sphäre verband, wurde im Mittelalter zum Himmelslicht. Das durch die Glasfenster durchscheinende »heilige Licht« galt den Mystikern des 13. Jahrhunderts als Eigenschaft Gottes und als Beweis für die Kraft seines göttlichen Wirkens. Diese lichtdurchstrahlten Bilder sollten die Gläubigen »erleuchten«. Die Glasmalereien des 12. Jahrhunderts mit der Stephanslegende, Kreuzigung und Propheten des Alten Testamentes befinden sich in der Schatzkammer (Trésor). Ein vierbogiges Triforium und hohe Arkaden ergeben einen erhabenen Anblick. Der verkürzte Chor mit den Apsiskapellen bildet einen Kontrast zum lichterfüllten Langhaus.
Notre-Dame-en-Vaux: Die ehemalige Stiftskirche (Anfang 12. Jahrhundert) ist ein Werk des Übergangsstils von der Romanik zur Gotik, wobei der romanische Geist noch vorherrschend ist. Die Kirche zählt zu den wichtigsten Entwicklungsstufen der Architektur in der Champagne. Die beiden Türme der Westfassade sind mit hohen Helmen aus Blei

verkleidet, die beiden östlichen romanischen Türme sind kürzer, der gotische Chor mit Umgang ist mit einem Kapellenkranz umgeben. Das Innere besticht durch eine andachtsvolle Atmosphäre, die durch die massiven romanischen Mauern und das gedämpfte Licht der wertvollen Glasgemälde geprägt ist, während die Gewölbe und das von Pfeilern getragene Chorhaupt bereits eine frühgotische Formensprache zeigen. Im Hauptschiff ist der dreigeschossige Wandaufbau mit Säulenarkaden und romanischen Kapitellen harmonisch angeordnet. Die wertvollsten Glasfenster befinden sich im nördlichen Seitenschiff. Sie stammen aus dem Jahr 1527 und thematisieren die Schmerzen der heiligen Jungfrau, die Geburt Christi, die Heiligen Anna und Maria, den Tod Mariens. Im südlichen Seitenschiff sind das Abendmahl, das Leben der heiligen Jungfrau und Christus am Kreuz dargestellt. An der Südseite ist eine spätgotische Eingangshalle vorgelagert, mit Ausnahme der Kapitelle wurde der Figurenschmuck des reich geschmückten Portals in der Französischen Revolution beschädigt. Thema des Giebelfeldes ist Christus, umgeben von den Symbolen der vier Evangelisten. An der Südseite der Kirche befand sich einst ein romanischer Kreuzgang, der im 18. Jahrhundert abgerissen wurde. 55 der sehr qualitätvollen Säulenfiguren, die stilistisch den Bildwerken von Chartres nahe stehen, und 60 Kapitelle konnten wieder gefunden werden. Sie sind im Museum des Kreuzgangs von Notre-Dame-en-Vaux ausgestellt worden.

Die Kirche Saint-Alpin: Die zwischen Häusern eingezwängte Kirche ist um die Mitte des 12. Jahrhunderts entstanden und nach jenem berühmten Bischof der Stadt in der Völkerwanderungszeit benannt worden. Im Westen ist der Basilika ein erhöhter freier Platz vorgelagert, zu dem einige Stufen führen. Die Fassade mit drei großen Rundbogenfenstern und schöner Linienführung hat ihren überwiegend romanischen Charakter bewahrt. Tief eingezogenes mittleres Eingangstor mit zwei kleineren, reich verzierten Seitenportalen von 1539. Im Inneren ist der Bau von der Spätgotik (Chor) und Renaissance (Glasfenster) geprägt. Hervorzuheben ist das in Grisaille-Malerei gestaltete St. Alpins-Fenster (5. Kapelle an der Südseite). Es zeigt die legendäre Begegnung des Bischofs mit Attila vor den Toren von Châlons. Der Hunnenkönig wird, mit einem Turban geschmückt auf einem goldenen

Kirche Saint-Alpin in Chalons-sur-Marne.

Thron sitzend gezeigt, vor ihm der Heilige mit Bürgern der Stadt und Vertretern der Geistlichkeit. Im Hintergrund Bauten und Straßen. Zu seinen Füßen Gefangene. Von einer geheimnisvollen Krankheit befallene Soldaten und der heilige Alpin im Gebet. Eine weitere Darstellung dieser Szene im vierten Doppelfenster des Chorumgangs. Goldene Statue des Heiligen am Eingang zum Chor rechts.
Saint-Jean: Im westlichen Stadtteil St. Memmie gelegen, zählt zu den ältesten der Stadt mit bemerkenswerten Türmen, vor allem einem massiven Vierungsturm. Das romanische Langhaus von 1100, einst mit einer Flachdecke ausgestattet, weist enge Seitenschiffe auf. Die starken Pfeiler und der erhöht liegende gerade schließende Chor geben dem Bau ein strenges wuchtiges Aussehen. Grabsteine aus dem 14. Jahrhundert. Die Fassade wurde im 14. Jahrhundert vorgeblendet, ein Treppenaufgang führt zum verblichenen Portal hinauf.
Saint-Loup: Die aus dem 15. Jahrhundert stammende Kirche wurde im 19. Jahrhundert verändert. Ihr Inneres zeigt in Erinnerung an Köln einen schönen Flügelaltar mit der Anbetung der Heiligen Drei Könige des niederländischen Meisters van Eyck.

Spuren der Jakobspilger: Die frühere Jakobskirche besteht nicht mehr. Von der einst bedeutenden St. Jakobsbruderschaft hat sich ein Bruderschaftsbuch aus dem Jahre 1593 erhalten.
Kathedrale Saint-Etienne: Der Kirchenschatz zeigt u. a. Reliquienschreine, Mitra und Schuh des heiligen Malachias, des Apostels von Irland und eine Schilfmatte des heiligen Bernhard von Clairvaux.
Notre-Dame-en-Vaux: Das westlichste Glasfenster im nördlichen Seitenschiff ist insofern interessant, als es eine in Nordeuropa seltene Darstellung der Schlacht bei Las Malvas de Toloso im Jahr 1212 zeigt, in der der heilige Jakobus die Spanier anfeuert und ihnen zum Sieg gegen die Mauren verholfen haben soll. Im südlichen Seitenschiff eine weitere Jakobusdarstellung.
Saint-Alpin: Die äußerlich einfach gestaltete, außer einem Vierungsturm turmlose Kirche wirkt wie eine Pilgerkirche. Auch der später angebaute gotische Chor mit Chorumgang weist darauf hin, dass hier einst Pilgerprozessionen stattgefunden haben. Über der kleinen westlichen Eingangstür eine weitere Darstellung des in der Schlacht von Las Navas de Tolosa 1212 auf einem Schimmel reitenden heiligen Jakobus. Im Chorumgang ein Fenster, das Santiago in einer Schlachtszene zeigt. Eine Darstellung der Maria Magdalena im vierten Doppelfenster des Chorumgangs (links) wurde von der Zunft der Korbflechter gestiftet.
Saint-Loup: Gemälde des Todes der Maria Magdalena von Vouet aus dem 17. Jahrhundert über der Tür zur Sakristei.

Die Hunnenschlacht auf den Katalaunischen Feldern

Im Jahr 375 löst der Einfall der Hunnen in Ostgermanien die germanische Völkerwanderung aus. In kurzen Angriffswellen, die zuerst den Balkan, Ostmitteleuropa und Deutschland heimsuchten, erreichten die Hunnen das heutige Frankreich. Das römische Weltreich wird in seinen Grundfesten erschüttert und die politische Landschaft Europas verändert sich von Grund auf.
Der Hunnenkönig Attila herrschte seit 445 in der ungarischen Steppe über die vereinigten Hunnenstämme und schuf mit Hilfe skytischer, germanischer und türkischer Völkerstämme eine Großmacht. Nach der Bedrohung Ostroms, das er durch eine hohe Tributzahlung verschonte, wandte er sich nach Westen und überschritt den Rhein. Von Metz aus drang er nach Reims und Châlons-sur-Marne vor, wandte sich dann nach Süden und belagerte Troyes, wo sich ihm Bischof Lupus (Saint-Loup 429–479) als Geisel anbot, wenn er die Stadt verschone. Attila war von seiner Ausstrahlung so beeindruckt, dass er darauf ein ging. Weiter südlich bei Orleans wich Attila vor den unter dem römischen Feldherrn Aetius vereinigten Truppen zurück, die hauptsächlich aus Germanen und Franken sowie der römischen Bevölkerung Galliens bestanden. Jordanes, ein romanisierter Gote, schreibt 100 Jahre später über dieses Ereignis: »Dadurch erschreckt und in seinem Vertrauen auf seine eigenen Truppen erschüttert, zögert König Attila, den Kampf zu beginnen. Er dachte sogar an eine Flucht, was doch noch schimpflicher ist als der Tod; doch beschloss er, zuvor die Seher über die Zukunft zu befragen. Nachdem diese nach altem Brauch die Eingeweide von Tieren und Linien auf einem abgeschabten Knochen geprüft hatten, prophezeiten sie den Hunnen Unheil. Schließlich stellte er sich – bis dahin unbesiegt – doch der Entscheidungsschlacht auf den Katalaunischen Feldern, die mit hohen Verlusten auf beiden Seiten und dem Tod des Westgotenkönigs Theoderich endete.« Über den Ausgang der Schlacht heißt es: »Als sie nun bei Anbruch des Tages das mit Leichnamen übersäte Schlachtfeld erblickten, und die Hunnen keinen neuen Angriff machten, glaubten sie den Sieg errungen zu haben. Sie wussten aber genau, dass sich Attila nur nach einer endgültigen Niederlage zur Flucht gewendet hätte.« Der Hunnenkönig soll in engster Bedrängnis einen hohen Scheiterhaufen aus Sätteln und Holzschilden mit einer Fackel in der Hand bestiegen und damit gedroht haben, sich dem Feuertode zu übergeben, wenn die Feinde sein Lager erstürmten.
In dieser Völkerschlacht sollen 165 000 Mann gefallen sein. Aus der vorangegangenen Schlacht in der Nacht kommen noch 15 000 Ge-

fallene dazu, Franken, die als Bundesgossen der Römer und Gepiden, die auf Seiten der Hunnen kämpften. Wo diese Schlacht genau stattfand, konnte nicht geklärt werden. Nach der Schlacht zog sich Attila nach Ungarn zurück, um zum Gegenschlag auszuholen. 452 bricht er in Norditalien ein, zerstört den Bischofssitz Aquilea und bedroht Rom, wird aber durch Papst Leo I. zur Umkehr bewegt. Wesentlich dazu beigetragen haben dürfte, dass seine von Krankheit geschwächten Truppen dem erneut von Aetius aufgestellten Heer keine wirksame Gegenwehr entgegen zu setzen hatten. Er war gezwungen, einen Waffenstillstand anzunehmen, der ihm einen Ansehensverlust eintrug. Die Mongolengefahr war für Westeuropa aber erst gebannt, als er in seine Heimat zurückkehrte. 453 heiratete er die Burgunderfürstin Hildico (Kriemhild), starb jedoch in der Nacht nach der Vermählung an einem Blutsturz. Nach seinem Tod brach sein Reich in einzelne rivalisierende Gruppen auseinander. Einige der von den Hunnen unterworfenen germanischen Stämme erhoben sich nun gegen ihre Unterdrücker. Irgendwo auf dem Nordbalkan kam es zur letzten großen Hunnenschlacht, in der schließlich die Reste der hunnischen Truppen vernichtend geschlagen wurden. Einige Hunnenvölker dienten fortan als Söldner in germanischen Heeren, der Großteil zog sich aber wieder in die Weite der Steppen östlich des Schwarzen Meeres zurück.

Troyes

Geschichte: Die Stadt entstand an der Stelle einer gallo-römischen Siedlung, wo die Seine mehrere Arme bildet. Das Christentum erreichte die Stadt im 3. Jahrhundert, wie man anhand der Martyrien der heiligen Patroklus und der Heiligen Sabianian und Sabina nachgewiesen hat. Troyes wurde Sitz eines Bischofs und war im Mittelalter eine bedeutende Handelsstadt (Trecen. dioec.); in ihren Blütezeiten wurden hier die berühmten Messen von Troyes (Champagnermessen) abgehalten, die zahlreiche Kaufleute aus vielen Ländern anzogen, weil auf ihnen Waren zollfrei präsentiert werden konnten.
Als erster Bischof wird der heiligen Amator (um 300) angenommen. Unter seinen Nachfolgern wird besonders Bischof Lupus (Saint-Loup 429–79) erwähnt. In Troyes befand sich ein nach ihm benanntes Kloster an der Stelle des heutigen Mussée Saint Loup, das noch Gebäudeteile der Abtei aus dem 17. Jahrhundert einbezieht (mit Waffenfunden aus der Zeit von Attila). Nach diesem Bischof ist auch eine Kirche in Châlons-sur-Marne benannt. 429 fand wahrscheinlich in Troyes eine

Synode gegen die Irrlehren des Pelagius, eines in Rom lehrenden von der britischen Halbinsel stammenden Mönchs statt, der im Rom wegen seiner hohen Bildung und Sittenstrenge hohes Ansehen genoss, aber die Fähigkeit des Menschen zum Guten höher bewertete, als die göttliche Gnade, weil er sein eigenes Heil durch eigenes Wirken im Glauben erreichen kann.

Bischof Prudentius, der (843–861) Kaplan Ludwigs des Frommen war, lehrte in seiner Prädestinationslehre, Gott habe durch die Erbsünde einige Menschen zur Gnade und Glorie, andere wiederum zwar nicht zur Sünde, aber zur Strafe vorherbestimmt. Christi Blut sei nicht für alle Menschen vergossen worden, und es sei daher auch nicht der Wille Gottes, dass alle selig würden (eingeschränkter Heilswille Gottes). Er verfasste auch eine Lebensbeschreibung der heiligen Jungfrau von Troyes Saint-Maure (heilige Maura). Der von den Normannen aus der Stadt vertriebene Bischof Ansegis (925–70) fand beim heiligen Bruno in Köln gastliche Aufnahme. Nach der Wiedereinsetzung in sein Amt schenkte er diesem zum Dank die Gebeine des heiligen Patroklus (heute Stadtpatron von Soest in Westfalen). 1107 fand in Troyes unter Papst Paschalis II. eine Synode über die Priesterehe, Bischofsämter und Laieninvestitur statt, die sich hauptsächlich gegen Heinrich V. richtete.

Die Macht der Bischöfe ging im 10. Jahrhundert an die Grafen der Champagne über, die zahlreiche Kirchen und Hospitäler gründeten und den Wohlstand der Stadt durch die hier abgehaltenen Jahrmärkte (Champagnermessen) begründeten. Wegen seiner günstigen Lage an der Handelsstraße in Nord-Süd-Richtung entwickelte sich Troyes so zum bedeutenden Warenumschlagplatz von Flämischen Tuchen und aus dem Norden, dem Mittelmeerraum und dem Orient herangeführten Waren. 1284 kam es zur Vereinigung der Grafschaft mit der französischen Krone durch die Heirat der letzten Gräfin Jeanne mit Philipp dem Schönen. In Troyes wurde auch 1420 jener Vertrag unterzeichnet, durch den die Tochter des französischen Königs Karl VI. Katharina infolge ihrer Heirat mit Heinrich V. von England das Königreich Frankreich an England auslieferte (die Heirat fand in der Kirche St. Jean statt). Nur wenig später, am 9. Juli 1429, weilte die Jungfrau von Orléans, Jeanne d'Arc, in Troyes, als sie nach ihrem Befreiungskampf gegen die Engländer mit dem Thronnachfolger Karl VII. auf dem Weg nach Reims zu dessen Krönung unterwegs war.

Im 11.–13. Jahrhundert gab es in der Stadt eine von Rabin von Troyes 1070 gegründete berühmte Talmud-Schule der jüdischen Schriftgelehrten. In Troyes wirkte auch der Verfasser gelehrter Bibel- und Talmud-Kommentare Raschi (in der Stadt ist noch eine Synagoge im Stil der Champagne aus dem 16. Jahrhundert erhalten). Im Norden Frankreichs formte der Lieddichter Chrétien von Troyes, der im 12. Jahrhundert am Hofe des Grafen von der Champagne lebte, aus dem nordischen Sagenstoff epische Gedichte, von denen das berühmteste von der Suche nach dem Heiligen Gral (Parzivalsage) handelte. Dieses Grafengeschlecht hatte enge Beziehungen zum Templerorden, dem Graf Hugo selbst beitrat. In der Stadt entwickelte sich am Ende des 15. bis zum 16. Jahrhundert eine berühmte Bildhauerschule, die bis nach Burgund ausstrahlte. Auch die hier ansässigen Werkstätten für Glasmalerei schufen Werke von hervorragender künstlerischer Qualität.

Altstadt: Der Grundriss des Stadtbildes von Troyes ist pilzförmig und war im Mittelalter in zwei Zentren gegliedert: den Hut bildete die Cité um die Kathedrale, wo die kirchlichen Würdenträger und Fürsten lebten. Die südlich anschließende Stadt der einfachen Bürger und Kaufleute, in der die Messen stattfanden, war der untere Teil des Pilzes. Immer wieder wurde die Stadt von furchtbaren Bränden heimgesucht.

Die heutigen Häuser der Altstadt stammen aus dem 16. und 17. Jahrhundert. Sie sind in der für die Gegend typischen Fachwerkbauweise errichtet, häufig mit vorspringendem Obergeschoß und geschnitzten Konsolen und Balken, mit Giebeldächern, die sich über alte kopfsteingepflasterte Straßen neigen. Sehenswert sind das Bäckerhaus, das Goldschmiedetürmchen, das Hôtel de Mauroy, die Rue de Piétonnes, die Rue Champeax und die Rue des Chats (Katzengasse) mit sich berührenden alten Dächern.

Kathedrale Saint-Pierre et Paul (St. Peter und Paul): Die fünfschiffige gotische Kirche stammt aus dem 13.–15. Jahrhundert. Die Fassade mit schöner Fensterrose stammt aus dem 16. Jahrhundert. Der ursprünglich reiche Figurenschmuck der mit Wimpergen überkrönten Portale wurde ein Opfer der Zerstörungen in der Französischen Revolution. Nur der linke Westturm (67 m) wurde im 17. Jahrhundert vollendet. Bemerkenswert sind die großartigen Glasgemälde, insbesondere die mit Darstellungen des Marienlebens im Chor (13. Jahrhundert) sowie im Hauptschiff (16. Jahrhundert), die eine Entwicklung dieser Kunstgattung durch die verschiedenen Epochen erlauben. Hier entstand in der Gotik eines der ersten Triforien. Durch das Gesamtbild von Glasmalerei und der eleganten Konstruktion von Langhaus und Chor entsteht eine harmonische Verbindung, die den Raum fast schweben lässt. Im Domschatz reich verzierte Reliquienbehälter und Evangeliare.

Saint-Urbain: Papst Urban IV. 1262–1268, der 1264 den Fronleichnamstag zum höchsten kirchlichen Feiertag bestimmt hat, ließ in dankbarer Erinnerung an seine Heimatstadt an der Stelle seines Geburtshauses – er war Sohn eines Schusters – diese Kirche errichten, die wegen der Kühnheit und Harmonie ihrer Proportionen und der Eleganz des Dekors ihrer Skulpturen, ihrer schönen Glasfenster aus dem 13. und 14. Jahrhundert (Verkündigung, Heimsuchung, Kindermord zu Bethlehem) in der Apsis und im östlichen Querschiff als das wohl schönste gotische Bauwerk der Champagne gilt. Das mit einer Vorhalle überdachte Hauptportal (13. Jahrhundert) zeigt im Bogenfeld das Jüngste Gericht, die Seitenportale sind ebenfalls überdacht. Bemerkenswertes Strebewerk und groteske Wasserspeier, die noch aus magischem Bewußtsein stammende Dämonen symbolisieren. Im Inneren wird ein Höchstmaß an »Wandauflösung« erreicht. In der rechten Apsiskapelle die berühmte Madonna mit der Weintraube (16. Jahrhundert), eines der kostbarsten Werke der Bildhauerschule von Troyes. Als weitere Statuen sind zu erwähnen die mater dolorosa und der heilige Johannes.

Kathedrale Saint-Pierre et Paul.

La Madeleine: Diese Kirche ist die älteste der Stadt und stammt aus dem 12. Jahrhundert. Im 15. Jahrhundert wurde die Apsis, in der Renaissance die Westfassade und der Turm angefügt. Größte Kostbarkeit ist ihr reich mit Blattwerk und Plastiken geschmückter spätgotischer Lettner von 1508–1517 im Flamboyant-Stil und die Glasfenster des Chores aus dem 16. Jahrhundert. Die Statue der heiligen Martha im rechten Seitenschiff ist dargestellt als einfache Frau aus dem Volk (16. Jahrhundert) im Stil der Schule von Troyes, die von der italienischen Renaissance beeinflußt wurde.

Weitere berühmte Kirchen von Troyes sind Saint-Nicolas, Saint- Nizier, und Saint-Rémy. Die einstigen Abteien der Stadt Saint-Loup (gegenüber der Kathedrale mit einer der reichsten Bibliotheken von ganz Frankreich mit wertvollen alten Handschriften), Saint-Martin und Notre-Dame-aux-Nonnais wurden in der Zeit der französischen Revolution aufgehoben oder zerstört.

Spuren der Jakobspilger: Die nördliche Vorstadt trägt den Namen des heiligen Jakobus (Faubourg St.-Jacques). 1128 fand hier eine Synode statt, auf der die Regeln der jungen Ordensgründung der Templer angenommen wurden. Die Schatzkammer der Kathedrale Saint-Pierre et Paul ist reich mit Reliquien ausgestattet (die Häupter des heiligen Bernhard von Clairvaux und des heiligen Malachias sind allerdings erst 1813 hierher gelangt). Durch die von zurückkehrenden Kreuzrittern (verm. Garnier von Trainel, 1193–1206) mitgebrachte Dorne aus der Dornenkrone Christi, die in der Stiftskirche Saint-Etienne aufbewahrt wurde, erhielt die Stadt einen besonderen Anziehungspunkt für Pilger. Die Verehrung der heiligen Magdalena in der Kirche La Madeleine war für die Pilger sicherlich ein Ansporn, ihr Grab in Vézelay aufzusuchen. Ein Glasfenster des Chores aus dem 16. Jahrhundert zeigt das Leben der Heiligen (1506). In der Kirche St.-Pantaleon befindet sich am ersten Pfeiler rechts eine Figur des heiligen Jakobus.
In Ste.-Maure, 5 km nordwestlich von Troyes, befindet sich das Grab der Saint-Maure (heiligen Maura), Jungfrau von Troyes († 21. September 850) mit altem Sarkophag (9. Jahrhundert), das die Pilger zu einem Umweg veranlasst haben könnte.

Der Templerorden

Dieser älteste christliche Ritterorden der Templer (milites templi) wurde 1119 in Jerusalem von acht französischen Rittern unter Führung von Hugo von Payens, einem Vasallen des Grafen Hugo von Champagne, der einer der ersten Förderer und Schirmherren der Zisterzienser war und 1124 dem Templerorden selbst beitrat, gegründet. Die Ordensgelübde der Templer waren Armut, Keuschheit, Gehorsam wie der bewaffnete Schutz und das sichere Geleit der Jerusalempilger vor sarazenischen Räubern und Wegelagerern im Heiligen Land. Seinen Namen erhielt der Orden von seiner ersten Niederlassung im königlichen Palast Balduins II. von Jerusalem, den man an der Stelle des Tempels Salomos (heute El-Aksa-Moschee) erbaut zu haben glaubte. Aus dem anfangs armen Ritterorden – dessen Siegel zwei Ritter auf einem Pferd reitend als Ausdruck der Brüderlichkeit und Mittellosigkeit zeigte, entwickelte sich im Laufe der Zeit mit tatkräftiger Unterstützung des heiligen Bernhard von Clairvaux einer der reichsten und einflussreichsten christlichen Orden. Auf dessen Betreiben wurde 1128 die Synode in Troyes einberufen, um dem Orden eine Art Mönchsstatut, d. h. eine Ordensverfassung zu geben. Unter dem Vorsitz des päpstlichen Legaten, Kardinal Matthäus von Albano, wurden die unter maßgeblicher Mitwirkung dieses Gründers des Zisterzienserordens verfassten Templerregeln angenommen. Ihre Besonderheit bestand darin, dass zwei verschiedene Stände, das Rittertum und das Mönchstum, zusammengeführt wurden und zum ersten Mal in der christlichen Geschichte »Ritter wie Mönche« lebten. In dem Orden vereinigte sich strenge Klosterdisziplin mit einer fanatischen Kampfbereitschaft (militia christi). Die Nähe des Templerordens zu den Zisterziensern zeigt sich auch darin, dass sie als Ordenstracht deren weiße Mäntel annehmen; später fügten sie unter Papst Eugen III. 1146 ein rotes Kreuz (Tatzenkreuz) als Erkennungszeichen hinzu, mit dem sie König Ludwig VII. von Frankreich in den Zweiten Kreuzzug folgten. Der heiligen Bernhard hatte zur Empfehlung der Templer sogar eine eigene Werbeschrift verfasst – De laude novae militiae –, die dem Orden ungewöhnlich großen Zulauf, Förderung und reiche Schenkungen an Geld und Gütern brachte.

In den beiden Jahrzehnten nach der Synode von Troyes nahm der Templerorden einen rasanten Aufstieg vor allem durch den Zulauf vieler junger Adeliger, die mit ihrem Eintritt den ganzen Besitz dem Orden überschreiben mussten. Zur schnellen Expansion der Templer und ihrer Festigung im öffentlichen Leben trugen auch zahlreiche Privilegien und ein besonderer Status (exempt) bei, der dem Orden 1139 von Papst Innocens II. durch die Bulle »Omne datum optimum« bestätigt wurde. Damit wurde der Orden dem päpstlichen Schutz und Gehorsam unterstellt und in kirchlichen Angelegenheiten von politischen oder kirchlichen Würdeträgern völlig unabhängig. Die politische Tätigkeit des Ordens, der häufig als Vermittler auftrat, erstreckte sich nicht nur auf das westliche Abendland und das Heilige Land, sondern auch auf die islamische Welt, deren Herrscher den Templern grossen Respekt entgegenbrachten. Aufgrund seiner langjährigen intensiven Kontakte zum islamischen und jüdischen Kulturkreis wurde der Templerorden zum Umschlagplatz hervorragender Ideen aus Wissenschaft und Technik. Besonders ihre Kenntnisse im Bereich der Kartographie (Schifffahrt), dem Vermessungswesen (Straßenbau) und der Medizin (Pharmazie und Chirurgie) standen in hohem Ansehen. Der Handel mit Geld sicherte den politischen und militärischen Einfluss der Templer zusätzlich. Die Kenntnisse über das Bankwesen übernahmen sie aus Venedig und der Lombardei. Geschickt umgingen sie das Wucherverbot des kanonischen Gesetzes, das den

Siegel des Tempelherren-Ordens um 1200; aus: Beausant Nr. 13, 1984.

Christen verbot, Zinsen zu nehmen und vergaben Kredite zu wesentlich höheren Zinsen als es den damaligen jüdischen Geldverleihern erlaubt war, wobei sie für das Wort »Zins« ein anderes Wort benutzten. Mit der Einführung des bargeldlosen Geldverkehrs durch Kreditbriefe mittels eines verschlüsselten Codesystems, die sie in ihren zahlreichen Niederlassungen gegen eine Gebühr einlösten, entwickelten sie die Grundlage für das moderne Bankenwesen und ermöglichten es, über grössere Entfernungen sichere Geldüberweisungen tätigen zu können. Reisende und Kaufleute, die auf den Straßen ungeschützt räuberischen Überfällen ausgesetzt waren, brauchten fortan nicht mehr Geld und Wertsachen mit sich zu führen. Um 1150 waren die Templer nach dem Papsttum eine der reichsten Institutionen der Christenheit, die grosse Geldsummen an alle europäischen Königshäuser verlieh.

Zu Frankreich unterhielt der Orden sehr enge Beziehungen. König Phillipp IV. von Frankreich, dessen Gesuch um Aufnahme in den Orden abgelehnt worden war, versetzte dem Orden 1307 einen schweren Schlag, indem er alle Tempelritter verhaften ließ und unter Anklage wegen Häresie, Blasphemie und Unzucht stellte. Dem Großmeister und anderen Würdenträgern des Ordens wurden von der Inquisition der Ketzerprozeß gemacht. 1312 setzt König Philipp den im Exil in Avignon lebenden Papst Clemens V. unter Druck und veranlasst ihn, den Tempelritterorden aufzuheben. Auf dem Konzil von Vienne wird der Orden 1313, dem keine Verteidigung zugestanden worden war, durch päpstlichen Erlass aufgelöst. Der letzte Großmeister des Ordens, Jakob von Molay, wird 1314 in Paris auf dem Scheiterhaufen verbrannt. Das Vermögen ging an die Krone, Fürsten, Johanniter und Hospitaliter. Der berühmte Schatz der Templer, auf den es der französische König abgesehen hatte, blieb verschollen.

In Portugal blieb der Orden weiter unter anderem Namen – Christus-Orden – bestehen. Erste größere Versuche zur Neugründung fanden im 18. Jahrhundert in Frankreich statt. Im 20. Jahrhundert erfuhr die Ordensidee eine Renaissance, aber eine zentrale Erstarkung der Ordensorganisation ist nicht zustandegekommen. Ein Großteil der Ordensarbeit der verschiedenen Templerbündnisse widmet sich heute dem ökumenischen Gedanken oder kommt caritativen Zwecken zugute. Das Wappen des Templerordens ist bis heute das rote Templerkreuz auf weißem Grund. Seine acht Spitzen symbolisieren die acht Seligpreisungen der Bergpredigt.

Heutiges Wappen der Templer (aus: Beausant Nr. 4, 1981).

Spuren der Jakobspilger: Obwohl sich der Templerorden durch seine Geldpolitik ins Zwielicht gebracht hatte, widmete er sich in großem Umfang auch sozialen Aufgaben. In den Jahren der verheerenden Hungersnöte speiste er die Armen, bei jedem neuen Landerwerb befreite er die Bauern aus der Leibeigenschaft und setzte sie zu Gutsverwaltern ein. Der Templerorden erwarb sich sowohl im Heiligen Land, als auch in Spanien großen Ruhm als Kämpfer gegen die Mauren, der in die Dichtung des 12. und 13. Jahrhundert einging. Dem Beispiel der Templer folgend nahm auch der Johanniterorden, der sich zunächst nur der Krankenpflege gewidmet hatte, den Kampf gegen die Ungläubigen in seine Statuten auf.

Das Imperium des Ordens bestanden aus 11 Provinzen mit zahlreichen Niederlassungen. Allein durch Frankreich zogen sich sechs Templerstraßen, die alle ihren Ausgang in La Rochelle nahmen. Die Templer waren große Förderer des Handels und verstanden sich von ihrer Tradition im Heiligen Land her als die Hüter der Straßen und Reisenden. Wie die Johanniter nahmen sie sich in ihren Niederlassungen entlang der Pilgerwege nach Santiago de Compostela auch der Pilger an, gründeten Hospitäler und sicherten die Wege.

Ein Teil des Vermögens der Templer fiel wohl auch wegen dieser gemeinsamen Aufgabenstellung an die Orden der Johanniter oder der Hospitaliter. Viele der späteren Niederlassungen dieser beiden Orden gingen jedenfalls aus ehemaligen Gründungen der Templer hervor.

In Metz steht noch heute die von den Templern erbaute Rundkapelle. An ehemals bedeutenden Templerniederlassungen, die z. T. mit viel Landbesitz ausgestattet waren, kamen die Pilger z. B. in Pontaubert (mit Templerbrücke, Templermühle und Templerkapelle zwischen Avallon und Vézelay) und weiter südlich in Poulhac (hinter La Souterraine), in Le Magny (hinter La Chatre) oder in Roquebrune (vor La Reole) vorbei.

In Puenta la Reina in Spanien trugen die Templer wesentlich dazu bei, dass sich aus diesem Marktflecken ein verkehrspolitischer Knotenpunkt entwickelte. Sie genossen dort zwar große Privilegien, waren andererseits aber zur unentgeltlichen Aufnahme der Pilger verpflichtet. Noch heute erinnern dort Bauten an die Templer – z. B. die Templerkapelle des Kloster Santa Maria de la Vera y del Crucifijo oder die in der Nähe auf freiem Feld stehende Rundkapelle in Eunate, die eine Nachbildung der Grabkapelle in Jerusalem darstellen soll.

Isle-Aumont

Der Name »Insel auf dem Berg« deutet an, dass dieser auf einem Felsvorsprung über dem Fluss gelegene Ort schon in vorgeschichtlicher Zeit besiedelt war. Im 6. Jahrhundert v. Chr. befand sich hier ein keltisches Heiligtum und ein Zufluchtsort, in römischer Zeit ein dem Merkur geweihtes Heiligtum. In merowingischer Zeit (5. Jahrhundert) gründeten Mönche hier eines der frühesten Klöster in Gallien, dem eine ausgedehnte Totenstadt (Nekropole) mit 600 Sarkophagen angegliedert war. Im 9. Jahrhundert wurde der Ort von den Normannen zerstört, später von den Ungarn besetzt. Im 10. Jahrhundert erfolgt die christliche Wiederbesiedlung. Der Bau der Kirche findet unter Verwendung alter merowingischer Steinsärge statt. Im 11. Jahrhundert baut Graf Hugo von der Champagne den Ort zu einem Kastell aus, Graf Thibaut IV. errichtet hier eines der prächtigsten Schlösser der Champagne, das im 14. Jahrhundert sogar in Königsbesitz war, aber im 100-jährigen Krieg zerstört wurde. Robert von Molesme gründet 1097 hier eine florierende Benediktinerpropstei. Über der karolingischen Kirche wird im 12. Jahrhundert eine romanische Anlage errichtet, die im Wesentlichen noch heute besteht. Als das Anwesen im 18. Jahrhundert in den Besitz der Herzöge von Aumont gelangt, geht die Priorei unter. Im Innern der Kirche Saint-Pierre zeigen die ältesten Sarkophage (erste Reihe) aus dem 5. Jahrhundert noch antike Einflüsse, die mittlere Reihe aus dem 6. Jahrhundert hat byzantinische Stilmerkmale, die in der letzten Reihe sind merowingisch und stammen aus dem 7. Jahrhundert. Im Chor wurden die tieferliegenden Fundamente einer karolingischen Kirche mit einem Altartisch aus dieser Zeit ergraben. Zahlreiche aus frühchristlicher Zeit stammende Ritzmuster (z. B. Sonnensymbole) gehen auf keltische Einflüsse zurück. Aus der romanischen Kirche auf heutigem Bodenniveau ist eine Altarmensa erhalten.

Im Anbau aus der gotischen Zeit steht eine Statue des Robert von Molesme, dem Gründungsabt des Zisterzienserordens. Bevor er 1097 hierher kam, lebte er als Mönch und Prior des Klosters Montier-la-Celle, wurde 1060 Abt des Klosters St. Michel in Tonnere und gründete 1075 für die Einsiedler des Waldes Colan die nach ihm benannte Abtei Molesme. Als das nächste von ihm gegründete Kloster Isle-Aumont einen rasanten Aufschwung nahm, fürchtete er um die Durchsetzung seines mönchischen Ideals und floh in die Sümpfe von Citeaux. Das Reformkloster von Citeaux wurde zur Keimzelle des Zisterzienserordens, der 1112 durch Bernhard von Fontaines (1091–1153) einen entscheidenden Impuls erhielt. Im Laufe von vierzig Jahren erfolgten 72 Neugründungen durch den heiligen Bernhard, bei dessen Tod verzeichnete man 343 Zisterzienserklöster in ganz Europa, am Ende des Mittelalters war ihre Zahl auf 742 angewachsen. Von der Ausstattung ist ferner neben dem heiligen Rochus als Pilger der »Schöne Christus« ohne Arme aus dem 13. Jahrhundert zu erwähnen, der mit geschlossenen Augen und

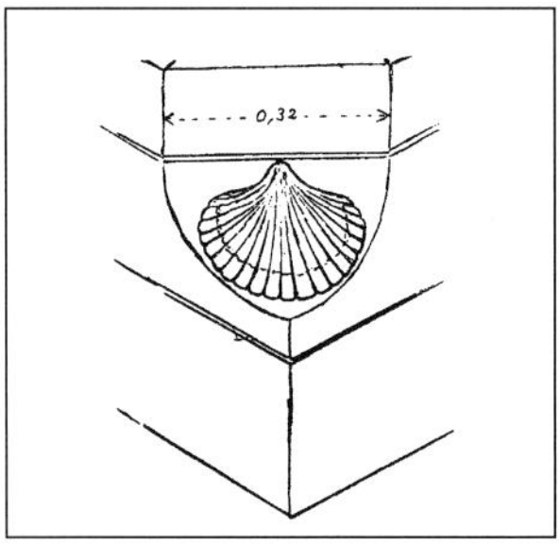

Pilgermuschel im Chor der Kirche von Isle-Aumont (Zeichnung: Jean Scapula).

dem Gesichtsausdruck tiefsten inneren Friedens an östliche Vorbilder erinnert. Die Statue der Muttergottes in polychromer Fassung mit herrlichem Faltenwurf ist ein Werk aus der Schule von Troyes. Am Saum ihres Gewandes sind die Stationen des menschlichen Lebens zu sehen. Sehenswert ist auch der gefesselter Christus mit Dornenkrone und schönen Hände, die zu sprechen scheinen. Einer italienischer Retabel aus der Renaissance zeigt feingearbeitete Figuren von Christus, den Aposteln und ihren Heiligenattributen.

An der Außenpartie des Chores sind die Fensterlaibungen mit einem Nagelkopfmuster verziert, die auf die Einflüsse einer Bauhütte zurückgeführt werden, in der armenische Künstler gearbeitet haben. Vom Kreuzgang neben der Kirche, der in merowingischer Zeit Friedhof der Mönche war, sind nur wenige Reste erhalten.

Spuren der Jakobspilger: In der Krypta ist auf dem Pfeiler rechts eine Pilgermuschel eingemeißelt.

Burgund

Geschichte: Der Name Burgund leitet sich ab von dem germanischen Stamm der Burgunder, der um das Jahr 100 von der Insel Bornholm (Burgundarholm) über die Ostsee nach Süden zog und sich im 3. Jahrhundert westlich des Mains niederließ. Anfang des 5. Jahrhundert gründeten die Burgunder bei Worms ein Reich und nahmen unter ihrem König Gundekar das Christentum an. Bei ihrem Versuch, nach Westen vorzudringen, erlitten sie 436 durch Aetius und die mit ihm verbündeten Hunnen eine schwere Niederlage (Kern des Nibelungenliedes). 443 wurden sie von Aetius in die heutige Westschweiz nach Savoyen umgesiedelt, wo sie fortan Schutztruppen der Römer waren. Nach dem Zerfall des römischen Reiches gelang ihnen im Zusammenspiel mit den Westgoten nach der Vertreibung der Alemannen die Abriegelung der burgundischen Pforte und die Errichtung eines burgundischen Reiches mit Königssitz in Lyon (461). Aufgrund der Expansionspolitik der Westgoten wurden sie bald zu Verbündeten der Franken. Als aber die Franken die Alemannen (496) besiegt und dann die Westgoten bis zur Garonne (507) zurückgedrängt hatten, wurde auch das Reich der Burgunder zu einem Teilreich des fränkischen Reiches. Nach dem Tod Ludwigs des Frommen wurde 843 in Verdun das karolingische Reich aufgelöst und geteilt. Burgund zerfiel in einen östlichen und westlichen Teil. Der östliche Teil kam 1032 zum Deutschen Reich. Weitere Erbteilungen des westlichen Teils führten zur Entstehung von Niederburgund im Norden, und dem sich südlich anschließenden Hochburgund, das die Gebiete der heutigen Westschweiz, Savoyens und der Franche-Comté umfasst. Die 1156 mit der Hochzeit von Friedrich I. Barbarossas mit Beatrix von Burgund verknüpfte Absicht, den französischen Einfluss in Burgund zurückzudrängen und die Pfalz- und Freigrafschaft stärker an das Deutsche Reich zu binden, erfüllte sich nicht, da sich die Nachfahren aus dieser Verbindung endgültig Frankreich zu wandten. Die Lage von Burgund war verkehrspolitisch von je her bedeutsam, da es das Verbindungsstück zwischen dem Pariser Becken und dem Mittelmeerraum bildete.

Landschaft: Im Nordwesten hat Burgund noch Anteil an den feuchten Kreidelandschaften der Champagne. Wegen der vielen Niederschläge gibt es hier die meisten Wälder in Burgund. Den Kern Burgunds bilden die auch von unserem Weg berührten Kalkhochflächen der zwischen Auxerre und Dijon gelegenen »Burgundischen Schwelle«.

Weinbau: Bei Tonnere wurden schon in gallo römischer Zeit Reben an gepflanzt. Wegen ihrer geschützten und sonnenexponierten Lage auf kalk- und tonerdehaltigen Böden sind sie von guter Qualität. Die Weine aus Tonerde haben eine weite Berühmtheit erlangt. Im Weinort Epineuil werden hervorragende Spätburgunder (Pinot noir) erzeugt. Seit 1989 wird die Rebsorte Chardonnay am meisten angepflanzt. Der berühmteste Weinort der Gegend ist Chablis mit einer romanischen Klosterkirche Sankt Martin aus dem 13. Jahrhundert.

Baukunst: Die Wurzeln der romanischen Kunst Frankreichs liegen in Burgund. Die Architektur Burgunds im 12. Jahrhundert ist trotz der ungewöhnlichen Dichte an Bauwerken sehr uneinheitlich. Von der sich an der römischen Ordnung im Wandaufbau, Mittelschifftonne und antiken Einzelformen orientierenden Baugruppe in der Gegend von Autun und Cluny unterscheiden sich die Bauten der Abteikirchen von Vézelay und Avallon, die mit der Verzahnung von Kreuzgratgewölben, Diensten und gegliederten Pfeilern eine Nähe zu rheinischen und normannischen Bauformen aufweisen. Zu den schönsten Kirchen der Gotik in Burgund zählt die Kirche in St.-Père-sous-Vézelay.

Spuren der Jakobspilger: In Cluny stand die berühmteste, heute leider bis auf geringe Reste zerstörte Abteikirche Burgunds. Die von hier im Jahre 910 ausgehende Refombewegung der Cluniazenser wollte dem weltlichen Machtstreben und dem Wohlstand der Klöster entgegentreten und zur Einfachheit der ursprünglichen Regel Benedikts zurückkehren. Als aber der gesamte über Burgund hinaus entstandene Klosterverband auf über 1500 Klöster angewachsen war, geriet das angestrebte weltabgewandte Mönchsideal durch die enorme Ansammlung von Macht und Reichtum in den Abteien wieder in Gefahr. Dieses Auf und Ab zwischen Askese und Verweltlichung erlitten alle großen klösterlichen Reformbewegungen. Hier in Burgund legte diese Entwicklung letztlich den Grundstein für das machtvolle Aufblühen des Zisterzienserordens in ganz Europa.

Die Abtei von Cluny hat auf die Wallfahrt nach Santiago de Compostela einen bedeutenden Einfluss genommen, da Benediktiner maßgeblich an der Gründung oder Reformierung von Tochterklöstern längs des Jakobsweges in Spanien beteiligt waren, die sich auch der Aufnahme der Pilger widmeten (z. B. San Juan de la Pena, Leyre, Irache, Nájera, Sahagún oder Frómista). Die romanische Kunst in vielen Kirchen am Jakobsweg (z. B.Vézelay) wurde in nachhaltiger Weise von den Cluniazensern, vor allem in der eindrucksvollen Bildersprache der Portale und Kapitelle mitgeprägt. Der Funke der religiös-asketischen Bewegung der Cluniazenser sprang auch erstmals 1096 durch die Predigt Urban II. in Clermont auf das französische Rittertum über, das eine eigene Standesethik entwickelt hatte, deren höchstes Ziel es war, Glaubensstreiter gegen die Heiden zu sein, und die in der Kreuzzugsidee ihre konkrete Ausprägung fand.

In dem Ziel, die Heiligen Stätten vor den Heiden zu schützen, waren sich Ritter und Pilger einig. Während die Ritter diese Befreiung aber mit dem Schwert zu erreichen suchten, »eroberten die Pilger friedlich mit den Füßen« den Jakobsweg in Spanien und unterstrichen so beharrlich auf ihre Weise ständig den Anspruch des Christentums auf dieses Gebiet.

Avallon

Geschichte: Ob die Stadt mit dem mythischen »Avalun« der Artussage (Tafelrunde der Ritter) identisch ist, bleibt im Dunkeln. Hingegen ist eine Übereinstimmung mit der keltischen Stadt »Abalun« anzunehmen, die in römischer Zeit Wegstation an der Via Agrippinia wurde. Schon in der Zeit des frühen Christentums stand hier im 4./5. Jahrhundert eine Marienkirche, von der nur die Krypta unterhalb der heutigen St. Lazarus-Kirche erhalten ist. Nachdem Herzog Heinrich von Bur-

gund der Stadt (um 1000) das Haupt des heiligen Lazarus schenkte, wurde sie zu einem der wichtigsten Wallfahrtsorte der Leprakranken. Im Mittelalter trug die Stadt den Beinamen »Schlüssel« Burgunds.
Die heutige Stadt liegt reizvoll hundert Meter über dem Tal des Flusses Cousin auf einem Granitfelsen, der eine Talschlucht überragt. Die alte Pilgerstadt war einst von einem alten Mauerkranz mit 22 Türmen umgürtet, von denen sich das berühmte Stadttor, der so genannte Uhrenturm von 1460 erhalten hat. Vom einstigen Schloss der Herzöge von Burgund steht nur noch das Eingangstor (Porte de Boucherie).
Kirche St. Lazarus (St. Lazare): Wegen des großen Zustroms an Pilgern baute man in der Umfriedung des Schlosses eine neue Kirche, deren Chor 1109 von Papst Paschalis III. geweiht wurde. Der Bau des Langhauses, das durch ein »verbundenes« Jochsystem – bestehend aus Pfeiler, Wand und Gurtbogen – charakteristisch gegliedert ist, zog sich in mehreren Abschnitten hin.
Die romanische Kirche aus dem 12. Jahrhundert besitzt trotz schwerer Zerstörungen in der Französischen Revolution immer noch zwei (ursprünglich waren es drei) schöne Portale, die ihren Ruhm begründet haben und zum Schönsten zählen, was Burgund auf dem Gebiet der Portalplastik aus dieser Zeit aufzubieten hat. Das filigrane Ornament weist einen reichen Pflanzenschmuck auf: Weinranken bilden die äußere Einfassung, Rosetten, Margariten, Aronstab und andere Pflanzenornamente gliedern die Bogenläufe, das Tympanon ist von einem Palmettenfries umgeben. Figürliche Darstellungen sind nur noch im Tympanonrelief des Nebenportals erhalten: Die Anbetung der Heiligen Drei Könige und die Darstellung im Tempel. Ein Engelsreigen, die 24 Ältesten aus der Apokalypse, Tierkreiszeichen und Monatsarbeiten umgeben das Bogenfeld des Hauptportals, dessen Relief verschwunden ist. Die Säulen der Gewände sind in einem abwechslungsreichen Formenspiel entweder gerade oder verdreht angeordnet, viele von ihnen sind mit üppigen Dekorationselementen verkleidet. Wo heute glatte Säulen stehen, die nur noch ein Abglanz ehemaliger Pracht sind, befanden sich vor der Zerstörung während der Französischen Revolution Prophetenfiguren. Von acht Statuen hat nur eine die barbarischen Zerstörungen überlebt. An dieser Darstellung wird deutlich, wie sehr die französische gotische Skulptur der ursprünglichen Funktion als Säule verhaftet bleibt. An diesem Portal erlebt die romanische Plastik in Burgund ihre letzte Hochblüte.
Der Boden der Kirche liegt tiefer als das heutige Straßenniveau, im Dämmerlicht erkennt das Auge nur langsam die schönen Kapitelle, die Darstellungen von großer Symbolkraft tragen.

Spuren der Jakobspilger: Die Stiftskirche St. Lazarus birgt als kostbare Reliquie des Mittelalters das Haupt des heiligen Lazarus, die auch von den Jakobspilgern sehr verehrt wurde und selbst Ziel einer berühmten Leprösen-Wallfahrt war. In Autun wurden ebenfalls Reliquien des heiligen Lazarus verehrt. Der Türpfeiler, der den Türsturz des Portals abstützte (Trumeau), war ursprünglich mit einer Figur des heiligen Lazarus geschmückt, der die Pilger beim Eintritt in die Kirche begrüßte (während der Französischen Revolution zerstört).
Nach dem heiligen Lazarus nannte sich der Hospitaliterorden vom heiligen Lazarus, der ursprünglich in Jerusalem zur Pflege der Aussätzigen gegründet wurde und später als Ritterorden in vielen Ländern, darunter in Frankreich, Kommenden unterhielt. Auch am Jakobsweg gab es mehrere Niederlassungen dieses Ordens.
Um die Personen der Maria Magdalena und des Lazarus, die in enger Beziehung zu Jesus standen, rankt sich ein Reliquien- und Verehrungskult längs des Jakobsweges von Nordfrankreich nach Vèzelay. Dies wird sichtbar in der Verehrung der heiligen Maria Magdalena in vielen Kirchen, wie z. B. Ste-Madeleine in Troyes, Wallfahrt zu ihren Gebeinen im nahegelegenen Vèzelay, Statue der heiligen Martha in Troyes.

Die Gestalt des Lazarus in der Bibel: Lazarus von Bethanien und seine Schwestern Martha und Maria von Bethanien (die häufig mit Maria Magdalena gleichgesetzt wird) waren mit Jesus eng befreundet und nahmen ihn in ihrem Hause häufig auf. Als sich Jesus einmal weiter entfernt am anderen Ufer des Jordan aufhielt, erreicht ihn der Hilferuf seiner Freunde, dass Lazarus schwer erkrankt sei. Als er dort ankommt, ist Lazarus bereits verstorben. Im Johannes-Evangelium wird die Auferweckung des Lazarus vom Tod in Form eines detaillierten, in seiner Eindeutigkeit nicht zu widerlegenden Augenzeugenberichtes wiedergegeben. Diese Erweckung war das größte von allen Wundern, das Jesus vollbracht hat und es fand starke Beachtung unter den Juden. Diese Offenbarung seiner Macht war der letzte Auslöser für den Todesbeschluss des Rates der Juden. Die Erweckung des Lazarus widerlegte zugleich die Priester der Sadduzäer, die die Auferstehung geleugnet hatten. Sie glaubten nicht daran, weil im Pentateuch, den fünf Büchern Mose, die sie allein für verbindlich hielten, nichts davon geschrieben steht und trachteten daher auch Lazarus nach dem Leben.
Im 11./12. Jahrhundert wurde in einer Legende behauptet, der heilige Lazarus sei mit seinen Schwestern Maria Magdalena und Martha in einem Schiff in Les-Saintes-Maries-de-la-Mère angekommen und habe in der Provence mit ihnen das Christentum verkündet. Er sei der erste Bischof von Marseille gewesen und habe in der Provence gelebt und gewirkt. Vermutlich wurde aber seine Person mit der des Bischof von Aix aus dem 5. Jahrhundert oder mit dem Bischof Nazarius von Autun verwechselt. Nach alter Überlieferung befindet sich das Lazarusgrab im Heiligen Land in dem Ort Bethanien. Von Jerusalem fin-

det jedes Jahr am Samstag vor Palmsonntag dorthin eine Prozession statt (Lazarussamstag). In dem Ort Larnaca, auf der Insel Zypern, wird ein weiteres Grab des Lazarus verehrt. Der griechischen Überlieferung nach war Lazarus nach seiner Erweckung durch Jesus von seinen Landsleuten aus Judäa vertrieben worden und nach dem antiken Kition (heute Larnaca) auf Zuypern geflohen. Im Jahr 33 der Kreuzigung Christi war er etwa 30 Jahre alt. Hier soll er noch dreißig Jahre gelebt und nie mehr gelacht haben. Paulus, Barnabas und Markus sollen ihn hier auf ihrer Missionsreise, 44 n. Chr., durch Zypern besucht und zum Bischof ernannt haben. Dieses Amt soll er noch 18 Jahre ausgeübt haben, bevor er ein zweites Mal starb und begraben wurde, wo heute die ihm geweihte Kirche steht. Weil er die Muter Jesu nie gesehen hat, soll er nach der Tradition in der orthodoxen Kirche sehr betrübt gewesen sein. Maria soll daraufhin Lazarus in Kition besucht haben, nachdem dieser ihr ein Schiff entgegen geschickt hat.

Die Grabesstätte in Larnaca, an der sich viele Wunder und Heilungen ereigneten, wurde im Jahre 890 erstmals entdeckt. Sie befand sich in einem kleinen Tempel, in dem auf einem Marmorsarkophag in griechischer Sprache die Worte »Lazarus, der Viertägige und Freund Christi« eingemeißelt waren. Der damalige Kaiser von Byzanz, Leo der Weise, brachte den Sarkophag und einen Teil der Gebeine nach Konstantinopel und schenkte der Gemeinde als Gegengabe die heutige Kirche. Französische Kreuzritter brachten die Gebeine des Heiligen von Konstantinopel nach Marseille, wo sie während der Französischen Revolution verschollen sind.

Vézelay

Geschichte: Das erste durch Graf Girard von Rousillon in der Zeit Karls des Kahlen im Jahr 860 gegründete Kloster lag im Tal des heutigen Ortes Saint-Père-sous-Vézelay. Als es 873 durch die Normannen zerstört wurde, wurde ein Benediktinerkloster an der heutigen Stelle auf dem Berg erbaut. Es wurde dem Papst unmittelbar unterstellt. Seine herausragende Stellung und Unabhängigkeit sowie der im 11. Jahrhundert aufgrund des Erwerbs der Reliquien der heiligen Maria Magdalena einsetzende große Zustrom von Pilgern führten zu einem raschen Aufblühen des Klosters. Die Verlängerung der Jakobsstraße von Perigeux nach Norden und die Schaffung von Infrastrukturen für die Pilger brachten weiteren Aufschwung für das Kloster: Vézelay wurde zum Ausgangspunkt der Via Lemovocensis (siehe unter Wege und Straßen). Außerdem lag es in zentraler Lage am Kreuzungspunkt zweier wichtiger Pilgerstraßen, von denen die eine nach Jerusalem, die andere nach Santiago de Compostela führte. Neben den Pilgern sorgte schließlich eine große Handelsmesse für einen weiteren großen Zustrom von Menschen, die den Wohlstand von Kloster und Stadt vermehrten. Die ein-

stige Bedeutung dieses Ortes spiegelt sich noch heute in dem großen Reichtum der Architektur und der Vielfalt der Skulpturen, der Kapitelle und Portale. Von der Ringmauer der Stadt aus dem 12. Jahrhundert haben sich noch bedeutsame Reste erhalten, darunter die Porte-Neuve aus dem 14.–16. Jahrhundert (schöner Rundweg). Zwischen dem vermögenden und einflussreichen Kloster und den Bewohnern der Stadt kam es 1106 zu Auseinandersetzungen wegen der für den Kirchenneubau erhobenen hohen Abgaben, die zur Ermordung des Abtes führten. Auch mit den Nachbarn – den Bischöfen von Autun, in deren Diözese das Kloster lag, den Grafen von Nevers, die sich das Kloster unter ihre Herrschaft bringen wollten, und den Äbten von Cluny, deren Ordensverband das Kloster angehörte – kam es immer wieder zu Spannungen. Abtsmord, Aufstände, die 1152 Abt und Mönche zur Flucht zwangen, Brände und Schändungen der Reliquien durch marodierende Soldaten setzten der Abtei sehr zu. Schließlich bewirkten Gerüchte, die die Echtheit der Reliquien in Frage stellten, im 13. Jahrhundert ein allmähliches Nachlassen der Anziehungskraft von Vézelay als Wallfahrtsort. Damit setzte auch ein langsamer Niedergang der Abtei ein.
1569 erfolgten in den Wirren der Religionskriege Besetzungen und Plünderungen durch die Hugenotten, danach wurde das Kloster säkularisiert und dem Bistum Autun zugeschlagen. Nach Umwandlung in ein Kollegiatsstift wurde es aufgelöst. In der Französischen Revolution kam das Kloster 1796 in Staatsbesitz. Seine Gebäude wurde bis auf die als Pfarrkirche weiter genutzte Kirche abgerissen. 1840 drohte die Kirche wegen Vernachlässigung der Bausubstanz einzustürzen. Ein junger Architekt engagierte sich für die Durchführung von Sicherungsmaßnahmen und rettete die Kirche vor dem Verfall.
Das Kloster von Vézelay war nicht nur selbst Ziel einer berühmten Wallfahrt zur Büßerin Maria Magdalena, sondern gleichzeitig Versammlungspunkt für Pilger und Ritter aus ganz Europa, die von hier entweder zur Pilgerfahrt zum Grabe des heiligen Jakobus nach Santiago de Compostela oder zur Eroberung des Heiligen Landes aufbrachen. Viele berühmte Personen hat Vézelay in seinen Mauern gesehen: Der Erzbischof von Canterbury, Thomas Becket, fand hier Schutz vor der Rache des englischen Königs. Bernhard von Clairvaux predigte 1146 mitreißend vor einer großen Menschenmenge und rief zum Zweiten Kreuzzug auf. Richard Löwenherz versammelte 1190 hier sein Heer, bevor er zum Dritten Kreuzzug nach Jerusalem aufbrach und König Ludwig der Heilige kehrte als Kreuzfahrer aus dem Heiligen Land kurz vor seinem Tod hierher zurück.
In unserer Zeit hat das Kloster ein eindrucksvolles Zeichen der Verbrü-

derung in Christus gegen den Krieg gesetzt, als im Jahre 1946 Männer einfache Holzkreuze mit den Namen der Städte Europas hier herauf trugen und in der Kirche aufhängten.
Ehemalige Klosterkirche Ste.-Madelaine: Vom ersten Bau des 9. Jahrhundert sind nur noch Reste in der Krypta erhalten. Schon bald nach der Weihe der ersten Klosterkirche im Jahre 1104 wird diese durch einen Brand 1120 zerstört, bei dem über tausend Pilger den Tod fanden. Unmittelbar danach wird das romanische Langhaus errichtet und 1140 die Vorhalle angefügt. Nach einem Brand der Krypta beginnt man im Jahre 1185 mit dem Bau des Chores im Stil der frühen Gotik. An ihren Längsseiten misst die Kirche 120 m und ist damit eine der größten Klosterkirchen in Frankreich.
Vorkirche: Die Anlage einer Vorkirche geht auf eine altchristliche Tradition zurück. Den Basiliken war im Westen ein Atrium vorgelagert. Von diesem Vorhof aus durften Neubekehrte oder Büßende (daher Büßerkirche) am Gottesdienst teilnehmen. In Erinnerung an diese Funktion nannte man in romanischer Zeit diesen Raum »Galiläa«, um zum Ausdruck zu bringen, dass es ein Ort war, wie jener, an dem Christus den Heiden das Evangelium verkündet hatte. Die Vorkirche und das Portal von Vézelay sind nur aus der Tradition einer Pilgerkirche heraus zu verstehen, denn hier sammelten sich die Pilger, bevor sie gemeinsam in einer Prozession in die Kirche einzogen. Raum und Portal dienten ihnen zur Vorbereitung und Einstimmung auf das große Ereignis der Begegnung mit der hier verehrten Heiligen, die Christus sehr nahe gestanden hat. Die Vorkirche hatte daher auch eine wichtige prozessionslithurgische Bedeutung.
Dieser dreischiffige mit Kreuzgratgewölben gedeckte Raum hat edle Proportionen. Er ist 20 m lang, 23 m breit und 20 m hoch. Über den Seitenschiffen sind wie in vielen anderen Pilgerkirchen aus der romanischen Zeit Emporen angebracht. Die Säulen haben Ornamente und Schmuckdekor. In späterer Zeit in Burgund errichtete Vorkirchen waren an drei Seiten offen wie z. B. in St. Père-sous-Vézelay.
Portal: Die sich zum Hauptschiff öffnenden drei Portale zählen zu den großen Kunsterlebnissen der Romanik in Frankreich. Den mittelalterlichen Pilger hat die apokalyptische Vision seiner Bildaussage tief ergriffen. Wer durch dieses Portal ging, sollte an die Worte Christi erinnert werden: »Ich bin die Tür, wenn einer durch mich hineingeht, wird er selig werden und wird ein- und ausgehen und Weide finden« (Joh. 10,9). Die Wirkung des Triumphes des »als Mensch gekreuzigten« Gottes über den Tod erfährt durch die Tiefe des sich dahinter geheimnisvoll öffnenden, lichtdurchströmten Raumes eine dramatische Steigerung. Sie ist

Pilgerportal von Vézelay.

das Ergebnis der Kombination eines romanischen Langhauses mit einem hellen gotischen Chor. Die Entstehungszeit des Portals wird zwischen 1125 und 1130 angesetzt. Im Mittelportal wird das Pfingstwunder mit der Ausgießung des Heiligen Geistes und die Aussendung der Apostel dargestellt. Der ruhende Punkt ist die sitzende Christusgestalt in der Mandorla mit ihren großen nach beiden Seiten ausgestreckten Händen, die den Geist auf die Jünger aussenden, dargestellt als Strahlen oder Feuerzungen, welche die Apostel erreichen: ein Bild, das Erhabenheit, Ruhe und Größe ausstrahlt. Die Gewandfalten, zarte Körperlinien andeutend und aus unendlich vielen konzentrischen und parallelen Kreisen und Wirbeln gebildet, symbolisieren den Wind (das Brausen des Geistes), der das Pfingstereignis geheimnisvoll umgibt. Die Augen Christi blicken mit der Macht des Auferstandenen klar und fest in die Ewigkeit, sein rechteckig kantiges Gesicht strahlt ein visionäres Pathos aus, die Betonung seiner Körperformen ist augenfällig. Die Länge des Körpers und der Hände sollen die Aufmerksamkeit auf die symbolische Geste lenken. Im Gegensatz zu der als Mitte der Welt dargestellten Christusfigur stehen die Figuren in seiner Umgebung in turbulenter Bewegung. Von den Aposteln kann man zur Rechten Christi den heiligen Petrus, zur Linken den heiligen Paulus erkennen. Als Zeichen ihres Verkündigungsauftrages sind alle Apostel mit der Bibel in der Hand dargestellt. Im Halbbogen über den Aposteln – ihnen zugewandt – werden die Völker dargestellt, denen sie das Evangelium verkünden sollen. Unten im Sturz sind z. T. als skurrile Wesen mit großen Ohren und mit Federn bedeckten Körpern die Heiden abgebildet, die diese Botschaft noch erwarten. Die Bedeutung der Figuren spiegelt sich symbolhaft in ihre Größe wider: dem übergroß im Zentrum angeordneten Christus stehen die kleinen Heiden am Rande des Bildes unten gegenüber. Die Dynamik des Bildes entsteht durch die Gebärdensprache, die Abwinkelung der Extremitäten und die unruhige und kantige Linienführung in den Umrissen der Figuren. Durch die in verschiedene Richtungen agierenden Jünger entsteht eine zentrifugale, zum Rand gerichtete Kraft, wo sich die auf die Botschaft Jesu wartenden Menschen aufhalten. Auf dem äußersten Bogenlauf ist ein Bildkalender mit 29 Medaillons (Almanach

von Vézelay) abgebildet. Zwischen den Tierkreiszeichen sind die lokalen ländlichen Arbeiten der einzelnen Monate dargestellt, die in der romanischen Kunst als Symbole für die himmlische und irdische Zeit galten und den Herrschaftsanspruch Christi bis in Ewigkeit unterstreichen sollten. Der äußerste dritte Bogenlauf zeigt pflanzliche Ornamente. Am Türpfeiler (Trumeau) ist der heilige Johannes der Täufer dargestellt.
Das rechte Seitenportal zeigt Begebenheiten aus der Kindheit Jesu: Verkündigung, Heimsuchung und Anbetung durch die Heiligen Drei Könige. Beide Portale sind eingerahmt von zwei Bogenläufe, die außen mit Blattwerk und innen mit Rosetten geschmückt sind. Auf dem linken Seitenportal sind die Ereignisse nach seiner Auferstehung, (Begegnung, Mahl mit den Emmaus-Jüngern, Himmelfahrt) zu sehen. Alle drei Portale sind somit durch eine chronologische Darstellung der Ereignisse des Lebens Jesu, von seiner Menschwerdung bis zur Himmelfahrt thematisch miteinander verbunden. Der Kreuzestod ist freilich nur durch die Haltung der Arme und das in den Heiligenschein (Nimbus) eingeschriebene Kreuz angedeutet. Die Plastik dieser Portale ist von der Formenwelt von Cluny beeinflusst. Leider haben die Bilderstürmer der Revolution auch hier viel zerstört.
Langhaus: Der Bautypus des in seiner Längsachse stark betonten Langhauses verkörpert ein romanisches Wand- und Gewölbesystem in Burgund von großer Raumharmonie: zweigeschossiger Aufbau mit kreuzförmigen Pfeilern, hohen Arkaden und Hochfenstern. Eine straffe, ausgewogene Gliederung wird erreicht durch halbrunde Vorlagen, Gurtbögen, Dienste, Rosetten- und Palmettenfriese, Gesimse, die jeweils jochweise (insgesamt 10 Joche) durch Kreuzgratgewölbe zu einer Einheit verklammert sind. Die sorgfältige Auswahl des Steinmaterials schafft belebende Farbkontraste, die den Reichtum des Baudekors ergänzt. Vor allem die an die arabische Baukunst erinnernden roten und weißen Keilsteine in den Gurtbögen und in den Arkaden verleihen dem Raum einen aufgelockerten und geradezu beschwingten Akzent.

Innenansicht der Plilgerkirche von Vézelay.

Der große Reichtum an romanischer Plastik bei den Kapitellen, zum Teil mit stark mystischen und symbolischen Bezügen, ist in der Kunst ohne Beispiel. Als Entstehungszeit sind die Jahre zwischen 1130 und 1140 anzunehmen. Häufig wurden Themen aus dem Alten Testament gewählt, ferner Heiligenlegenden oder der Kampf des Guten mit dem Bösen, drastisch dargestellt in Kämpfen mit Rittern, Drachen und Dämonen oder der Wollust und der Verzweiflung. Man nimmt an, dass Auswahl und Ausgestaltung der Bildthemen sich nicht zufällig ergeben haben, sondern auf einem Gesamtprogramm beruhten, das von einem gelehrten Mönch erarbeitet wurde.

Chor: Aus dem Halbdunkel des Langhauses betritt man einen lichtdurchströmten, aus weißem Kalkstein errichteten Chor. Querschiff und Chor folgen einem typisch dreigeschossigen gotischen Wandaufbau; auf die lanzettförmigen Arkadenzone folgt die Triforienzone mit zwölf Säulen (Judas durch viereckige Säule – Symbol der Unvollkommenheit – hervorgehoben) und darüber die Fensterzone. Als neue Wölbungsform herrscht hier – im Gegensatz zum Langhaus – die Kreuzrippe vor, und die schmale elegante Säule hat den schweren Pfeiler im Langhaus ersetzt. Der Chorumgang mit elf Säulen symbolisiert die elf beim Abendmahl anwesenden Apostel (Judas war weggegangen). Zu diesem Umgang, der früher bei Pilgerprozessionen in der Kirche eine große lithurgische Bedeutung besass, öffnen sich neun Kapellen. Im linken Querschiff steht ein (Hubertus)-Altar, der früher die Reliquien der heiligen Maria Magdalena barg. Die rechteckige Öffnung diente der Einbringung von Andachtsgegenständen oder Linnentüchern, die zu Berührungsreliquien wurden.

Kreuzgang und Kapitelsaal: Von dem einst ausgedehnten Kreuzgang hat sich nur ein kleiner Rest mit einem Zugang zum Kapitelsaal erhalten.

Terrasse: Von der Terrasse am Kopfende der Kirche hat man einen schönen Panorama-Blick. Hier hielt Bernhard von Clairvaux seine berühmte Kreuzzugspredigt, weil die Kirche nicht alle Menschen fassen konnte.

Reliquienbehälter mit den Gebeinen der heiligen Magdalena.

Krypta: Die karolingische Krypta wurde in der 2. Hälfte des 12. Jahrhundert umgebaut. Die Confessio (Grabkammer) stammt aus dem 9. Jahrhundert und birgt in einem Schrein die Gebeine der Maria Magdalena. Nach dem Brand von 1165 bekam die Krypta ein neues Gewölbe mit Fischgrätmuster, die romanischen Säulen erhielten nach der Tieferlegung des Bodens gotische Kapitelle.

Die Gestalt der Maria Magdalena in der Bibel: Die Bibel kennt neben Maria, der Mutter Jesus, drei weitere Frauengestalten um Jesus, die den Namen Maria tragen: Maria von Bethanien, Schwester der Martha und des Lazarus (Joh 11,1-44), Maria Magdalena (Maria von Magdala, Joh 20,11) und Maria Magdalena. Im Abendland ist seit Augustinus und Gregor dem Großen eine Tendenz zur Verschmelzung dieser drei Frauengestalten in einer Person (vor allem in der Kunst) zu beobachten, während im frühen und im östlichen Christentum an der Unterscheidung dieser drei Personen festgehalten wurde. In der griechischen Kirche wird sie schon in früher Zeit als die »Myrrhenträgerin« (Salbung des Leichnams) und »Apostelgleiche« (gleichrangige Stellung unter den Jüngern) verehrt.
In der Bibel wird Maria Magdalena als eine Frau genannt, die aus dem am Westufer des Sees Genezareth gelegenen Fischerdorf Magdala (heute Tarichea = Fischdörre) stammt, als erste Frau Jesus begleitet und ihm gedient hat. Jesus hat sie von schwerer Krankheit geheilt. Bei Jesu Tod war sie mit den anderen Frauen zugegen. Nach Jesu Auferstehung wurde sie durch die besondere Erscheinung des Heilands und den Auftrag geehrt, den Jüngern die Kunde von seiner Auferstehung zu überbringen. Die Evangelien nach Johannes und Markus bezeugen unmissverständlich, dass Maria Magdalena die erste und einzige war, der Jesus nach seiner Auferstehung am Grab erschienen ist.
Bei den Gnostikern stand Maria Magdalena in besonders hoher Verehrung und auch in dem von gnostischen Einflüssen geprägten Johannes Evangelium wird ihr eine noch größere Aufmerksamkeit als in den anderen Evangelien zuteil.

Maria Magdalena und Vézelay: In der Legenda Aurea des 12. Jahrhundert des genuesischen Erzbischofs Jakobus von Voragine wird berichtet, man habe Maria Magdalena nach der Himmelfahrt Jesu mit ihren Ge schwistern Martha und Lazarus sowie anderen frommen Christen in einem Boot auf das Meer hinaus treiben lassen. Bei der heutigen Stadt Les-Saintes-Maries-de-la-Mère, sollen sie an Land gegangen sein und gemeinsam mit dem heiligen Trophimus und anderen Menschen aus der Umgebung Christi in verschiedenen Gegenden der Provence bei Marseille, Aix und Arles das Christentum gepredigt haben. Ihr Bruder Lazarus soll in der Stadt Marseille der erste Bischof gewesen sein. Den Rest ihres Lebens verbrachte sie angeblich in der Provence in der Bergwelt des Massivs de la Sainte Baume als Büßerin in einer Grotte ohne Kleidung (ihren nackten Körper soll sie nur mit ihrem langem Haar bedeckt haben = ägyptische Büßerin) und Nahrung. Dort soll sie täglich

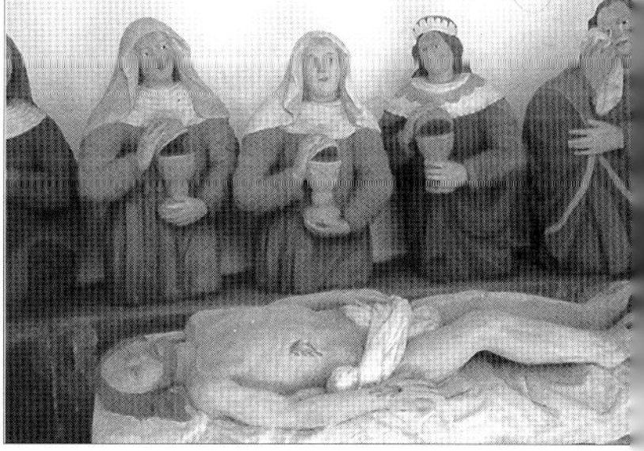

Maria Magdalena und die heiligen Frauen mit Salbengefäßen auf dem Michaelsberg in der Eifel.

von Engeln sieben Stunden zum Gebet in die Lüfte emporgehoben und durch den Gesang der himmlischen Heerscharen erquickt worden sein. Am Ende ihres Lebens schenkte ihr ein Priester seinen Mantel und nahm sie mit in die Kirche zum Abendmahl, das ihr der heilige Maximin gespendet haben soll. Kurz darauf sei sie dann verstorben und in der frühchristlichen Krypta der Basilika Saint Maximin, 38 km östlich von Aix-en-Provence, in einem Sarkophag begraben worden. Noch heute birgt dort die Krypta dieser Kirche mehrere Sarkophage aus frühchristlicher Zeit, einer von ihnen soll der Maria Magdalenas gewesen sein. Diese Figur Magdalena ist stark mit der einer frommen Sünderin verknüpft, als die sie in der deutschen Kunst des 15. Jahrhundert häufig dargestellt wurde.

Um 1050 ist das in karolingischer Zeit im Tal gegündete und später auf den Berg verlegte St. Peters-Kloster in Vézelay in den Besitz der Reliquie gelangt, nachdem der Abt einen Mönch nach Aix-en-Provence mit dem Auftrag gesandt hatte, nach den Gebeinen der Heiligen zu suchen. Dieser hat nach der Legenda Aurea des Jakobus von Voragine in der von den Sarazenen zerstörten Stadt den mit der Lebensgeschichte der Heiligen geschmückten Sarkophag entdeckt und aufgebrochen, um die Gebeine heimlich zu entwenden. Zur Rechtfertigung dieses Diebstahls schuf man die Legende, dass die Heilige selbst dem Mönch im Traum erschienen sei und sein Tun gutgeheißen habe. Um 1050 erlaubt der Papst der Abtei, sich unter das Patronat der Maria Magdalena zu stellen. Im 13. Jahrhundert entbrannte ein heftiger Streit um die Echtheit der Reliquien, weil man bei der Öffnung des Sarkophags von Saint Maximin ein Pergament fand, auf dem geschrieben stand, dass man im Jahre 716 in einer Dezembernacht die Gebeine der Heiligen, um die Sarazenen zu täuschen, aus ihrem kostbaren Alabastersarkophag in einen unscheinbareren Sarkophag umgebettet habe, und demzufolge die echten Gebeine gar nicht in Vézelay sein könnten. Vor allem die Dominikaner säten dieses Misstrauen und trugen somit dazu bei, dass Vézelay an Attraktiviät verlor. Nach der griechischen Überlieferung lag das Grab der Maria Magdalena in Ephesus. Von dort will man im Jahre 899 ihre Reliquien nach Konstantinopel gebracht haben.

Eine 1618 in Paris gegründete Ordensgemeinschaft von der heiligen Magdalena (Magdalenerinnenschwestern) setzte sich an die Person der Magdalena als Sünderin anknüpfend zum Ziel, gefallene Mädchen durch eine sittliche klösterliche Erziehung zu bessern. Nach erfolgter Bewährung war ihnen eine Aufnahme in den Orden möglich.

Heute entdecken neben den hier wieder ankommenden Jakobspilgern auch Mitglieder und Sympathisanten neuer geistlicher Gemeinschaften

Vézelay als Wallfahrtsort wieder. In dem kleinen Ort hat sich zum Beispiel die kleine religiöse Gemeinschaft »Communion de Jérusalem« niedergelassen, die »Sinnsucher« aller Art anzieht. Ihre Aktivitäten hatten die Ordensleute Mitte der 70er-Jahre unweit des Pariser Rathauses in der Kirche Saint-Gervais aufgenommen. Mit ihrer ostkirchlich beeinflussten Liturgie nehmen sie heute im religiösen Leben von Paris und anderen Städten einen festen Platz ein.

Die Basilika von Vézelay ist heute wieder eine wichtige Pilgeretappe auf dem Weg nach Santiago de Compostela. Neben ihrer Funktion als Wallfahrts- und Ordenskirche der Gemeinschaft von Jerusalem ist sie Pfarrkirche für die Bewohner des Ortes. Das Zusammentreffen dieser unterschiedlicher Funktionen bleibt nicht immer spannungsfrei.

Spuren der Jakobspilger: Vom Pilgerkreuz auf der Höhe kurz vor Vézelay (von Avallon kommend) blickt man in ein offenes Land, das unendlich weit und grün ist und von den vielen Wellenbewegungen der Hügel und fruchtbaren Täler in einer sanften Schwingung gehalten wird. Hier oben gewinnt man den besten Eindruck vom Liebreiz der Lage, die Kirche und Stadt über dem Tal des Flüsschens Cure kennzeichnen. Ruhe und Harmonie der Landschaft bereiten den Boden für eine innere Stimmung, die zu der Begegnung mit der Architektur dieses alten Pilgerortes paßt. Nirgendwo gehen Kunst und Landschaft eine so innige Verbindung ein wie hier. Vézelay war Sammlungs- und Aufbruchort für Jakobspilger aus ganz Europa, vor allem aus Deutschland, Lothringen und der Schweiz. Das Kloster beansprucht, die Gebeine der biblischen Maria Magdalena zu besitzen, die als kostbare Reliquie des Mittelalters auch von den Jakobspilgern in der Krypta seit dem 11. Jahrhundert verehrt wurde. In dieser Zeit gelangte das Kloster in den Besitz der ursprünglich aus Aix-en-Provence stammenden Gebeine der Heiligen, die Vézelay mit einem Schlag zu einem der meist besuchten Wallfahrtsorte jener Zeit machten.

Die große Vorkirche, die sich mit drei inneren Portale zur Kirche hin öffnet, ist mit zahlreichen Steinbänken ausgestattet, die daran erinnern, dass sie zuerst der Aufnahme von Pilgern diente. Die Funktion dieser Vorkirche versteht man erst aus der Pilgertradition heraus, denn es ist ein Raum der Vorbereitung und Einstimmung auf ein großes Ereignis. Das Thema des Portals (Taufe, Pfingstgeschehen und Aussendung der Apostel) und die äußere Symbolik beim Durchschreiten des Portals vom Dunkeln zum Licht hin ergänzen sich in einzigartiger Weise und versinnbildlichen den Ausspruch von Jesus: Ich bin die Tür; wenn jemand durch mich hineingeht, wird er selig werden(Joh. 10,9).

Der an der Mittelsäule dargestellte Johannes der Täufer erinnert den Eintretenden daran, dass er die Ankunft Jesu angekündigt hatte. Der Jakobspilger, der hier noch am Anfang seines langen Weges stand, mag durch ihn an den Endpunkt seiner Reise erinnert worden sein. Vielleicht erkannte mancher Pilger

erst im Rückblick, als er in Santiago de Compostela von dem großartigen Portal in der Kathedrale, der Porta de la Gloria im Empfang genommen wurde, diesen thematischen Zusammenhang mit Vézelay. Die Botschaft des Portals von Vézelay könnte also auch als eine Andeutung auf das gewertet werden, was den Pilger am Ende seines Pilgerweges erwarten würde.
Auch an den Jakobsstraßen südlich von Vezélay wurde in den Pilgern die Erinnerung an die heiligen Maria Magdalena wach gehalten. In St. Yrieix-La -Perche, das südlich von Limoges liegt, begegnen wir mit der Herstellung von »Madeleine'chen« einer Tradition, die bis ins Mittelalter zurückgeht. Das biskuitähnliche, an Jakobsmuscheln erinnernde Gebäck geht auf eine Wegzehrung zurück, die man Pilgern nach Santiago de Compostela mitgab. In Spanien überquerten die Pilger kurz vor dem Betreten der Stadt von Pamplona eine Bogenbrücke, die noch heute als Magdalenenbrücke (Puente de la Magdalena) bezeichnet wird. In der Stadt Sarria gibt es im Kloster La Magdalena der Augustinermönche ein Pilgerhospiz, in dem bis heute Pilger aufgenommen werden. Kurz vor Santiago de Compostela findet man in der letzten großen Ortschaft Arzua die Kirche des Augustinerkonvents »La Magdalena«. Dieser unterhielt ein Hospital zur Betreuung der Pilger, dessen Mauern direkt am Camino noch sichtbar sind.
Die heilige Maria Magdalena gilt als die Patronin der Frauen, vor allem der verführten und reuigen Sünderinnen aber auch vieler Berufe wie z. B. der Frisöre, Weinhändler und Gärtner. Ihr Festtag ist der 22. Juli, drei Tage vor dem Fest des heiligen Jakobus major am 25. Juli.

St. Père-sous-Vézelay

Das im Tal des Flüsschen Cure zu Füßen des Hügels von Vézelay auf halbem Weg zwischen Pierre-Perthuis und der Pilgerkirche der heiligen Magdalena gelegene Dorf besitzt eine sehenswerte Kirche Notre Dame aus dem 13. Jahrhundert, die ein wahres Juwel unter den gotischen Kirchen Burgunds ist. Wo heute die kleine Schwester der Ste. Madelaine steht, war die Keimzelle des ersten, dem Apostel Petrus (Saint Pierre, daher der Name St. Pere) geweihten Klosters, bevor die Mönche sich zum Schutz vor den Sarazenenüberfällen auf die Kuppe des Berges flüchteten.
Die 1240 begonnene und erst 1455 vollendete Kirche Notre-Dame ist eines der wichtigen Beispiele der burgundischen Gotik. Die Westseite, die sich mit einer dreischiffigen Vorhalle aus dem 14. Jahrhundert öff-

net, die darüber liegende Fassade mit ihrem reichem Figurenprogramm und Formenreichtum und der fünfgeschossige, luftige, 50 m hohe Nordturm aus dem 13. Jahrhundert machen diese gotische Fassade zu einer der schönsten ihrer Art in Burgund. Die große Vorhalle mit den Stiftergrabmälern eines Mannes und einer Frau (1258) und die ursprünglich geplante Doppelturmfassade verraten, dass dieser Bau etwas Besonderes ist. Das reich verzierte Portal und ein Chorumgang mit fünf radialförmig angebrachten Chorkapellen sind besonders hervorzuheben.
Innen tut sich vor dem Besucher eine Welt in überschaubaren Dimensionen auf; hier atmet der für Burgund typische Geist der Frühgotik, der klein, überschaubar und nahe bleibt. Typisch für die burgundische Gotik ist die zweischichtige Auflösung der Wand durch einen Triforiengang und einen zweiten Laufgang vor den Fenstern der Obergaden. Die Eigenart der Kunstform dieser Landschaft hat bis auf die Bauten der Kreuzritter im Heiligen Land ausgestrahlt.

Spuren der Jakobspilger: An der Fassade der Kirche Notre Dame befindet sich eine Jakobusstatue. Das große Thema dieser Kirche ist das Jüngste Gericht: Hörnerblasende Engel am Turm rufen alle Menschen vor den höchsten Richter und das Portal in der offenen Vorhalle zeigt den thronenden Christus von den Aposteln umgeben. Diese Bilder ermahnen die Pilger am Anfang ihres langen Weges nach Santiago de Compostela, dass ihr Ende nahe ist. Diese Kirche am Anfang der Via Lemovicensis ist für alle Pilger eine würdige Einstimmung auf das, was an Schönheiten des Bauens noch alles längs des Weges kommen sollte. Kein Grab der Welt war der Ausgangspunkt so vieler Pilgerfahrten wie dieses. Hier in der Vorhalle könnte ein Sammlungspunkt für viele Pilgergruppen vor ihrem Abmarsch gewesen sein. Auf Mitpilger zu warten lohnte sich, denn Gemeinsamkeit brachte mehr Sicherheit. Im südlichen Ortsteil liegen die Ruinen der Pilgerkirche aus dem 11./12. Jahrhundert.

Am Anfang der Via Lemovicensis

Von der Kirche in St. Père-sous-Vézelay ist es nicht weit zu der Stelle, wo der Ort den Pilger wieder in die freie Landschaft entlässt. Alte Wegkreuze am Rande der Straßen und alte Brücken weisen ihm geheimnisvoll die Richtung nach Süden. Überall findet er Spuren, die Verbindungen herstellen zu denen, die schon lange vor ihm auf dem Weg waren. Spätestens hier beginnt für den Pilger ein neuer Wegabschnitt: die

Pilgerkirche St. Père-sous-Vézelay.

Straße, die ihn zu den Pyrenäen führen wird, im Mittelalter Via Lemovicensis genannt.

Im nächsten Ort, Pierre Perthuis, sollte man beim Pilgerkreuz an der Hauptstraße einen kleiner Abstecher nach links machen und von der neuen, kühn über das Tal gespannten Bogenbrücke hinunter auf die alte mittelalterliche Bogenbrücke über das Flüsschen Cure blicken. Alt und Neu begegnen sich hier in sehr eindrucksvoller und sinnfälliger Weise.

Nahebei bewacht eine alte verfallenene Burg mit der kleinen St. Leonhardskirche ein Stück unberührte Welt, die sich dem Betrachter von oben ganz überraschend öffnet, so als wäre hier die Zeit stehen geblieben. Im Wald bei Bazoches wartet noch heute eine dem heiligen Rochus geweihte Kapelle auf die Pilger, die hier ihre erste Rast hinter Vézelay einlegen.

7. Wegbeschreibungen und Texte

Hinweis: Die Wegbeschreibungen des ersten Tages beginnen entweder in Köln oder in Bonn. Beide Wege führen nach Weilerswist und von dort auf derselben Route weiter durch die Eifel nach Trier.

1. Tag

Von Köln durch die Rheinische Bucht über das Vorgebirge nach Weilerswist (28 km)

Der Weg führt vom Kölner Dom über die Hohe Straße und Hohe Pforte zur im Jahre 1825 abgebrochenen Kölner St. Jakobuskirche, die sich unmittelbar nördlich neben der heute noch vorhandenen St. Georgskirche befand (dort St. Jakobusfenster). Durch den Kölner Süden kommen wir zur Kirche St. Severin und dem Severinstor zum Grüngürtel im Außenbezirk. Hier überqueren wir auf einer Brücke den Kölner Ring. Auf der anderen Seite geht es durch Kornfelder nach Köln-Mechenich, Brühl und Walberberg zur Wallfahrtskirche St. Walburgis mit der Pilgerfigur des heiligen Jodokus. Es folgt der Aufstieg in das Vorgebirge, vorbei am Studienhaus St. Albert der Dominikaner zum rekultivierten Seengebiet des ehemaligen Braunkohletagebaus. Am Ufer des Berggeistsees entlang geht es auf die Höhe, wo wir durch ein zusammenhängendes Waldgebiet, die »Ville« durchwandern. Oben halten wir uns ein Stück auf der E 42 und schwenken dann links auf den Wanderweg Nr. 2. Vor dem Abstieg nach Weilerswist wenden wir uns zum »Swister Türmchen« (Rest einer mittelalterlichen Wüstung). Übernachtung in Weilerswist (siehe Adressenverzeichnis).

Köln und Brühl
Siehe unter Städtebeschreibungen.

Walberberg
Alter Wallfahrtsort zu Ehren der heiligen Walburgis, Äbtissin von Heidenheim und Eichstätt († 780). Im 11. Jahrhundert wurde hier von Gräfin Alveradis ein Zisterzienserkloster für Mönche gestiftet, das seit 1197 von Nonnen besetzt (monasterium celeberimum) und im 15. Jahrhundert wieder von Mönchen aus Heisterbach bezogen wurde. Die Gebeine der heiligen Walburgis befinden sich in der zweigeschossigen Seitenkapelle (im 13. Jahrhundert an der Südseite an die Kirche angebaut). Im Obergeschoß steht die überreich mit Pilgermuscheln geschmückte Figur des heiligen Jodokus, nach dem das ursprüngliche

Patrozinium benannt war. Walberg war Mittelpunkt des Jodokuskultes, dessen Verehrung von hier aus nach ganz Deutschland ausstrahlte. St. Jodokus oder St. Jost, wie er auch im Volksmund genannt wird, lebte im 7. Jahrhundert in der Bretagne. Da er einmal eine Pilgerfahrt nach Rom unternommen hat, gilt er, wie St. Jakobus, als Patron der Wallfahrer und wird mit den Attributen Stab, Pilgerhut und Jakobsmuschel, manchmal auch zusätzlich mit Königskrone dargestellt, da er aus königlichem Geblüt stammte. Wie er wurden viele andere Heilige (Sebaldus, Severin, Rochus) als Folge des Jakobskultes im Mittelalter als Pilger dargestellt. Der heilige Jodokus war häufig Patron der Jakobusbruderschaften, der Schiffer und der Siechenhäuser, wie zum Beispiel St. Jost bei Trier.

Badorf

Backsteinkapelle von 1727 des ehemaligen Tafelgutes des Klosters St. Pantaleon in Köln, an der Stelle eines Vorgängerbaus von 1450 errichtet.

Weilerswist
Kurz vor Verlassen des Waldes, links, Swister Türmchen, eine mittelalterliche Wüstung. Im Mittelalter ein bekannter Wallfahrtsort zu den Drei Jungfrauen: Fides, Spes und Caritas. Am Swisterberg bei Weilerwist kreuzten sich die Pilgerstraßen Köln–Trier und Bonn–Aachen. Am Ortsanfang rechts befindet sich die Wasserburg Kühlseggen.

Friesheim
Auf dem Friedhof der Pfarrkirche befindet sich ein restaurierter Pilgergrabstein mit drei Jakobsmuscheln eines Jakobus- und Rompilgers, der unterwegs gestorben ist.

Von Bonn über das Vorgebirge nach Weilerswist (28 km)

Der Weg verläuft von der Endenicher St. Magdalena-Kirche zum unterhalb gelegenen Magdalenenplatz durch den Ort zum Fronhof, dort über die Straßenkreuzung hinweg und nach etwa 300 m links zu einem Steinweg. Diesem folgen wir bis zum Ortsende, wo er in das Meßdorfer Feld hinaufführt. Bei einer Wegegabelung gehen wir links auf den Kirchturm von Lessenich zu. Nach Überqueren der Bahngeleise erreichen wir den Heerweg, dem wir bis zur Roncallistraße folgen. Dort biegen wir rechts ab zur romanischen St. Laurentius-Kirche. Auf der Roncallistraße geht es weiter zur Wegkapelle mit alten Grabkreuzen. Dort biegen wir rechts ab, gehen über die Kreuzung und weiter geradeaus auf dem Dompfaffenweg und dessen Fortsetzung, einem Feldweg, in freier Landschaft bis zum Steinkreuz mit einer Bank. Im Vorblick erkennen wir die romanische Jakobus-Kirche von Gielsdorf am Hang und rechts Schloß Alfter, unsere beiden nächsten Ziele. Beim Kreuz biegen wir links ab und gelangen auf einer Asphaltstraße nach Gielsdorf. Dort überqueren wir die Hauptstraße und gehen beim Bildstock bergaufwärts zur Kirche. Unterhalb der Kirche wenden wir uns rechts und biegen in den Junkerweg ein. Wir gehen auf einem Pfad auf halber Höhe weiter bis zu den nächsten Häusern von Birrekoven. Im Ort führt der Weg rechts bergab und gleich wieder, bei einer kleinen Holzhütte, links weiter zum Mirbach mit Ruhebank. Von hier aus ist es bis Alfter nur ein kurzes Stück. Der Mirbachstraße folgen wir in gerader Richtung durch den Ort bis zur Kirche und zum Schloß. Hinter dem Schloß geht es bergwärts zum Friedhof, dort weiter bergauf auf der Teerstraße zum Wald. Auf der Höhe angekommen, folgen wir beim Kreuz rechts dem Eifelwanderwegzeichen. Am Waldrand entlang führt der Weg zur Kreuzung, dort geradeaus weiter in Richtung Weißer Stein. Jetzt folgen wir rechts dem Weg durch den Wald zum Römerhof (Golfplatz). Bei den Ruhebänken halten wir uns weiter rechts und folgen dem Weg ins Tal. Dort haben wir einen schönen Blick auf Brenig bis im Tal der Feldweg einen Asphaltweg kreuzt. Hier wenden wir uns links bergaufwärts zum Römerkanalweg (U-förmiges Tunnelzeichen oder weißer Pfeil). Der Weg führt auf der Höhe kerzengerade nach Hemmerich, das wir über die Straßenbezeichnung Heerweg erreichen. Im Ort rechts abzweigen zu den Ruinen des Schlosses mit einem Jakobsmuschelsims. Neben dem Kriegerdenkmal ist die Schloßmauer aus dem Gestein des Kanals der römischen Wasserleitung. Wir folgen dem Römerkanalweg bis Rösberg. Beim Schloß nehmen wir den Weg rechts von der mittleren Allee aus und gelangen nach Überquerung der Straße durch Felder und Wei-

den zum Waldrand. Dort geht es bergabwärts ins Tal. An der Stelle, wo der Karl-Kaufmann-Weg kreuzt, halten wir uns entweder geradeaus auf dem Reiterweg ins Tal am Dobschleider Hof nach Weilerswist oder gehen alternativ über das Swister Türmchen. (Unterkunftsverzeichnis siehe unter Etappe Köln-Weilerswist).
Alternative über das Swister Türmchen: Beim Reiterweg rechts auf die Teerstraße (Karl-Kaufmann-Weg – Eifelwanderwegzeichen und Markierung A 8) abbiegen und ihr ein kleines Stück bergauf folgen. Kurz vor der Anhöhe links auf einen schmalen Weg abbiegen (der Weg ist durch Holzabfuhr in teilweise schlechtem Zustand, daher besser auf linkem Trampelpfad gehen). Wir erreichen das Kiesgrubenwerk und gehen nach Überqueren der Brücke auf dem Eifelwanderweg E (Erfttalwanderweg) zur Hauptstraße, dort links und nach 50 m wieder links am Waldrand entlang zum Swister Türmchen (mittelalterliche Wüstung). Von hier kommen wir auf dem Wanderweg E nach Weilerswist.

Bonn

Siehe Städtebeschreibungen.

Bonn-Endenich

Im 14. Jahrhundert stand hier eine der heiligen Magdalena geweihte Kirche. Um 1200 befand sich an gleicher Stelle bereits eine dem heiligen Lambertus geweihte Kapelle. Der heutige Neubau stammt aus dem Jahr 1893.

Gielsdorf

Jakobuskirche mit Fresken und Statue des Heiligen, siehe Städtebeschreibungen.

Alfter

Vor der St. Matthäus-Kirche von 1791 steht ein schönes Kreuz mit kurfürstlichem Wappen. Das Schloß wurde 1116 errichtet. Der heutige Bau stammt aus dem Jahre 1721.

Römerhof

Heute Golfplatz. In antiker Zeit vielleicht der Hof eines Soldaten, der nach langen Jahren in der Legion mit Land abgefunden wurde. Die Römer legten mit solchen Landvergaben auf fremdem Territorium Kolonien an, die sie mit eigenen Leuten besetzten – eine geschickte Maßnahme zur regionalen Stabilisierung.

Brenig

Hier verlief der römische Kanal, der Köln mit Eifelwasser versorgte. Das Wasser wurde von der Ville nach Köln hinuntergeleitet. Ein Gefälle von 2,5 % sicherte in den Kölner Haushalten den notwendigen Wasserdruck.

Rösberg
In der katholischen Pfarrkirche St. Markus sind am Außenchor mehrere Heiligenfiguren in Nischen, u. a. auch die des Evangelisten. Das Herrenhaus des Schlosses wurde von Conrad von Schlaun erbaut, nach Kriegszerstörung erneuert.

Weilerswist
Siehe unter Köln-Weilerwist.

Adressen in der Gemeinde Weilerswist

Katholische Pfarrgemeinde
Pfarrbüro St. Mauritius Weilerswist
Mauritiusgasse 6, 53919 Weilerswist
Montag – Freitag 9:00–11:00 Uhr
Dienstag und Donnerstag 15:00–17:30 Uhr
mailto: weilerswistmauritius@t-online.de
weilerswistmauritius@t-online.de</a>

Gaststätten
Gaststätte »Em Faessje«
Kölner Str. 159
53919 Weilerswist
Tel: 02254/84 46 43
Fax: 02254/84 46 44
Gut bürgerliche und regionale Küche zu zivilen Preisen

Hotel Garni »Zum Schwan«
Kölner Str. 99
53919 Weilerswist
Tel: 02254/82 36 3 oder 02232/45 100
Fax: 02254/49 33 2

Hotel »International«
Kölner Str. 85
53919 Weilerswist
Tel: 02254/84 69 13
Fax: 02254/84 69 14

2. Tag

Von Weilerswist durch die Erftauen nach Bad Münstereifel (18 km)

Von Weilerswist aus folgen wir dem Erfttalwanderweg (Markierung: E) am Ufer der Erft entlang nach Euskirchen. Nach dem Besuch der Martinskirche im Ort bleiben wir auf der Hauptstraße bis zur Jugendherberge. Dort geht es weiter auf dem Eifelwanderweg Nr. 3 (schwarzer Winkel) an der Erft entlang über Roitzheim (in der Nähe lag das ehemalige Kloster Essig, siehe unten) nach Stotzheim. Hinter dem Ort mäßiger Anstieg auf dem Wanderweg Nr. 3 durch den Wald zur Hardburg. Am Hubertuskreuz auf Wanderweg Nr. 10, Abstieg nach Kreuzweingarten. Im Tal: Überqueren der Bahnschienen und der Bundesstraße und hinüber zur Wallfahrtskirche am Berg. Wer im Tal bleiben will, geht auf dem Weg hinter der Bahn oder der Bundesstraße nach Iversheim (römische Kalkbrennerei) und folgt dort der parallel zur Bundesstraße verlaufenden Alten Landstraße. Es geht weiter zur Steinsmühle und dort auf dem Wanderweg Nr. 3 nach Bad Münstereifel (Übernachtung: Jugendherberge oder St. Josefshaus, Tel: 02253/18 03 60). Pilger, die nur bis Kreuzweingarten gehen möchten, können im nahegelegenen Kloster Maria Rast wegen einer Übernachtung anfragen.
1. Alternative: Talweg von Stotzheim nach Kreuzweingarten. Hinter dem Ort nicht dem Wanderweg Nr. 3 Hardburgweg folgen, sondern auf der Hardstraße bleiben, nach ca. 50 m rechts in die Straße an der Liersmühle einbiegen. Nach dem Überqueren der Bahngleise an der ehemaligen Fabrik vorbei und dahinter links weiter durch die Wiesen.
2. Alternative: In Kreuzweingarten bei der Kirche der Straße bergan folgen und links über den Broicher Hof zum Naturschutzgebiet Moorbruch nach Iversheim.

Euskirchen

Kirche St. Martin, romanisch mit gotischen Netzgewölben und frühgotischem Chor. Wertvolle Ausstattungsstücke, u. a. ein Sakramentshäuschen, ein Taufbecken aus Namurer Blaustein, 12. Jahrhundert, eine Pieta, Madonna (vermutlich von Tilman Riemenschneider) und ein Antwerpener Schnitzaltar, in dessen Unterbau eine alte Figur des heiligen Jakobus eingelassen ist; ferner ist der Heilige als Mitglied der Heiligen Sippe im Mittelfeld des Altars sowie in den Figuren des Obergaden dargestellt. In einer Urkunde von 1680 wird ein Jakobusaltar erwähnt. Im dortigen Hospital haben auch Jakobspilger übernachtet.

Kloster Essig

Aus Norddeutschland (Bremen, Paderborn, Elspe) auf der Heerstraße nach Bonn kommende Pilger fanden in dem an der Frankfurt-Aacher-Krönungsstraße gelegenen Pilgerhospital des Klosters der Augustinerinnen »Marienstern« Aufnahme. 1439 ist die Gründung einer Jakobusbruderschaft nachgewiesen.

Kreuzweingarten

Hübsche Fachwerkhäuser aus dem 18. und 19. Jahrhundert. Auf kleinem Hügel (Kalvarienberg) Wallfahrtskirche Heilig Kreuz, wo eine größere Kreuzpartikel verehrt wurde. Die Festschrift zum 1100jährigen Bestehen des Ortes Kreuzweingarten (1993) erwähnt in einem Artikel über alte Kirchenbücher der Gemeinde aus dem 18. Jahrhundert, daß 1723 am 28. Mai ein Jakobiter verschied (Jacobita quidem). Der Jakobspilger mit Namen Joseph N. stammte aus der Gegend bei Wien und war auf dem Rückweg von Compostela. Da er vom Schlagfluß getroffen war und nicht mehr sprechen konnte, erhielt er die Absolution unter besonderer Bedingung und wurde mit der Letzten Ölung versehen. Aus seinem Nachlaß werden Beweisstücke seiner Pilgerschaft mit dem Pilgerstab in der Truhe des Schöffen in Billig aufbewahrt.

Bad Münstereifel

Siehe unter Städte- und Landschaftsbeschreibungen.

Hardburg

Ehemalige Motte von Erzbischof Walfram von Jülich zur Festung ausgebaut.

Arloff

Kapelle am Südrand des Ortes mit spätgotischen Fresken.

Iversheim

Pfarrkirche, hochgotische Madonna mit schreibendem Jesuskind.

Der rechte Weg

Du bist tot an dem Tage, da du sprichst, es ist genug!
Darum tue immer mehr, gehe immer vorwärts,
sei immer unterwegs, niemals gehe zurück,
und weiche nie vom Weg ab;
kann einer nicht weiter, so stapfe er mit den Füßen,
denn entfernt er sich vom Glauben, verliert er den Weg.
Ein Hinkender aber, der auf der Straße geht,
ist besser als ein Läufer, der vom Wege abgeirrt.
Augustinus

3. Tag

Von Bad Münstereifel nach Blankenheim (28 km)

Vom Heisterbacher Tor in Bad Münstereifel aus folgt ein steiler Aufstieg aus dem Tal auf die Eifelhöhen. Beim Wanderparkplatz »Drei Tannen« links abbiegen, auf freier Höhe bis zum zweiten Wanderparkplatz (Nöthener Tannen) gehen. Weiter durch den Wald auf dem Jugendherbergswanderweg. Unterwegs auf linke Wegabzweigung bergauf nach Roderrath achten (Zeichen JH = Jugendherbergswanderweg, schlecht lesbar!). Es folgt ein kurzes Stück auf der Hauptstraße, dann geht es links auf JH nach Frohngau. Nach dem Ort durch freie Feldlage, dann Überquerung der B 477 und Unterquerung der A 1 ins Tal des Genfbaches. Dort Richtungswechsel nach Süden und weiter auf der Römerstraße geradeaus durch den Wald zum Forsthaus Mürel, dann über die Umgehungsstraße B 51 am Gewerbegebiet vorbei zur Burg Blankenheim (Jugendherberge). Auf der Römerstraße hinter Frohngau berühren unsere Füße zum ersten Mal einen historischen Weg. Ein seltsames Gefühl des Verbundenseins mit Menschen früherer Zeiten stellt sich ein. Man bekommt einen Vorgeschmack auf Spanien, wo der alte Pilgerweg häufig dem Lauf von Römerstraßen folgt und sich an vielen Stellen im Original erhalten hat. Der Unterbau bestand meist aus schräg nebeneinandergestellten Steinen, darüber war eine festgestampfte Decke aus Kies und Sand. Auf solchen Straßen, die in gerader Linie über die Höhen führten, sollten die Legionen schnell von einem Kastell zum anderen gelangen. Neben den großen Heerstraßen gab es noch viele kleinere Verbindungsstraßen zwischen Siedlungen und Villen.

Blankenheim

Die am oberen Rand zum Ahrtal gelegene, erstmals 1115 urkundlich erwähnte Burg gehörte den Grafen von Blankenheim-Manderscheid, die sehr kunstsinnig waren und allerlei Altertümer, vor allem aus der Römerzeit, zusammentrugen. Ihre Bibliothek mit Miniaturen und altdeutschen Handschriften und die Gartenanlagen der Burg waren sehr berühmt. Als die Franzosen 1790 das Rheinland besetzten, hatte das glanzvolle Leben ein Ende, und diese Kostbarkeiten wurden in alle Winde zerstreut. Sehenswerte Reste der Ortsbefestigung sind das Georgstor mit einer Holzfigur des Heiligen und das innere Hirtentor von 1404, das ein prächtiger Wappenstein aus hellgelbem Sandstein ziert. Die spätgotische Pfarrkirche am Berghang unterhalb der Burg ist mit drei niederrheinischen Schnitzaltären aus der Erbauungszeit um 1500 und Apostelfiguren (u. a. heiliger Jakobus) ausgestattet. In Blankenheim war auch ein von den Grafen gegründetes Hospital.

4. Tag

Von Blankenheim über Eifelhöhen nach Schönfeld (28 km)

Auf der Strecke nach Prüm soll die Zivilisation möglichst gemieden werden, um ganz auf sich selbst gestellt durch unberührtes Land zu ziehen und auf diese Weise eine Vorstellung von einsamen Wegabschnitten des Pilgerweges in Frankreich und Spanien zu bekommen.
Wir verlassen Blankenheim in Richtung Süden auf einer steilen Alleenstraße zum Schillertsberg (504 m) und folgen dem JH-Zeichen. Nach Überquerung des Nonnenbachtals geht es, vorbei am Cafe Maus auf der Höhe, ins Schaafbachtal zum kleinen Weiler Ahrmühle. Hier folgen wir dem Karl-Kaufmann-Weg. Es folgt der Anstieg nach Waldorf – auf der Höhe des 589 m hohen Hahnenberges erlebt man ein grandioses Eifelpanorama. Hinter dem Feuerwehrhaus geht es links auf dem Feldweg aufwärts zur K 69. Links bleiben, dann hinter den Höfen rechts weiter, Abstieg durch den Wald, vorbei an zwei Teichen und einer Grillhütte ins Tal nach Glaad (links die Schloßruinen der Burg). Nach Querung der Eisenbahnlinie und der Kyll erfolgt ein erneuter Aufstieg durch den Wald. Durch ein Ginsterheidegebiet geht es dann weiter nach Schönfeld (Gasthaus, Übernachtung in Ferienwohnung möglich), hinter dem Ort kann man in einer Scheune am Weg oder im Freien übernachten.
Alternative: Vor Jünkerrath auf JH-Weg rechts nach Kronenburg (Jugendherberge) einbiegen und von dort am nächsten Tag weiter auf Wanderweg Nr. 5, der durch die Schneeeifel nach Prüm führt.

Schlemmershof

In gallischer Zeit stand hier der Hof des Solimarus.

Nonnenbach

Erstmals im 12. Jahrhundert als »Nunninbach« erwähnt.

Hahnenberg

Grandioser Rundblick. Ringsum unberührte Natur, geschlossene Waldgebiete im Westen, freundlich dahingestreute Hügel mit Äckern und Wiesen im Süden. Der höchste Punkt auf unserer Eifeldurchquerung ist nun überwunden. (Eifelkurzportrait unter Städte- und Landschaftsbeschreibungen).

Jünkerath

An der Römerstraße Köln–Trier stand das römische Kastell Igoricum mit einer Pferdewechselstation, das sich zum Markt- und Dienstleistungszentrum entwickelte. Durch diese einst mit einer ovalen Ringmauer und 13 Rundtürmen geschützte Anlage führte die Römerstraße hindurch.

Kronenburg
Spätgotische zweischiffige Hallenkirche. Langhaus mit reichen Sterngewölben und Wappenschilden an den Schlußsteinen. Burg der Herren von Kronenburg mit Hochschloß aus dem 15./16.Jahrhundert.

Nachfolge
Unterwegs sagte einer zu Jesus: »Meister, ich will dir folgen, wohin du gehst.« Jesus antwortete: »Die Füchse haben Gruben, die Vögel des Himmels haben Nester; aber des Menschen Sohn hat keinen Platz, wo er seinen Kopf hinlegen kann.« Zu einem anderen sagte er: »Folge mir nach!« Der antwortete: »Erlaube mir, daß ich zuerst hingehe und meinen Vater begrabe!« Jesus erwiderte: »Laß die Toten ihre Toten begraben; du aber gehe hin und verkündige die Königsherrschaft Gottes!« Noch ein anderer sagte zu Jesus: »Herr, auch ich will dir nachfolgen. Aber erlaube mir, daß ich mich zuerst von meiner Familie verabschiede!« Jesus antwortete: »Wenn einer seine Hand an den Pflug gelegt hat und dann zurücksieht, ist er nicht tauglich für die Königsherrschaft Gottes.«
Lukas 9, 57–62

Rundblick auf dem Hahnenberg.

5. Tag

Von Schönfeld nach Prüm (14 km)

Von Schönfeld oder vom Heuschober aus gehen wir auf der Landstraße bis nach Reuth. Von hier geht es links auf der B 51 weiter in Richtung Neuendorf. Wir bleiben auf dieser Talstraße, die uns durch das Gebiet der Schneeeifel führt. Hinter Olzheim erreichen wir das von malerischen Waldhöhen umgebene Flüßchen Prüm, das uns auf unserem Weg in den nächsten Tagen begleiten wird. Durch die Talwindungen gelangen wir über Willwerath nach Hermespand, danach steigen wir durch den Wald in ein Tal ab, wo sich ein ständiges Jugendlager befindet. Dahinter ist bald Prüm erreicht. (Übernachtung in Prüm).

Schneeeifel
Siehe unter Städte- und Landschaftsbeschreibungen.

Olzheim
Von der alten Kirche sind Portal und Chor erhalten.

Prüm
Über die Ursprünge, Geschichte und Baugeschichte des Prümer Klosters siehe unter Städte- und Landschaftsbeschreibungen.

6. Tag

Von Prüm nach Waxweiler (17 km)

Durch das windungsreiche Tal der jungen Prüm, das sich nach Süden immer weiter verengt, geht es am Fuße der Schneeeifel weiter in Richtung Waxweiler. Hinter Niederprüm – unter der Autobahnbrücke hindurch, bei Watzenroth – verlassen wir die Bundesstraße und wechseln auf ein ruhigeres Straßenstück, hinüber auf die andere Talseite, wo an der Brücke eine gotische Kapelle mit Türmchen steht. Weiter geht es nach Lünebach mit bunt bemalten Schallarkaden des romanischen Turms der Pfarrkirche St. Gertrud. Hinter dem Ort auf der Bundesstraße nach ca. 1 km rechts abbiegen und über eine Brücke die Prüm überqueren. Auf einem ruhigen Weg am Waldrand entlang, parallel zum stillgelegten Bahndamm, kommen wir nach Waxweiler. (Übernachtung im Gasthof).

Prüm, Basilika: Altar.

Niederprüm

Ehemaliges Kloster der Benediktinerinnen. Kirche mit barocker Vorhalle und alter Tür. Die einschiffige Kirche von 1677 mit Nonnen- und Äbtissinnenempore und Chorgestühl. Bei der Kanzel Reliquienkasten mit Märtyrergebeinen, die aus den von Abt Markwardt aus Rom mitgebrachten Reliquien stammen. Westlich der Kirche ein barocker Klostertrakt (1757/58) von beachtlicher Größe, nach Plänen des Baumeisters Johannes Seitz. Heute ist hier ein von Nonnen geführtes Progymnasium der Vincentiner mit Internat. Der französische Ordensgründer Vinzenz von Paul lebte von 1581–1660. Nach Jahren der Glaubenszweifel wurde er 1600 zum Priester geweiht und stellte sich in den Dienst der Armen, Kranken und Unterdrückten. Sein Grab, in der Rue de Sèves in Paris, wird von vielen Pilgern aufgesucht.

Waxweiler

Pfarrkirche nach Plänen des Baumeisters Seitz (1770), als dreiseitig geschlossener Saalbau errichtet. 1922 zu einer kreuzförmigen Anlage erweitert. Barocker Hauptaltar mit zwei Heiligen als Pilger: St. Jakobus mit Pilgerstab, in der Bibel lesend, und als Pestheiliger St. Rochus, mit dem Finger auf die Pestbeule am Fuß zeigend. Auf dem linken Seitenaltar eine Statue des heiligen Willibrord, der Kloster Echternach gründete. Siehe dazu unter Städtebeschreibungen.

Gotteserfahrung

Sei achtsam und bewahre deine Seele gut,
daß du nicht vergißt,
was deine Augen gesehen haben,
und daß es dir nicht aus dem Herzen kommt
dein ganzes Leben lang.
Und du sollst deinen Kindern und
Kindeskindern
erzählen von dem Tag,
an dem du vor dem Ewigen,
deinem GOTT standest.

4 Mose 4,9.10a

7. Tag

Von Waxweiler nach Bitburg (23 km)

> Wohl denen, die ohne Wandel leben, die im Gesetz des Herrn wandeln.
> *Psalm 119*

Ab Waxweiler folgen wir der Landstraße durch ein Wäldchen bergauf in Richtung des Weilers Mauel. Unterwegs ergeben sich malerische Ausblicke auf die unberührte Flußlandschaft des Prümtals. In Biersdorf zweigen wir nach links ab in Richtung Rittersdorf mit seiner an der Nims gelegenen Wasserburg. Dem Lauf der Nims folgend erreichen wir über die romantisch im Tale liegende Stadtmühle die Bundesstraße 51, der wir bis zur Abzweigung nach Echternach folgen. Nach ca. 1,5 km biegen wir links ab nach Niederstedem mit einer Jakobskirche. (Übernachtung im Gasthof oder im 5 km entfernten Motel in Meilbrück).
Alternative: Über Neuerburg (hier gab es ein Hospital) nach Echternach und von dort über Wintersdorf mit einer Jakobskirche über Trierweiler nach Trier.

Rittersdorf

Alte gleichnamige an der Nims gelegene Wasserburg. Schon in weiter Ferne kann man den weißen Bergfried mit seinen sieben Geschossen aus der Zeit um 1300 über die Dächer des kleinen Eifeldorfes hinausragen sehen. In der restaurierten Burg ist heute ein Restaurant untergebracht, das sich nach außen mit einer Freiterrasse zu einem kleinen See hin öffnet. Die alten Gräben um die Burg hat man wieder mit Wasser gefüllt. Über eine Brücke durchschreitet man ein prunkvolles Renaissanceportal aus dem Jahre 1575, dem kostbarsten Teil dieser wehrhaften Eifelburg. Ein weiteres Schmuckstück ist ein spätgotischer Palas im Innenhof.

Niederstedem

Niederstedem wird 893 zum ersten Mal als »Stedeheym« im Prümer Urbar genannt. Der Name weist auf die frankische Zeit hin und setzt sich zusammen aus den Worten »Stedem«, was soviel wie Stätte heißt, und »haims«, dem althochdeutschen Wort für Dorf. Mit dem Aufkommen der Jakobusverehrung nimmt die Zahl der Jakobuskirchen nach der Jahrtausendwende zu. Wer den Umweg über Echternach nach Trier nimmt, kommt ganz in der Nähe an der Sauer in Wintersdorf an einer weiteren berühmten Jakobuskirche vorbei. Hier und in Niederstedem gab es Jakobusbruderschaften.

Echternach

Siehe unter Städtebeschreibungen.

Von Bitburg nach Trier (23 km)

Über Meilbrück auf der B 51 folgen wir nach Trier dem Verlauf der alten Römerstraße, auf der früher auch Matthiaspilger gegangen sind. *Alternative:* Auf Nebenstraßen ist es ruhiger, aber länger. Unterwegs ehemaliges Kloster Helenenberg. Bei Sirzenich verlassen wir die Bundesstraße und gehen rechts in einen Wald mit hohen Buchen und Kastanien, der zum Markusberg führt, wo uns ein schöner Blick auf das Moseltal und die Stadt Trier erwartet. Dann folgt der Abstieg zur Benediktinerabtei St. Matthias. Wer Trier noch nicht kennt, sollte einen Tag pausieren, um die zahlreichen Sehenswürdigkeiten der Stadt zu besichtigen.

Helenenberg

Der Name des an der alten Römerstraße gelegenen Klosters geht auf Kaiserin Helena zurück, die hier eine Villa besessen haben soll. Schon 1245 bestand hier »ein Hospital zur Aufnahme von Christen«. 1488 ist ein »Hospital am Helenenberg« bezeugt, das von Kreuzherren aus Köln betreut wurde. Sie hatten auch die Aufgabe, erkrankte und ermattete Pilger aufzunehmen und zu pflegen. Prächtige Westfront und Vorhalle, Langhaus erst 1784 vollendet. Gotischer Flügelaltar mit Aposteln (heiliger Jakobus rechts außen, oben) aus Norddeutschland. Das Kloster gehört seit 1898 den Salesianern, die hier ein Diözesanwaisenhaus unterhalten und sich heute der Ausbildung und Erziehung der Jugend widmen. Heute Erziehungsanstalt (»Eduardstift Helenenberg«).

St. Matthiasbasilika mit Pilgerkreuz.

Trier

Siehe unter Städtebeschreibungen.

Kloster St. Irminen: Bereits im 7. Jahrhundert am Moselufer als Frauenkloster gegründet. Das adelige Stift wurde 1804 aufgehoben, danach war es Hospital und Altersheim der Vereinigten Hospitien.

St. Matthias: Die Benediktinerabtei ist ein gut erhaltenes Beispiel einer mittelalterlichen Klosteranlage. Sie lag wenige Minuten von den Barbarathermen entfernt, südlich der Stadt, außerhalb der römischen Mauer. Bereits für das 5. Jahrhundert wird an dieser Stelle über den Gräbern der ersten christlichen Glaubensboten ein Kloster bezeugt. Ihre Steinsärge befinden sich im ältesten Teil der Kirche, der noch aus der Zeit des Bischof Egbert (977–993) stammenden Krypta. Die heutige romanische Kirche, eine gewölbte Pfeilerbasilika, wurde 1148 von Papst Eugen III. geweiht.

Weitere Hinweise zur Rolle der Abtei im frühen Christentum siehe unter Trier bei Städtebeschreibungen.

Gott trägt auch dich

Der Herr, euer Gott, zieht vor euch hin,
und wird für euch streiten,
wie er's mit euch getan hat
in Ägypten und in der Wüste.
Da hast du gesehen,
daß dich der Herr,
dein Gott, getragen hat,
wie ein Mann seinen Sohn trägt;
auf dem ganzen Wege,
den ihr gewandert seid,
bis ihr an den Ort kamt.

5 Mose 1,30.31

Spuren der Jakobspilger: In der Vierung Tumba des Apostels Matthias. In der Schatzkammer der Abtei werden noch weitere Überreste von Heiligen (Philippus und Jakobus) aufbewahrt. In der frühromanisch-ottonischen Krypta sind die Steinsärge der ersten Glaubensverkünder auf deutschem Boden, den Bischöfen Eucharius und Valerius. Auf dem Friedhof unter der Quirinus-Kapelle wurden unterirdische Grabkammern aus dem 3./4. Jahrhundert freigelegt. Der Raum unter der achteckigen Kapelle – mit Tonnengewölbe und Apsis – war die ursprüngliche Gruft des heiligen Eucharius. An der Stelle dieser Grabkammer befand sich wahrscheinlich ein noch älteres Heiligtum, das den drei Muttergottheiten (Matronen) und der Diana geweiht war. Die Abtei St. Matthias vereint somit drei Funktionen (Wallfahrtskirche, Mönchskirche und Grabkirche der Gründerbischöfe). Im Innenhof der Abtei findet man an der Brunnensäule eine Inschrift mit folgendem Wortlaut: »Zum Grabe des Apostelfürsten Petrus in Rom 980 km, zum Grabe des Apostels Jakobus in Santiago de Compostela 1395 km«. Mehr über Spuren der Jakobuspilger siehe unter Trier bei Städtebeschreibungen.

Die Sarkophage der Gründerbischöfe in der Krypta der St. Matthiasbasilika.

9. Tag

Von Trier nach Saarburg (26 km)

Von der Abtei St. Matthias führt unser Weg am Ufer der Mosel auf dem Radweg entlang. Kurz vor Konz, im Ort Karthaus, liegt das ehemalige Karthäuserkloster. Weiter geht es bis zur Einmündung der Saar in die Mosel. Am linken Ufer der Saar gelangen wir auf dem Radwanderweg über Hamm (romanischer Kirchturm mit originellem steinernen Pyramidendach) zum Weinort Kanzem, wo wir zum anderen Ufer wechseln und den Höhenweg über den Wiltinger Saarbogen nehmen, der oberhalb der Weinberge mit prächtiger Aussicht entlangführt und uns dann wieder hinunter in den Weinort Ayl (Weinlage »Ayler Kupp«) bringt.

An der Hauptstraße entlang kommen wir nach Niederleuken, von dort auf dem Saaruferweg zum Mittelpunkt des Saartales nach Saarburg, das an der Mündung des Leukbaches in die Saar liegt. (Jugendherberge oberhalb der Stadt).

Alternative ab Konz: Weg über Perl an der Mosel entlang nach Metz mit Tafeln an markanten Punkten. Von der Konzer Brücke führt ein von den Verbandsgemeinden Saarburg und Konz in Auftrag gegebener, markierter Weg zur Mosel. Man geht zuerst in Richtung Wasserliesch. Der Weg führt dann links an einem Baumarkt vorbei durch den »Fuchsgraben« nach Tawern (4,5 km). An der römischen Tempelanlage gehen wir weiter in Richtung Onsdorf. Unterwegs wechseln sich Wald, Wiesen und Streuobstflächen ab. Im Onsdorfer Wald führt der Weg teilweise parallel zu der alten, kaum noch sichtbaren Römerstraße. Bei Kümmern/Mannebach münden wir in die K 111 ein. Vom letzten Haus des Ortes an führt der Weg weiter durch ein besonders schönes Wäldchen zur Gemeinde Fisch. Etwas außerhalb von Fisch liegt die Jakobuskirche im Tal. Durch die Maklich, an Wiesen und Streuobst vorbei, geht es nach Körrig bis zur Kirche. Links an der Kirchenmauer verläßt man den Ort und gelangt auf einem asphaltierten Wirtschaftsweg nach Merzkirchen (13,5 km). Ca. 500 m hinter dem Ortsausgang, in Richtung Keisen, biegt der Weg rechts in einen Feldweg ein, um der alten Römerstrecke zu folgen. In Höhe von Kirf, an den Windrädern vorbei, geht es ungefähr 200 m auf der L 133 bis zum Pestkreuz, dann weiter in Richtung Sinz. Am Friedensdenkmal wird die B 406 überquert. Weiter durch das kleine Waldstück Kampholz am Heiselhof vorbei nach Borg (29 km). Auf dem Radweg über die Autobahn hinweg zum Pillinger Hof. Ab hier ver-

Innenansicht der Matthiasbasilika in Trier.

Saarburg.

läuft der Weg ca. 200 m an der Bundesstraße B 407 entlang bis zum Parkplatz. Dort ist in Richtung Sensweiler abzubiegen. Durch die Weinberge hindurch kommt man dann nach Perl (35,5 km).

Ehemalige Kartause

Vom Trierer Erzbischof Balduin 1331 vor den Mauern von Trier erbautes Kloster, von dem die weithin sichtbare einschiffige Kirche und ein Wohnflügel erhalten geblieben sind. Einst mit prächtiger Schauseite und Ehrenhof der Mosel zugewandt. Nach der Zerstörung durch französische Truppen (1680) wieder aufgebaut, 1794 nach Säkularisation auf Abbruch versteigert.

Konz

Einst Sommersitz Kaiser Valentians (364–375). Reste dieser Anlage sind unter der Kirche ergraben worden. An der Eckbastion des Erzstifts Trier gegen Frankreich fand 1675 hier die Schlacht an der Konzer Brücke statt, die mit einer vernichtenden Niederlage der Franzosen endete. Hier überquerte einst die Römerstraße von Trier nach Metz über eine Brücke die Saar und führte weiter nach Tawern mit einer heute rekonstruierten Tempelanlage aus römischer Zeit. Am anderen Moselufer liegt der Ort Igel mit einer römischen Säule, die 250 n. Chr. als Grabdenkmal errichtet wurde.

Lambertsfriedhof

Zwischen Ayl und Niederleuken liegt bei einer Rechtskurve der B 52 (Lambertskehr) auf einer Anhöhe der Lambertsfriedhof mit einer kleinen Kapelle, zu der eine Allee hinführt. Hier befand sich der kirchengeschichtlich wichtige Standort der ältesten Mutterpfarre für die nähere Umgebung. Schon vor 1000 Jahren stand hier eine dem heiligen Servatius, nach 964 eine dem heiligen Lambert geweihte Kirche. Der Überlieferung nach wurde hier im 12. Jahrhundert von einem armen fremden Pilger aus dem Orient eine Kirche erbaut. Neben der Kirche befand sich ein Anbau, der noch im 17. Jahrhundert Klausnern als Eremitage und Reisenden als Zufluchtsort diente (St. Lambertsberg). Die heutige Kapelle stammt aus dem Jahre 1850. Eine aus dieser Kapelle stammende thronende romanische Muttergottes aus dem 11. Jahrhundert befindet sich heute im Bischöflichen Dom- und Diözesanmuseum in Trier.

Saarburg
Die Burg wird schon 964 erwähnt. Sie ist eine der ältesten Höhenburgen Deutschlands und befand sich im Besitz der Trierer Erzbischöfe, die sie im 14. Jahrhundert als Residenz benutzten. 1705 wurde sie von den Franzosen gesprengt. Mitten im Ort bildet der Leukbach einen großen, 20 m hohen Wasserfall. Stattliche Barockhäuser in der Oberstadt, unterhalb der Burg, am Ufer der Saar, liegt ein malerisches Fischerviertel.

Fisch
Im Ortsteil Rehlingerhof steht einsam im Mannebachtal in einem Friedhof die St. Jakobus-Kirche (Rehlinger Kirche) mit romanischem Westturm, die einst zum dem heute untergegangenen Ort Littdorf gehörte.

Adressen: Tourist-Information
Trier: Tel: 0651–978080
Konz: Tel:06501–83156
Saarburg: Tel: 06581–81215
Perl: Tel: 06867–66126

10. Tag

Von Saarburg nach Oberleuken (28 km)

Wir gehen von der Jugendherberge aufwärts zum Höhenweg, der durch den Wald zur Klause bei Kastel führt. Unterwegs ergeben sich schöne Ausblicke ins Leukbach-, dann ins Saartal. Von der unweit der Klause gelegenen Kirche St. Johann Baptist aus kommen wir auf der Landstraße zur B 51 und biegen dort gleich links in einen Feldweg ein, der nach Freudenburg führt. Im Ort gehen wir links an der Burg vorbei und steigen dann ins Tal ab bis zur Teerstraße. Von dort geht es weiter zur Stegmuhle. Wir folgen dem Leukbach weiter aufwärts bis zum Waldsee, dann weiter zur Haselmühle auf schnurgeradem Weg durch den Wald, den wir erst wieder an der Friedhofskapelle von Kesslingen verlassen. Weiter auf der Landstraße links bis Oberleuken. Hier Übernachtungsmöglichkeit oder Zelten bei Bauernhof.

Kastel
Die auf einem Felssporn von Karl Friedrich Schinkel 1834–38 erbaute Klause ist eine der harmonischsten Verbindungen von Bauwerk und Landschaft. Im Mittelalter und in keltisch-römischer Zeit war dieser Felsen eine geweihte Stät-

Blick von der Klause bei Kastel in das Saartal.

te. Von der im 16. Jahrhundert erbauten Kirche und Klausnerwohnung sind noch Teile erhalten. Grabkapelle mit schwarzem Sarkophag für den blinden König Johann von Böhmen (1346 in der Schlacht von Crécy gefallen). Felskammern mit Kreuzauffindungskapelle, Rundbogennische mit Heiligem Grab, wahrscheinlich schon in der Kreuzfahrerzeit in Erinnerung an Jerusalem verehrt. In der Nähe, außerhalb des Ortes gelegen und von einer Kirchhofmauer umschlossen, die zweischiffige Pfarrkirche St. Johann Baptist mit romanischem Turm mit Masken und gotischen Kreuzrippengewölben, heute Gedenkstätte.

Freudenburg

1337 von König Johann von Böhmen erbaut. Stattliche Anlage auf schmalem Felsen mit an die natürlichen Gegebenheiten angepaßtem Grundriß, durch einen breiten Halsgraben vom Dorf getrennt. Reste des Palas und der Wohngebäude. 1646 im Streit zwischen dem Trierer Erzbischof und der Trierer Abtei St. Maximin zerstört.

Kesslingen

Kapelle St. Jacob mit quadratischem Chor (15. Jahrhundert), kreuzrippengewölbt mit Fresken und Holzfigur des Heiligen (1724), Altar mit römischem Grabstein. Das als Rechtecksaal erbaute Schiff stammt aus dem Jahre 1779, ebenso der Turm; nach Kriegsschäden wiederaufgebaut. Geschnitzte Gruppe der Siebenschläfer, 17. Jahrhundert, Wegekreuz von 1736. Reliefplatte mit Kruzifix, Maria und Johannes. Auf Postament und Unterbau Leidenswerkzeuge und Inschrift.

11. Tag

Von Oberleuken nach Buding (32 km)

Hinter Oberleuken gehen wir durch den Wald bis zur E 42, dort wenden wir nach links bis Hellendorf. Im Ort halten wir uns rechts in Richtung des Feldweges nach Eft-Hellendorf. Anstieg durch menschenleeres Grenzland zum Grenzübergang nach Frankreich. Abstieg nach Merschweiler, ins Tal nach Kitzing. Hinter der Brücke auf der Landstraße links, nach ca. 1 km rechts auf einem Feldweg bergauf nach Kirsch-les-Sierk. Hinter dem Ort, am Wegkreuz, auf der Landstraße bergab nach Montenach. In Montenach der D 956 links folgen, nach 2 km in einen Feldweg rechts einbiegen und geradeaus bis zur D 855 gehen. Dort nach rechts wenden und an der Abzweigung links nach Lemestrof, Budling gehen. Auf ruhiger Landstraße (D 61) durch ein landschaftlich reizvolles Gebiet (Land der drei Grenzen = pays des trois frontières) über Lemestrof nach Budling (Einkehrmöglichkeit). Auf der D 61 bergab durch das romantische Bisbachtal in das Tal der Canner, an der oberen Mühle links auf der D 2 noch 2,5 km bis nach Buding (Campingplatz).

Jakobspilger am Wegekreuz hinter Montenach.

Eft-Hellendorf

Pfarrkirche St. Philipp und Jacob – Chor mit 5/8-Schluß und Turm aus dem 16. Jahrhundert, Mittelschiff 1724/25. Ausstattung aus dem 18. und 19. Jahrhundert, neugotisches Portal aus der Mitte des 19. Jahrhunderts. Bildstock mit Kreuzgruppe (18. Jahrhundert).

Veckring (Weckringen)

Größte Festung der Maginot-Linie (Ouvrage Hackenberg), Teil des zum Schutz der Nordostgrenze Frankreichs (1929–32) gebauten Befestigungssystems, das in seinem Verteidigungswert stark überschätzt und beim deutschen

Angriff im Jahre 1940 zerschlagen wurde. Wallfahrtskapelle (Chapelle) mit gotischem Chor, Grabdenkmäler aus dem 16. Jahrhundert der Fust von Stromberg.

Caranusca

Auf der Höhe bei Elzange (Elzingen) befinden sich die als »Heidenfeld« bezeichneten Reste einer römischen Stadt an der Römerstraße Metz–Trier, von der der Name des Flüßchens Canner abgeleitet ist.

Sierk-les-Bains

Wappen der Herren von Sierk zeigt drei Jakobsmuscheln auf rotem Querstreifen.

Schloss Homburg.

Der Auftrag

In jener Zeit rief Jesus die Zwölf zu sich und gab ihnen die Kraft und die Vollmacht, alle Dämonen auszutreiben und die Kranken gesund zu machen. Und er sandte sie aus mit dem Auftrag, das Reich Gottes zu verkünden und zu heilen. Er sagte zu ihnen: Nehmt nichts mit auf den Weg, keinen Wanderstab und keine Vorratstasche, kein Brot, kein Geld und kein zweites Hemd.
Bleibt in dem Haus, in dem ihr einkehrt, bis ihr den Ort wieder verlaßt. Wenn euch aber die Leute in einer Stadt nicht aufnehmen wollen, dann geht weg, und schüttelt den Staub von eueren Füßen, zum Zeugnis gegen sie.
Die Zwölf machten sich auf den Weg und wanderten von Dorf zu Dorf. Sie verkündeten das Evangelium und heilten überall die Krankheiten.

Lukas 9, 1–6

12. Tag

Von Buding nach St. Hubert (20 km)

Wir wandern auf der alten Römerstraße durch ein von grünen Hügeln gesäumtes Bachtal ohne größere Steigungen im Departement Moselle. Zunächst gehen wir auf der D 2 bis Kedange (Kedingen). Hier besteht eine letzte Möglichkeit, vor Dietz Proviant einzukaufen. Hinter dem Schloß biegen wir auf die D 118 c ein und gehen geradeaus bis nach Aboncourt (»Zum guten Hof«), wo das Leben seit dem Krieg 1870/71 (Kriegerdenkmal, Kanonen) stehen geblieben zu sein scheint. Wir folgen der Talstraße nach Süden und biegen kurz vor St. Hubert nach links in den Wald ab, zur 2,5 km entfernten, ehemaligen Zisterzienser-Abtei Villiers-Bettnach (Einkehrmöglichkeit). Auf derselben Straße geht es wieder zurück und hinter St. Hubert links in ein idyllisches Bachtal zu der 1 km im Wald gelegenen Kapelle »Notre Dame de Rabas« (Hinweisschild). Dort Übernachtungsmöglichkeit (Zelt- oder Campingplatz in der Nähe).

Schloß Homburg

Wappengeschmücktes Wegekreuz. Das 1551 von Wirich von Kriechingen erbaute Schloß wurde bald zerstört – teilweise bereits 1566–1571 wiederaufgebaut, der Rest Anfang des 18. Jahrhunderts. Schloßkapelle mit Grabdenkmälern des Geschlechts derer von Kriechingen (1577 und 1587).

Budange und Aboncourt

Gute Beispiele für die Organisationsstruktur lothringischer Dörfer – langgestreckte Straßendorfer aus dem 18. und 19. Jahrhundert, an beiden Seiten steht Haus an Haus, die durch eine Brandmauer von einander getrennt sind. Kennzeichnend sind die wenigen kleinen Fenster – wegen der Ende des 18. Jahrhunderts eingeführten Tür- und Fenstersteuer. Zwischen Haus und Straße befinden sich kleine Nutzflächen zum Abstellen von Geräten, Holz, usw.

Villiers-Bettnach

Von der 1130 gegründeten Zisterzienserabtei sind Umfassungsmauern, Kapelle und ein Eingangstor erhalten. Auf dem Friedhof ist ein Grabstein mit verwitterten Jakobsmuscheln. In den Wirren der Französichen Revolution wurde hier ein Massaker an 200 Mönchen verübt. Der Rest floh, die Abtei wurde verkauft und zu einem Hofgut. Seit 1901 sind die Gebäude im Besitz der Forstverwaltung.

Eingangstor, Umfassungsmauern und Kapelle der ehemaligen Zisterzienserabtei von Villiers-Bettnach.

Rabas

Kapelle mit romanischen Teilen, spätgotischem Chor und seitlichem Rundtürmchen, errichtet an der Stelle, wo eine Quelle entspringt (Karlsquelle). Karl der Große soll die Kapelle errichtet haben. Früher war dies ein besuchter Marienwallfahrtsort. Gegenüber Haus mit frühgotischer Madonna über dem Eingang (ehemalige Pilgerunterkunft?).

13. Tag

Von St. Hubert nach Metz (24 km)

Wir kehren zurück zur Hauptstraße (D 52), der wir nach links den Hang hinauf folgen. Schöner Rückblick auf den Wald und das Tal der Canner. Wir folgen der Landstraße bis Vigy mit Verpflegungsmöglichkeit (Bäcker, Metzger, Lebensmittelgeschäft). Von hier geht es auf der Landstraße D 67 weiter nach Avancy, kurz danach stoßen wir auf die viel befahrene D 3, der wir nach rechts folgen, um dann bereits wieder nach ungefähr 2 km rechts auf eine ruhige Nebenstraße in Richtung Vrémy und Failly abzubiegen. Über Villiers-L'Orme gehen wir auf der D 69 c nach Mey und Vantoux, wo wir die Vorstadt von Metz erreichen. Auf der Rue Jean Pierre kommen wir an der Kirche St. Lucie vorbei, gehen weiter durch die Rue Charlotte Jousse in Richtung des großen Verteilerkreises und dann nach links zum Deutschen Tor (Porte des Allemands), durch die Rue des Allemands zur Kathedrale, zum Flußufer, über die Moselinsel an der Präfektur vorbei, und weiter über die Brücke zur Kirche St. Clement. Von hier ist es nicht mehr weit zur am Ufer der Mosel bei der Thionviller (Diedenhofener) Brücke gelegenen Jugendherberge.

Romanischer Türsturz der Kirche von Mey mit Darstellungen von Ungeheuern, Löwen und Meeresweibchen, 11. Jahrhundert.

Vigy

Unweit der alten Römerstraße Trier–Metz gelegen.

Failly

Große Kirchhofsmauer, die ehemals Befestigungszwecken diente. Links liegt St. Barbe, das im 16. Jahrhundert ein beliebter Pilgerort war (Reste einer gotischen Kirche – Turm und Rosette.

Mey
An der Südwand der Kirche ist ein romanischer Türsturz mit eindrucksvollen Darstellungen von Ungeheuern, Löwen und Meeresweibchen (11. Jahrhundert) erhalten. 5 km nördlich liegt Charly-Oradour, von wo im Zweiten Weltkrieg deutsche Truppen Kinder in das südfranzösische Oradour verschleppten und ermordeten (Zusatz »Oradour« erfolgte erst später zur Erinnerung).

Nouilly
Schlachtfeld vom 14. August 1870. Siehe unter Städte- und Landschaftsbeschreibungen. Unterwegs Denkmal ohne nationales Pathos mit deutscher Aufschrift zur Erinnerung an »die für ihr Vaterland gefallenen Soldaten«.

Vantoux-Vallières
Hochkreuz an der Grenze zur Metzer Bannmeile. Die Silhouette der Kathedrale von Metz ist von weitem sichtbar.

Metz
Siehe unter Städte- und Landschaftsbeschreibungen.

Metz, Kathedrale.

Dankbarkeit

Angesichts der großen Gaben, die Gott uns spendet, lassen wir es an Dankbarkeit fehlen, und wir schätzen sie erst, wenn sie uns genommen sind. Laßt uns nicht trauern über das, was uns fehlt, sondern danken für das, was wir gerade haben. Mit David wollen wir sagen: »Wie kann ich dem Herrn all das vergelten, was er mir Gutes getan hat?«
Er hat uns aus dem Nichts geschaffen und hat uns mit Verstand ausgezeichnet. Aus der Erde läßt er das Korn als Nahrung wachsen, Tiere stellt er in unseren Dienst. Für uns gibt er Regen und die Sonne, für uns das Bergland und die Täler, für uns strömen Flüsse und entspringen Quellen. Das Meer öffnet sich unserem Handel, aus den Bergen gewinnen wir Erz: überall ist Wonne und Freude. Die ganze Schöpfung beschenkt uns überreich, dank der freigiebigen Güte Gottes, unseres Wohltäters.

Basilius der Große

14. Tag

Von Metz über Gorze nach Mars-la-Tour (26 km)

Hinter Metz betritt man ein weites einsames Land, von dem der Dichter Maurice Barré sagte: »Schweigende milde Unendlichkeit, dieser Horizont, dessen Formen wenig Abwechslung bieten, wirft uns auf uns selbst zurück und bindet uns an die Ketten unserer Vorfahren, die starken einfachen Farben der Landschaft bilden eine Melodie, die einen in mystische Erregung versetzt, die Erinnerung an seine große und starke Vergangenheit«.

Etwas Besonderes hält der Weg dort für jeden Pilger bereit: die erste Bewährungsprobe auf seinem langen Marsch nach Santiago de Compostela. Denn in den weiten Ebenen Nordfrankreichs wird sich erweisen, ob man aufgibt oder weitermacht. Ganze Meere von wogenden Weizenfeldern müssen durchschritten werden, dann folgen die Schlachtfelder von drei großen Kriegen zwischen Frankreich und Deutschland, deren Erde vom Blut der Soldaten in den beiden vergangenen Jahrhunderten getränkt wurde. Kaum jemand, der durch Lothringen reist – zumal zu Fuß – kann sich der Erschütterung entziehen, die zwei europäische Kulturnationen hier verursacht haben. Hier bleibt viel Zeit zum Nachdenken, über das eigene Leben und über »Gott und die Welt«, denn die Entfernungen zwischen den Orten sind groß. In den Dörfern ist es so still und menschenleer, daß man glaubt, hier sei seit 1870 die Zeit stehen geblieben.

In den flachen Schichtstufenlandschaften Nordfrankreichs zwischen Metz und Châlons-sur-Marne erfährt mancher – immer den endlosen Horizont vor Augen – eine Erweiterung seines inneren Sehens und Verstehens und wird so vielleicht vom Wanderer zum Pilger.

Von der Jugendherberge gehen wir parallel zur Mosel, an der Kirche St. Vincent vorbei bis zur nächsten Moselbrücke, die wir überqueren und der Hauptstraße in Richtung Longeville und Moulins-les-Metz folgen. In der Ortsmitte nicht in Richtung Verdun (65 km) laufen, sondern nach links wenden und weiter parallel zur Mosel bis nach Ars-sur-Moselle gehen. Unterwegs tauchen rechts in den Hügeln die romantischen Weindörfer Vaux und Jussy auf, mit wehrhaften Toren und alten Kirchen. Von einer Eisenbahnbrücke hat man einen guten Überblick über das Moseltal. In Ancy-sur-Moselle verlassen wir die Hauptstraße und folgen rechts dem Hinweisschild nach Gorze, das von hier noch 5 km entfernt liegt. Auf der schmalen Straße steigen wir durch einen kleinen Hohlweg bergauf und erreichen bald die Weinberge, die einen schönen

Blick nach Nordwesten freigeben. Auf der Höhe gelangen wir in ein Wäldchen, wo unweit der Straße das Kreuz des heiligen Clemens (Croix de St. Clement) steht. Nach dieser Anstrengung ist der Rest des Weges eine angenehme Wanderung hinab in das von Wiesen und Obstbäumen durchzogene liebliche Kulturland »La Terre de Gorze«. In Gorze sollte man Proviant einkaufen, da ab hier für den übrigen Tag keine Einkaufsmöglichkeit mehr besteht. Nach dem Besuch der ehemaligen Abtei verlassen wir den Ort auf der Hauptstraße und biegen kurz vor der Anhöhe nach rechts ab auf einen Feldweg, der uns aus der Alleestraße ins Freie führt (rechts liegt St. Thibaut). Der Weg führt schon bald wieder in eine Senke, aus der man heraussteigen muß, rechts liegen einsam die Häuser einer Käserei, dann steht man plötzlich vor der dramatischen Kulisse einer weiten, leeren Landschaft, in der Felder, Hügel und Himmel ineinander übergehen und nie zu enden scheinen. Wir betreten historischen Boden, auf dem am 16. August 1870 eine der blutigsten Entscheidungsschlachten im Krieg zwischen Deutschland und Frankreich ausgetragen wurde. Zahlreiche Denkmäler, deutsche wie französische, erinnern noch heute an dieses furchtbare Ereignis. Der höchste und eindruckvollste Punkt wird am windumtosten Kreuz der Vierge de Tantelain-ville erreicht. Bei Vionville stoßen wir wieder auf die Landstraße, der wir links nach Mars-la-Tour folgen, das nach 3,5 km erreicht ist. Übernachtungsmöglichkeit im Zelt am etwas außerhalb gelegenen See mit Toilette und einfacher Waschgelegenheit.

Scy-Chazelle

Vor dem Ort Moulins liegt rechts oben die weithin sichtbare Wehrkirche, von denen es mehrere im Metzer Umland gibt, mit dem Grab von Robert Schuman (1886–1963), des Vaters der Montanunion und der Europäischen Gemeinschaft.

Ars-sur-Moselle

Von dem einst an dieser Stelle die Mosel überspannenden Aquädukt der römischen Wasserleitung sind auf dem linken Moselufer noch elf Pfeiler mit sieben Bögen erhalten. Auf der gegenüberliegenden Seite bei Jouy-aux-Arches ist ein noch besser erhaltener Teil der Leitung mit 16 Bögen in einer Höhe von 18 m erhalten. Das Aquädukt hatte insgesamt eine Länge von 1120 m. Es war das längste und größte Bauwerk der Römerzeit in Lothringen. Das bei Gorze aufgefangene Quellwasser wurde an dieser Stelle in einer 24 km langen Leitung über die Mosel nach Metz transportiert.

Kreuz des heiligen Klemens

Hinter Ancy auf der Höhe erinnern ein Kreuz und ein Stein an den Ort, wo der heilige Klemens beim Anblick der noch zu bekehrenden römischen Stadt Metz seine Knie im Gebet in Stein verewigt haben soll.

Gorze
Kurz vor Erreichen des Ortes steht ein Bildstock mit einer Reliefdarstellung des heiligen Jakobus als Pilger (Kloster Gorze siehe vorne unter Städtebeschreibungen).

Vionville, Mars-la-Tour
Schlachtfelder des 16. August 1870 im Krieg zwischen Frankreich und Deutschland (siehe unter Städte- und Landschaftsbeschreibungen).

15. Tag

Von Mars-la-Tour nach Bonzée (26 km)

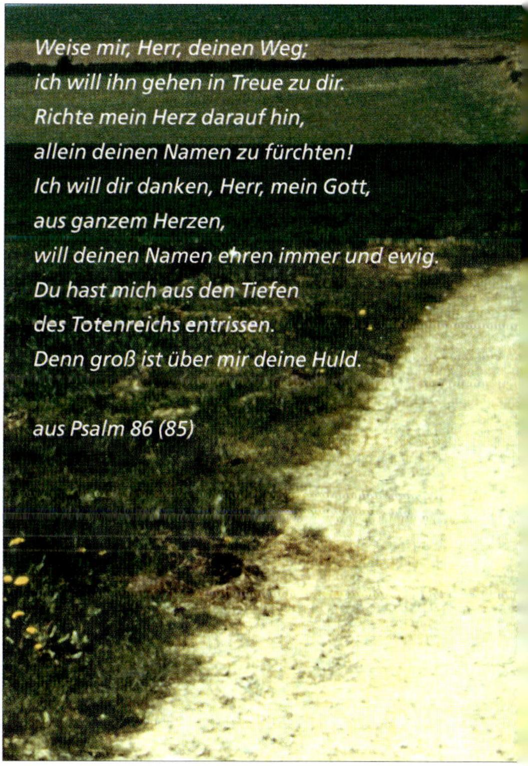

In Mars-la-Tour besuchen wir die Kirche (in einer Bäckerei Einkaufsmöglichkeit). Auf der Hauptstraße D 903 gehen wir weiter in Richtung Hannonville/Suzemont. Am Horizont taucht der Gebirgsriegel der Maas-Höhen (Côtes de Meuse) auf, der im Laufe des Tages immer näher kommt. Die Straße führt wie mit dem Lineal gezogen immer geradeaus, Alleebäume spenden Schatten, ab und zu taucht seitab der Straße ein kleines Wäldchen auf. In den Dörfern ist nur wenig Leben. Unterwegs immer wieder stille Soldatenfriedhöfe. Weiter geht es auf dieser Landstraße über Pintheville nach Mantheulles (am Straßenrand ein Gedenkstein der Amerikaner), wo wir die D 903, die man hier »Voie de la liberté« (Weg der Freiheit) nennt, verlassen können und links auf die Nebenstraße zu dem 1,5 km entfernten, von Pferdeweiden umgebenen Bon-

Jakobspilger im Grenzland.

zée abbiegen. Übernachtung auf dem Campingplatz oder im Ort auf dem Platz neben der Kirche (Toilette und einfache Waschgelegenheit vorhanden).

Lothringen
Typisch sind die im Westen sanft ansteigenden und nach Osten mit einer schroffen Stufenstirn abfallenden Landstufen (Côtes), die von der Maas und ihrem Nebenfluß Meurte bewässert werden. Diese Kalksteinhänge zählten im Ersten Weltkrieg zu den am längsten und am härtesten umkämpften Frontabschnitten.

Mars-la-Tour
In der Kirche weiße Marmortafeln mit den Namen der in der Schlacht von 1870 gefallenen Soldaten – eine stumme Anklage gegen den Krieg; außen eine Kanone und ein preußischer Schild mit Adler. Auf der Südseite des Ortes befindet sich ein Schloß (le chateau).

Harville und Maizeray
Deutsche Soldatenfriedhöfe, Gräber in regelmäßigen Reihen, so weit das Auge reicht.

Bonzée
Ausgangspunkt für den Besuch von Schlachtfeldern des Ersten Weltkrieges. Zu Füßen der Maas-Höhen liegt die sogenannte Ebene von Woeuvre, die im Februar 1915 den Deutschen nach erbitterten Kämpfen entrissen wurde.

Voie de la liberté
Durch Gedenksteine markierte Straße, die an den Vormarsch der amerikanischen Truppen im Zweiten Weltkrieg von Cherbourg über Reims in Richtung Verdun erinnert.

Homo viator – Auf dem Weg zum ewigen Leben
Zusammen, meine Brüder, laßt uns die Worte des Apostels überdenken: Wir wandeln fern vom Herrn, solange wir im Fleische wohnen, denn wir schreiten auf dem Weg des Glaubens, nicht des Schauens. »Ich bin der Weg, die Wahrheit und das Leben«, sprach Jesus Christus, unser Herr, und wollte, daß wir durch Ihn zu Ihm gelangten. Wie aber sollen wir dorthin gelangen, wenn nicht auf dem Wege? Und wohin sollen wir gehen, wenn nicht zur Wahrheit und zum Leben? Zum ewigen Leben wohlgemerkt, denn nur dieses ist das Leben. Und was das Leben hier angeht, in dem wir gegenwärtig wandeln, so genügt ein Vergleich mit jenem anderen Leben, und wir sehen, daß es nicht Leben, sondern Sterben ist. Denn es ist wandelbar und fließt dahin und hält sich unsicher im Gleichgewicht. Es kann sich nicht bewahren und währt nur kurze Zeit. Ein Leben aber, das nicht ewig währt, kann nicht das Leben sein, denn das wahre Leben nämlich dauert ewig.
Augustinus

16. Tag

Von Bonzée nach Verdun (26 km)

Der Weg führt am Bach entlang durch den Ort bis zu den Reitplätzen am Ortsrand, dann geht es weiter auf schmaler Landstraße (D 21) in Richtung Mont-Villers. Unterwegs treffen wir auf einen Hain mit Bäumen, der Andachtsstätte »Notre Dame de Genaviot«. Hinter dem hübschen, auf Wanderer eingerichteten Ort Mont-Villers folgt ein steiler Aufstieg zu den bewaldeten Höhen der Côtes de Meuse. Im Wald sind noch Spuren des Stellungskrieges zu sehen. Man sollte die Hinweise beachten, die das Verlassen der Wege verbieten – Todesgefahr durch herumliegende Munition. Oben gelangen wir auf die strategisch wichtige Straße (D S 31 a), die im Wald auf dem Kamm des Maas (Meuse)-Gebirges entlang führt und Tranchée de Calonne genannt wird. Bei einer Wegkreuzung geht es dann geradeaus weiter und über die Autobahnbrücke hinweg und zurück zur Hauptstraße D 903. Rechts oberhalb der Straße liegt als erste Zitadelle des rund um Verdun errichteten Befestigungsgürtels das Fort du Rozelier (militärisches Sperrgebiet). Von hier sind es bis Verdun noch 13 km. Links Abzweigung zum Fort d'Haudainville, das auf schmaler kurvenreicher Straße erreicht werden kann. Von der Höhe geht der Blick nach Nordosten in Richtung »Toter Mann« (Mort Homme), einem der am härtesten umkämpften Höhenzüge im Krieg von 1916. Abstieg ins Tal, in den Ort Haudainville möglich.
Alternative: Auf der Hauptstraße D 903 bis ins Tal gehen (Pont de Belrupt) und links auf einer schmaler Straße weiter nach Haudainville. Hinter dem Ort wandern wir links auf einem Feldweg durch Wiesen und haben einen schönen Blick auf den alten windungsreichen Fluß Maas (Meuse) und den davor erbauten Kanal. Nach Erreichen einer Asphaltstraße steigen wir links zum Fluß hinunter und gehen bis zum Bootsplatz, dann kommt der Anstieg bis zur Straße nach Verdun, der wir nach links folgen. Wir durchqueren die Stadt, gehen über die Brücke und steigen bergauf zur Kathedrale empor. Dort geht es an der Zitadelle weiter bis zum Campingplatz am andern Ende der Stadt (Camping les Breuils, Tel. 29 86 15 31) in Richtung der Ausfallstraße zur Autobahn. Im Bischofspalais neben der Kathedrale kann man sich einen Pilgerstempel besorgen.

Verdun

Geschichte und Schaupätze des Ersten Weltkrieges: Siehe Städte- und Landschaftsbeschreibungen.

Löwenportal der Kathedrale von Verdun.

Begegnet einander in Demut

Denn Gott tritt den Stolzen entgegen,
den Demütigen aber schenkt er seine Gnade.
Beugt euch also in Demut
unter die mächtige Hand Gottes,
damit er euch erhöht,
wenn die Zeit gekommen ist.
Werft alle eure Sorgen auf ihn,
denn er kümmert sich um euch.

1 Petrus 5, 5b–7

17. Tag

Von Verdun nach Auzéville (30 km)

Hinter Verdun spürt man die Einsamkeit des Unterwegsseins in den Weiten Nordfrankreichs besonders deutlich. Da nur wenige Ortschaften berührt werden, ist ausreichende Proviantierung (nächste Einkaufsmöglichkeit in Clermont) unbedingt anzuraten.
Wir verlassen Verdun auf verkehrsreicher, mäßig ansteigender Straße und folgen der Ausfallstraße N 35 (Voie sacrée) bis zur Autobahn. Nach 11 km zweigt diese Hauptstraße links nach Süden in Richtung Bar-le-Duc ab. Wir gehen bei der Abzweigung geradeaus in Richtung Clermont-en-Argonne weiter. Ab hier folgen wir der ruhigeren Straße bis Blercourt, die uns durch ein freundlich grünes Land in die dünn besiedelte Landschaft der Argonne bringt. Auch dieses Gebiet hinter Verdun hat im Krieg zwischen Frankreich und Deutschland eine wichtige Rolle gespielt. Bei einem Bahnübergang besteht eine Einkehrmöglichkeit in

einer Fernfahrergaststätte. Die Straße führt durch das liebliche Bachtal der Aire. Bei einem Bahnübergang an der Abzweigung zu dem Ort Jouy überqueren wir die Bahngleise und steigen links auf der schmalen Straße durch ein Wäldchen den Berg hinauf in Richtung Brocourt. Oben gelangt man auf eine windig einsame und karge, landwirtschaftlich genutzte Hochfläche, von der man einen schönen Rückblick nach Norden und auf das Tal der l'Aire hat. In Brocourt durchqueren wir den Ort und gehen an der Kreuzung geradeaus bergab zur D 21 (nicht nach Jubécourt!). Nach Querung des Bachtales Courcances Anstieg bis zur Kreuzung, dann links auf der D 21 weiter bis zum Ortseingang von Auzéville. Dort beim Bauern nach Übernachtungsmöglichlichkeit auf einer Wiese am Bach fragen oder im Ort bei der Kirche.

Voie sacrée

Der so genannte »heilige Weg« ist die von Bar-le-Duc nach Verdun führende Straße, die als Symbol für die Widerstandskraft zum Nationaldenkmal wurde, da über sie die Versorgung von Stadt und Front in den Kämpfen von 1916 unter größten Anstrengungen sichergestellt wurde.

Auzéville

Romanische Kirche.

Argonnen

Siche unter Städte- und Landschaftsbeschreibungen.

Dugny-sur-Meuse

10 km südlich von Verdun mit romanischer Baslika Mariä Geburt mit Dreiapsidenschluß aus dem 12. Jahrhundert, die im 15. Jahrhundert zur Wehrkirche umgebaut wurde.

Homo viator – Glauben und Schauen

Solange wir dieses (ewige) Leben noch nicht erlangt haben, reisen wir fern vom Herrn, denn wir wandeln auf dem Weg des Glaubens, nicht des Schauens. Heute blicken wir in einen Spiegel und sehen nur unklar das Bild – so ist der Glaube –, dann aber werden wir von Angesicht zu Angesicht erblicken – so wird das Schauen sein. Der heilige Paulus sagt noch mehr: Möge Christus durch den Glauben in eurem Herzen Wohnung nehmen – dies ist die Ordnung des Weges, daß wir nur unvollkommen erkennen. Weiter unten

aber heißt es: Lernt die alle Erkenntnisse übertreffende Liebe Christi verstehen, daß ihr erfüllt werdet bis hin zur Fülle Gottes. So wird die Anschauung sein: In diese Fülle wird Vollendung sein, und das Unvollendete wird seine Grenzen erkennen. Denn ihr seid tot und euer Leben ist mit Christus in Gott. So ist der Glaube. Wenn aber Christus, unser Leben, dereinst erscheinen wird, werdet auch ihr mit ihm in seiner Herrlichkeit erscheinen. So wird das Schauen sein. Und Gleiches sagt, mit anderen Worten, auch Johannes: Geliebte, jetzt sind wir Kinder Gottes; was wir sein werden ist noch nicht offenbar. Dies aber wissen wir: Wenn es sichtbar ist, werden wir ihm ähnlich sein, denn dann werden wir ihn schauen wie er ist: So wird die Anschauung sein.
Augustinus

18. Tag

Von Auzéville nach Ste. Menehould (21 km)

Landschaftlich reizvoller Weg ohne größere Anstrengungen. Von Auzéville gehen wir auf der Landstraße D 998 bis zur Aire, die wir überqueren und nach Clermont-en-Argonne aufsteigen (Einkaufsmöglichkeit). Von der Terrasse vor der Kirche hat man einen schönen Rundblick auf das Tal der Aire. Auf der Landstraße N 3 geht es über St. Anne nach Ste. Menehould. Der nächste Ort Les Islettes bietet Einkaufs- und Rastmöglichkeit unter schattigen Bäumen beim Kriegerdenkmal, Telefonzelle am Ende des Ortes. Hier queren wir das Tal mit dem Flüßchen Biesme, das die Argonnen in zwei Hügelzüge teilt. Hinter Les Islettes steigen wir auf der Straße im Wald bergauf, über Grange-aux-Bois bis zum Ortseingang von Ste. Menehould (links Campingplatz). Bis zum Zentrum sind es noch ca. 500 m.

Die Argonnen
Siehe unter Städte- und Landschaftsbeschreibungen.

Clermont-en-Argonne
Der ehemalige Grafschaftsort liegt am Rand des Argonner Waldes, an dessen höchsten Punkt, in 308 m Höhe. Die Siedlung, im Schutze einer Burg erbaut,

war früher befestigt, ihre Verteidigungsanlagen wurden aber zur Strafe für den mißglückten Aufstand des Prinzen Condé gegen Ludwig XXIV. geschleift. In den Kriegen der Neuzeit erlitt die Stadt wegen ihrer besonderen Lage an der Eintrittspforte zum Argonner Wald erhebliche Zerstörungen. Sehenswert ist die weithin sichtbare Kirche St. Didier aus dem 16. Jahrhundert mit Renaissance-Portal, innen mit großartigen Sternengewölben und modernen Glasfenstern und Chorschranken (Lettner). Nahebei die St. Annen-Kapelle mit einer Grablegung und schöner Maria-Magdalena aus dem 16. Jahrhundert.

La Chalade

Ehemaliges Zisterzienserkloster, 8 km nördlich von Les Islettes im Tal der Biesme gelegen.

Einsiedelei des heiligen Rouen

8 km südlich von Les Islettes lebte ein irischer Mönch, der im 7. Jahrhundert das Benediktinerkloster Beaulieu gründete.

Ste. Menehould

Siehe unter Städte- und Landschaftsbeschreibungen.

Morimont

Ehemaliges Benediktinerkloster, 7 km nördlich von Ste. Menehould, deren berühmtester Mönch Dom Pérignon, der Erfinder des Champagners, war. Romanische Krypta mit Holztäfelungen, Chorgestühl der Mönche. Im Ort altes Waschhaus und Fachwerkhäuser.

Homo viator – Das wahre Sein

Dort, im Bereich des Göttlichen, wo nichts vergeht, bleibt alles bestehen. Wenn du auch fortleben willst, und nicht vergehen, dann eile zum wahren Sein. Keiner, meine Brüder, besitzt das wahre Sein aus sich heraus. Hört meine Worte: Kein Körper kann das wahre Sein besitzen, denn der Körper kann aus sich heraus niemals bestehen. Er wird verändert durch Alter, Krankheit und andere Gebrechen des Fleisches und wandelt sich in gleichem Maße, wie Ort und Zeit wechseln. Also kann er nicht aus sich heraus bestehen. Auch die Himmelskörper machen – selbst wenn es uns entgehen sollte – Wandlungen durch: von Osten nach Westen verändern sie ihren Ort, ziehen ihre Bahn und kehren zum Ausgangspunkt zurück.

Also dauern auch sie nicht und sind deshalb nicht das wahre Sein, so wenig wie die menschliche Seele aus sich heraus bestehen kann: Von wieviel Wandlungen und Sorgen wird sie nicht erschüttert, von wieviel Ausschweifungen verstümmelt, gegeißelt und zerrissen von Begierden! Selbst der menschliche Geist, den man vernünftig nennt, ist veränderlich und daher nicht das wahre Sein. Er will, und will auch wiederum nicht; er weiß und weiß zugleich auch nicht; er erinnert sich und vergißt. Also hat keiner das wahre Sein in sich.
Augustinus

19. Tag

Von Ste. Menehould nach Tilloy-et-Bellay (30 km)

Hinter Ste. Menehould endet das wald- und hügelreiche Gebiet der Argonnen. Wir betreten eine der kargesten Landschaftsabschnitte in Nordfrankreich: die trockene Champagne (»lausige Champagne«). Auf unserem Weg nach Westen, der bei Chalons-sur-Marne nach Süden abzweigt, liegt in den nächsten Tagen eine weite, mit unzähligen kleinen Hügeln durchzogene Ebene vor uns, in der das Auge vergebens nach Halt und Orientierung sucht. Orte kommen und gehen, viele von ihnen sind wie menschenleer. Um die vielbefahrene N 3 zu meiden, gehen wir etwa zwei Drittel des Weges auf Nebenstraßen durch stilles, dünnbesiedeltes Land. Unterwegs sind keine Einkaufs- oder Einkehrmöglichkeiten, eine ausreichende Versorgung mit Lebensmitteln und Trinkwasser in Ste. Menehould ist daher notwendig. In Ste. Menehould am Place du Géneral Leclerc links abbiegen in die Rue Chanterraine, die uns im Halbkreis um die auf dem Hügel liegende Kirche herumführt, über eine Brücke auf der Avenue de Vitry in Richtung Autobahn nach Süden. Nach 1 km in La Carmuterie rechts auf die D 85, die uns über die Autobahnbrücke nach Argers zu einem hübschen See bringt. Von hier, in der Nähe des Flüßchens Auve, geht es über Dampierre nach Voilemont; von hier auf der D 68 weiter bis St. Mard-sur-Auve. Dahinter kommen wir an zwei kleinen Seen mit Wildenten vorbei und erreichen Auve, wo wir wieder auf die Hauptstraße stoßen, der wir bis nach Tilloy-et-Bellay folgen. Dort kann man im Ort beim Rathaus ca. 50 m rechts von der Hauptstraße auf einem beleuchteten Rasenstück unter einem Baum sein Zelt aufstellen.

Trockene Champagne

Zwischen den Flüssen Seine im Norden und Aisne gelegen, bildet sie eine ausgedehnte wellige Ebene, deren stark wasserdurchlässiger, mit weißem Kalkstein angereicherter Boden stellenweise nur kargen Bewuchs zuläßt. Erst durch Anpflanzungen von Wäldern im 18. Jahrhundert hat der Humusgehalt der Böden zugenommen und dadurch den Ackerbau erst ermöglicht.

»Voi le mont« (Sieh den Berg)

Hinter dem Ort liegt als Orientierungspunkt eine markante, weithin sichtbare Kirche auf einem Hügel.

St. Mard-sur-Auve

Gotische Kapelle am Ortsende.

La Neuville-au-Pont

6 km nördlich von Ste. Menehould an der Aisne gelegen mit einer sehenswerten Kirche aus dem 14./16. Jahrhundert.

Zeige mir, Herr, deine Wege,
lehre mich deine Pfade.
Führe mich in deiner Treue und lehre mich,
denn du bist der Gott meines Heils.
Auf dich hoffe ich allezeit.
Gut und gerecht ist der Herr,
darum weist er die Irrenden auf den rechten Weg.
Die Demütigen leitet er nach seinem Recht,
die Gebeugten lehrt er seinen Weg.
Alle Pfade des Herrn sind Huld und Treue denen,
die seinen Bund und seine Treue bewahren.
die sind Vertraute des Herrn, die ihn fürchten;
er weiht sie ein in seinen Bund.
Psalm 25 (24), 4–5. 8–9. 10 und 14.

20. Tag

Von Tilloy-et-Bellay nach Chalons-sur-Marne (31 km)

Auf der N 3 hinter dem Ort bis zum römischen Straßenkreuz »La grande Romanie« (hier Abzweigung der ehemaligen Römerstraße nach la Cheppe), nach 3 km links nach Courtisols (Einkaufsmöglichkeit). Hier

Der lange Weg von Châlons-sur-Marne nach Troyes.

wird die Landschaft wieder etwas freundlicher und abwechslungsreicher. Die flachen Hügel südlich des Ortes heißen Côtes des Vignes. Durch die alten Weindörfer St. Martin auf der D 65 nach St. Memmie nach l'Epine, mit seiner weithin sichtbaren, gotischen Wallfahrtskirche l'Épine (Hotel aux Armes de Champagnes Tel. 26 66 96 79). Von hier geht es weiter auf der N 3 bis nach Chalons-sur-Marne, die wir bei der Vorstadt Ste. Memmie erreichen. Zur Übernachtung kann man die Jugendherberge benutzen oder zum Campingplatz am Marneufer 1 km südöstlich vom Zentrum mit dem Bus fahren (Terrain de Camping, Tel. 68 38 00).

La Cheppe

4 km nördlich der römischen Straßenkreuzung befindet sich eine in Ellipsenform angelegte, ca. 25 ha große Erdbefestigung mit doppelten Wällen und Gräben, wahrscheinlich vorgeschichtlichen Ursprungs, die der Überlieferung nach als das Lager des Hunnenkönigs Attila (Camps d'Atilla) gilt.

Schlacht auf den Katalaunischen Feldern

In dieser Gegend, wird vermutet, fand 451 n. Chr. jene berühmte Schlacht zwischen dem römischen Feldherrn Aetius und dem Hunnenkönig Attila statt, mit der die mongolische Gefahr für das Abendland erstmals abgewendet wurde. (Siehe unter Städte- und Landschaftsbeschreibungen).

Courtisols

Auf dem Friedhof steht die gotische Kirche St. Martin mit romanischem Turm, am Portal Rebendarstellungen, die auf den früher hier betriebenen Weinbau hinweisen. Im Ort werden noch heute viele Kinder mit einem blauen Fleck am Steißbein (»Mongolenfleck«) geboren, die vermutlich Nachkommen versprengter Reste der mongolischen Truppen sind.

L'Epine

Die gotische Wallfahrtskirche Notre-Dame (1400–1527) erhebt sich wie ein Dom über dem Dorf. Sie ist eine der reizvollsten Schöpfungen des späten Mittelalters und ein Pilgerziel. (Siehe Städte- und Landschaftsbeschreibungen).

Chalons-sur-Marne

Siehe unter Städte- und Landschaftsbeschreibungen.

Hautevillers

Benediktinerabtei westlich von Châlons-sur-Marne.

21. Tag

Von Châlons-sur-Marne nach Sommesous (34 km)

Beim Campingplatz befindet sich ein Lebensmittelgeschäft. Eine ausreichende Bevorratung mit Lebensmitteln für die heutige Etappe ist

Chor der Kirche von Sommesous.

Fürchte dich nicht,
denn ich bin mit dir;
schaue dich nicht ängstlich um,
denn ich bin dein Gott
ich stärke dich, ja, ich helfe dir.
Denn die Berge mögen weichen
und die Hügel wanken,
aber meine Güte wird nicht von dir
weichen.

Jesaja 41,10 und 54,10

wichtig, da keine Einkaufsmöglichkeit mehr besteht. Nach Durchquerung des »Parc Petit Jard« überschreiten wir über eine kleine Fußbrücke die Marne. Schöner Rückblick auf die Stadt und die Kathedrale. Wir verlassen Châlons-sur-Marne durch eine Vorstadt auf einer ansteigenden Straße. Bis zur Abzweigung der Hauptstraße nach Paris ist die Straße vierspurig. Hier zweigt die vielbefahrene N 77 in Richtung Troyes ab. Bis dorthin gibt es kaum Alternativen, auf Nebenstraßen zu gehen, es sei denn, man nimmt einen zusätzlichen Tag im Kauf (Alternative siehe unten), aber es gibt Feldwege, die parallel zur Straße verlaufen. Nach einigen Kilometern nimmt der Verkehr wieder ab. Ringsum nur weite Ebenen mit Kornfeldern. In Vatry mit Rastmöglichkeit an der alten auf einem Hügel gelegenen Kirche. Hinter dem Ort eine Allee mit schönen Ausblicken auf das Land. Beim Flugplatz ist ein Autorastplatz mit Kiosk. Vor der Straßenkreuzung rechts nach Sommesous abzweigen. Hinter der Kirche besteht eine Übernachtungsmöglichkeit mit dem Zelt.

Alternative: In Châlons, im Vorort Compertrix, auf der D 2 nach Coolus, dann in St. Laurent rechts ab und auf der D 3 nach Nuisement-sur-Cole. Nach 1 km rechts auf Feldweg zur N 77 zurück nach Reservoirs. In Vatry links im Tal der Soude auf der D 12 bis Dommartin Lettrée.

Châlons-sur-Marne
Im Parc Petit Jard (kleiner weitläufiger Garten mit alten Kastanien) rief Bernhard von Clairvaux Papst Eugen III. und Ludwig VII. nach der Weihe der Kathedrale zum Kreuzzug auf.

Vatry
Staßenkapelle im romanisch-gotischen Übergangsstil.

Soudron
Sehenswerte romanische Kirche.

Sommesous
Romanische Kirche, Chor mit Schachbrettmusterverzierungen.

22. Tag

Von Sommesous nach Arcis-sur-Aube (22 km)

Schon wenige Kilometer hinter Sommesous erreichen wir die Grenze des Départements Aube. Nach den weiten, kahlen und einsamen Horizonten beginnt sich die Landschaft zu verändern und freundlicher zu werden. Von Sommesous bis Arcis-sur-Aube gibt es keine Ortschaft. (Wasservorräte im Ort beim Bauern hinter der Kirche auffrischen).
Von der Kirche durch den Ort, dann links zur Kreuzung der beiden Hauptstraßen gehen, auf N 77, auf der es immer geradeaus nach Süden bis Mailly-le-Camp geht (Hotel Saint Eloi Tel. 25 37 30 04, Hotel l'Europe Tel. 25 37 30 14). Kurz vor der Brücke in Arcis-sur-Aube kann man links auf dem schön auf einer Insel im Tal der Aube gelegenen Camping Municipal de l'Isle übernachten.
Alternative: Auf stillen Nebenstraßen von Dommartin Lettrée über Soude Ste Croix auf der D 512, D 198 nach Poivres, D 137 am Camp de Mailly vorbei nach Mailly-le-Camp (hier gibt es zwei Hotels) und Trouans. Von hier, im Tal des Flüßchens l'Huitrelle, über Dosnons nach Lhuitre (ca. 28 km). Übernachtung im Zelt auf einer Wiese.

Tal der Aube
Mit seinen vielen Mäandern und der reichen Vegetation ein lohnendes und noch unentdecktes Ziel für Wanderer und Erholungssuchende.

Arcis-sur-Aube
Die Kirche St. Etienne (Gotik-Renaissance) mit einem Portal von 1518 ist ein historisches Monument. Im Zweiten Weltkrieg wurde die Stadt schwer getroffen, die Kirche durch englische Luftangriffe fast völlig zerstört. Das einstige Schloß von 1721 dient heute als Rathaus. Es trägt noch die Kugelspuren einer Schlacht, die hier 1814 unter Napeolen ausgefochten wurde. Schöner Schloßpark. Der Ort ist der Geburtsort von Danton.

Macht euch keine Sorgen
Sammelt keine Reichtümer hier auf der Erde! Denn ihr müßt damit rechnen, daß Motten und Rost sie auffressen oder Einbrecher sie stehlen. Sammelt lieber Reichtümer bei Gott… Denn euer Herz wird immer dort sein, wo ihr euren Reichtum habt.
Das Auge vermittelt dem Menschen das Licht. Ist das Auge klar, steht der ganze Mensch im Licht; ist das Auge getrübt, steht der ganze Mensch im Dunkeln. Wenn aber dein inneres Auge – dein Herz – blind ist, wie schrecklich wird dann die Dunkelheit sein!
Niemand kann zwei Herren dienen. Er wird den einen vernachlässigen und den anderen bevorzugen. Er wird dem einen treu sein, und den anderen hintergehen. Ihr könnt nicht beiden zugleich dienen: Gott und dem Geld.
Darum sage ich euch: Macht euch keine Sorgen um Essen und Trinken und um eure Kleidung. Das Leben ist mehr als Essen und Trinken, und der Körper ist mehr als die Kleidung. Seht euch die Vögel an! Sie säen nicht, sie ernten nicht, sie sammeln keine Vorräte – aber euer Vater im Himmel sorgt für sie …
Und warum macht ihr euch Sorgen um das,

was ihr anziehen sollt? Seht, wie die Blumen auf den Feldern wachsen! Sie arbeiten nicht und machen sich auch keine Kleider, doch ich sage euch: nicht einmal Salomo bei allem seinen Reichtum war so prächtig gekleidet wie irgendeine von ihnen …
Macht euch also keine Sorgen! Fragt nicht: »Was sollen wir essen? Was sollen wir trinken? Was sollen wir anziehen?«
Damit plagen sich die Menschen, die Gott nicht kennen. Euer Vater im Himmel weiß, daß ihr all das braucht … Quält euch nicht mit Gedanken an morgen; der morgige Tag wird für sich selber sorgen. Ihr habt heute genug zu tragen an der Last von heute.
Matthäus 6,19–34

23. Tag

Von Arcis-sur-Aube nach Troyes (32 km)

Nach dem Überqueren der Aube mit ihren frischgrün belaubten Ufern und der Besichtigung des Ortes (Einkaufsmöglichkeit nutzen, bis Troyes kein Geschäft) gehen wir auf der N 77 weiter bis zum Rastpunkt »Belle Idée«. Von dort weiter bis zum Ort Voué, der im Tal am Flüßchen Barbuise liegt. Hinter Aubeterre (Land von Aube) beginnt die Straße anzusteigen und sich vierspurig zu teilen. Verlassene Dörfer, zusammengestürzte Häuser liegen am Weg. Hinter Feuges steigt die Straße zum letzten Mal an, dann erblickt man auf der Höhe – wie schon die Pilger und Kaufleute des Mittelalters – von weitem die Türme der alten Handelsstadt Troyes. Auf schnurgerader Straße unter Alleebäumen gehen wir auf die Stadt zu. Im Vorort Pont Ste. Marie überqueren wir auf der alten Steinbrücke die Seine (Hotel Ste. Marie Tel. 25 81 20 32). Hinter der Brücke betreten wir die Vorstadt St. Jacques, wo unweit ein Campingplatz auf der rechten Straßenseite liegt.
Alternative: Man kann die Etappe zu Fuß in zwei Abschnitte aufteilen (mit dem Fahrrad an einem Tag möglich): 1. Tag: Von Arcis-sur-Aube kann man auf der Nebenstraße D 31 nach Nozay gelangen, von dort auf der D 8 im Tal der Barbuise über Voué nach Charmont-sous-Barbuise. 2. Tag: Von Charmont-sous-Barbuise auf der D 99 durch den

Wald nach Vailly zur N 77, die in Massonville überquert wird. Auf gegenüberliegendem Feldweg zur alten Römerstraße, die nach 3 km erreicht wird, und der wir links 5 km in Richtung Troyes folgen.

Troyes
Siehe vorne unter Städte- und Landschaftsbeschreibungen.

Pont Ste. Marie
Kirche aus dem 16. Jahrhundert (Spätgotik-Renaissance) mit guter Ausstattung und schönen Glasfenstern aus dem 17. Jahrhundert.

Ste. Maure
Spätgotische Kirche mit einem in der Renaissance angefügten Chor und Sarkophag (9. Jahrhundert); Grablege der Sainte Maure (heilige Maura), Jungfrau von Troyes († 21. 9. 850), deren Leben vom heiligen Prudentius von Troyes aufgeschrieben wurde. In der Nähe Dörfer mit sehenswerten Kirchen wie z. B. im Norden Creney und La Chapelle Saint-Luc oder südwestlich Saint-Julien.

Gott ist unsere Zuflucht und Stärke,
ein bewährter Helfer in allen Nöten.
Darum fürchten wir uns nicht,
wenn auch die Erde wankt,
wenn Berge stürzen in die Tiefen des Meeres,
wenn seine Wasserwogen tosen und schäumen,
vor seinem Ungestüm die Berge erzittern.
Der Herr der Heerscharen ist mit uns,
der Gott Jakobs ist unsere Burg.
Psalm 46 (45)

24. Tag

Von Troyes nach Isle-Aumont (25 km)

Von Troyes zogen viele Pilger auf einer Hauptroute über St. Florentin, Pontigny (Zisterzienserabtei) und Auxerre nach Vézelay. Da diese Route heute entlang einer vielbefahrenen Hauptstraße verläuft, wird empfohlen, eine vorzugsweise von flämischen und deutschen Pilgern benutzte Nebenroute zu wählen, die durch unberührte abwechslungsreiche Landschaften an der Grenze von der Champagne zu Burgund führt und noch geheimnisvolle Pilgerspuren aufweist.
Wir verlassen Troyes auf der Hauptstraße und gehen zunächst in Rich-

tung Dijon nach Süden. In Bréviandes nehmen wir die Abzweigung rechts auf die N 71 in Richtung Buchères, dort am Mahnmal für die »Märtyrer von Buchères« vorbei, die im Zweiten Weltkrieg von den Nazis als Vergeltungsmaßnahme erschossen wurden. Hinter dem Ort nimmt uns endlich die freie Natur wieder auf. Im Dörfchen Roche links von der Straße nach Isle-Aumont abzweigen (0,5 km). Bei der Kirche nach Übernachtungsmöglichkeit im Schutze der Kirchhofmauern auf dem Rasenplatz neben der Kirche fragen (gegenüber Toiletten mit Waschgelegenheit).

Isle-Aumont
Kirche Saint-Pierre siehe unter Städte- und Landschaftsbeschreibungen.

Feldblumen in der Champagne.

Des Menschen Tage sind wie Gras,
er blüht wie die Blume des Feldes.
Fährt der Wind darüber, ist sie dahin,
der Ort, wo sie stand, weiß von ihr nichts mehr.
Doch die Huld des Herrn währt immer und ewig
über denen, die ihn fürchten.
So hoch der Himmel über der Erde ist,
so hoch ist seine Huld über denen, die ihn fürchten,
so weit der Aufgang vom Untergang,
so weit entfernt er uns die Schuld.
Wie ein Vater sich seiner Kinder erbarmt,
so erbarmt sich der Herr über alle, die ihn fürchten.
Aus Psalm 103

25. Tag

Von Isle-Aumont nach Vallières (29 km)

Auf der D 444 gehen wir bis »Les Bordes Aumont«. Nach 5 km beginnt am »Schönen Stern« (Belle Étoile) eine herrliche Wanderung auf gerader Straße durch den Wald von Aumont, der mit seinen lichten Laubbäumen eine Oase der Stille ist. Hier gibt es viele Feuersalamander, die leider oft Opfer der Autos werden. Nach 10 km treten wir wieder in die freie Landschaft hinaus und erreichen bald das in eine Mulde eingebettete Chaource, das im Quellgebiet des Flüßchens Armance liegt (Hotel aux Maisons Tel. 25 40 11 77). Vor dem Verlassen des Ortes sollte man sich mit Lebensmitteln und Trinkwasser versorgen. Wir bleiben auf der D 444 und gehen durch ein stilles, einsames Land mit großartigen Fernsichten bis nach Vallières. Bei der Kirche Übernachtungsmöglichkeit mit dem Zelt oder auf der Wiese bei einer Bäuerin in der Nähe, die auch den Schlüssel zur Kirche hat (Pfarrer in Chaource gibt Auskunft).

Chaource

Die Kirche St. Jean-Baptiste (Johannes der Täufer, 13.–16. Jahrhundert) besaß wertvolle Glasfenster aus dem 16. Jahrhundert, die im letzten Krieg zerstört wurden. Zahlreiche Skulpturen aus der Champagneschule des 15. und 16. Jahrhunderts, darunter eine heilige Barbara; ferner eine spätgotische Altarretabel aus Marmor mit der Gefangennahme, Kreuzigung und Auferstehung sowie die berühmte Krippe mit 22 Figuren aus dem 16. Jahrhundert. Die Grabkapelle von 1515 birgt eine Grablegung, ein ausdruckvolles Meisterwerk der Bildhauerplastik in der Champagne, das vermutlich von dem Meister der heiligen Marta in der Kirche Ste. Madelaine in Troyes stammt. Auf dem Hauptaltar steht an herausragender Stelle neben dem Kirchenpatron eine Figur des heiligen Johannes des Täufers und eine des heiligen Jakobus. Die Hervorhebung dieses Heiligen könnte ein Tribut an die hier einst vorbeigezogenen Jakobspilger gewesen sein.

Pilgergraffiti an der Kirche von Vallières.

Vallières

In der spätgotischen Kirche eine Figur des heiligen Jakobus, am Eingang dort sehenswerte Ritzzeichen (Pilgergraffiti).

Die Liebe bleibt
Bald aber werden wir alle sterben, und alles Angedenken (...) wird dann von der Erde geschwunden sein, und wir selbst werden für eine kleine Weile geliebt und dann vergessen werden. Doch die Liebe wird genug gewesen sein; alle diese Regungen von Liebe kehren zurück zu der einen, die sie entstehen ließ. Nicht einmal des Erinnerns bedarf die Liebe. Da ist ein Land der Lebenden und ein Land der Toten, und die Brücke zwischen ihnen ist die Liebe – das einzige Bleibende, der einzige Sinn.
Thornton Wilder: Die Brücke von San Luis Rey

26. Tag

Von Vallières nach Tonnere (23 km)

Gleich hinter dem Ortsende setzt sich der Aufstieg fort. In Prucy gibt es eine erste Rastmöglichkeit an einem Teich bei der Hütte des Fischvereins (mit Wasserhahn und Toilette). Auf dem Gelände könnte man auch mit dem Zelt übernachten.
Weiter geht es auf der wenig befahrenen D 444 nach Süden durch das hügelig karge Burgund, dessen Grenze wir jetzt überschritten haben, bis zum Dorf Coussegrey mit seinem weithin sichtbaren Kirchhügel. Dahinter steigt die Straße wieder bis zum Scheitelpunkt »Bellevue« an und führt dann durch ein Wäldchen in das Tal des Armacon nach Tonnere hinunter. Die ersten Weinberge Burgunds tauchen auf. Rechts Abzweig zum 2 km entfernten Weinort Epineuil. Der Campingplatz von Tonnere liegt am Ortseingang diesseits des Flusses.

Tonnere
Die alte burgundische Weinhandelsstadt, am Armancon und am Kanal von Burgund gelegen, besitzt zwei alte Kirchen. Die in der Ortsmitte gelegene Kirche Notre Dame (13.–17. Jahrhundert) hat in der Revolution und im letzten Krieg schwere Zerstörungen erlitten. Das einstmals prächtige gotische Portal von 1536 zeigt Spuren starker Verwitterung. Den Ort überragt die Kirche Saint Pierre mit einem alten Portal der Vorgängerkirche aus dem 10. Jahrhundert. Sie besitzt einen schönen Chor aus dem 14. Jahrhundert. Das Kirchenschiff stammt aus dem 16. Jahrhundert. Ihr Turm war dazu bestimmt, Wache über das Tal zu halten. Das Chorgestühl stammt aus der ehemaligen Abtei St.

Avallon: Portal der Pilgerkirche St. Lazare.

Michel. Unterhalb der Kirche entspringt eine Quelle, die ein rundes Becken füllt. An dieser Stelle befand sich ein altes Quellheiligtum. Der Legende nach soll hier der Eingang zur Hölle von einem Schlangenungeheuer mit tödlichem Blick (Basilisk) bewacht worden sein, das durch Bischof Saint Jean de Réôme vertrieben wurde. Dieses in Psalm 91,13 erwähnte Untier wurde von den Kirchenlehrern als Symbol des Todes gedeutet. Später diente die Anlage als Waschhaus profanen Zwecken und erhielt ein Schutzdach.

Coussegrey

An den Außenmauern der in einem Friedhof gelegenen, schon von weitem sichtbaren Kirche aus dem 12. Jahrhundert (Querschiff aus dem 16. Jahrhundert) zahlreiche Ritzzeichen von Pilgern und ein verwittertes Pilgerkreuz.

Tonnere

Hier zogen die Jakobspilger auf der Hospitalstraße durch den Ort. In dessen Mitte steht das berühmte, von Margarete von Burgund, der Schwägerin Ludwigs des Heiligen, 1293 gestiftete Hospital Hôtel Dieu (Haus Gottes), das ungewöhnlich große Proportionen besitzt. Der Krankensaal (mit einem Dachstuhl in Form eines umgedrehten Schiffsrumpfes) und eine getäfelte

Decke haben sich erhalten. Der bis ins 17. Jahrhundert benutzte Krankensaal war einer der ältesten und geräumigsten Hospitalbauten Frankreichs im Mittelalter. Darin könnten auch kranke Jakobspilger gesund gepflegt worden sein. In der Hospitalkapelle befindet sich eine ergreifende Darstellung einer Grablegung von 1555 in Burgund. Die Gesichtszüge der weinenden Frauen sind in besonders ausdrucksvoller Schönheit gearbeitet. Der Weg führte die Pilger am Portal der Kirche Notre Dame (13.–17. Jahrhundert) im Zentrum des Ortes vorbei und auf den Berg hinauf zum Kloster Saint-Michel (Rue Saint Michel).

Vom unbequemen Weg
Behandelt die Menschen,
so wie ihr behandelt werden wollt –
das ist alles, was das Gesetz
und die Propheten fordern.
Geht durch die enge Tür!
Denn das Tor, das ins Verderben führt,
ist breit und die Straße dorthin bequem.
Viele sind auf ihr unterwegs.
Aber die Tür, die zum Leben führt,
ist eng und der Weg dorthin anstrengend.
Nur wenige gehen ihn.
Matthäus 7, 12–14

27. Tag

Von Tonnere nach Joux-la-Ville (33 km)

In Tonnere steigen wir bei der Kirche Notre-Dame die Rue Saint Michel bergauf, der wir bis zum ehemaligen, auf der Höhe gelegenen gleichnamigen Kloster folgen. Von hier haben wir einen schönen Rückblick auf Tonnere und die umliegenden grünen Hügel. Auf der Verbindungsstraße gehen wir zur Hauptstraße (D 994), der wir nach Süden folgen. Der Weg führt bergab und unter der Bahnlinie des TGV hindurch, danach folgt ein sehr langer, schnurgerader Anstieg zum Dorf Yrouerre. Dahinter beginnt die Straße wieder anzusteigen. Hinter einem Wäldchen kommt man auf eine freie Anhöhe. Hier beginnt eine eindrucksvolle, abwechslungsreiche Wanderung auf einem Höhenplateau mit grandiosem Fernblick. Auf dem Kalkboden gedeihen Orchideenarten (Knabenkraut) oft direkt an der Straße. Bei Ste-Vertu führt der Weg ins Tal hinunter zur Brücke, die über den Fluß Serein führt.

Tympanon der Templerkirche von Pontaubert.

Dahinter folgt ein kleiner Anstieg zum Ort auf der Anhöhe. Hinter dem Ort, am Friedhof vorbei, folgt wieder ein längerer Anstieg von ungefähr 6 km durch ein Wäldchen zum Hochplateau nach Nitry. 2 Kilometer hinter dem Ort überqueren wir die Autobahn und haben dann nach 6 km den Ort Joux-la-Ville erreicht. Übernachtung im Kirchhof bei der Kirche möglich.
Alternative: Man kann den letzten Abschnitt bis Vézelay in drei Tagesetappen aufteilen und in Nitry übernachten (wegen Übernachtungsmöglichkeit am Ortsanfang rechts im ersten Haus fragen).

Tonnere

Auf der Höhe über dem Ort befand sich das Kloster Saint Michel (heute Hotel), dem Robert von Molesme für kurze Zeit als Abt vorstand, bevor er es mit sieben Mönchen verließ, um im Wald von Molesme ein Reformkloster zu grün-

den (siehe bei Isle-Aumont unter Städte- und Landschaftsbeschreibungen).

Ste-Vertu

Brücke über den Fluß Serein mit einem Kreuz und romanischer Kirche.

Noyers

21 km südlich von Tonnere an einer Flußschleife des Serein gelegene malerische Stadt mit einer Stadtmauer aus dem 13. Jahrhundert, einer sehenswerten Kirche aus dem 15. Jahrhundert und einem reizvollen mittelalterlichen Stadtbild. Viele Häuser stammen noch aus dem 16. Jahrhundert.

Unsere Wege wollen wir
nur in Jesu Namen gehen.
Geht uns dieser Leitstern für,
so wird alles wohl bestehen.
Jesu Namen sei Sonn und Schild,
welcher allen Kummer stillt.
Text eines Kirchenliedes von
Benjamin Schmolck, 1726

28. Tag

Von Joux-la-Ville nach Vézelay (34 km)

Dieser letzte Abschnitt bis Avallon ist nicht anstrengend, von großem Liebreiz und abwechslungsreich. Wir verlassen Joux-la-Ville (im Ort Einkaufsmöglichkeit in einer Bäckerei) auf der D 944 und gehen auf gerader Straße durch ein Waldstück in Richtung Lucy-le-Bois (8 km) und durchwandern frischgrünes Weideland. Kurz vor Avallon führt die Straße in gerader Linie bergauf zwischen zwei Hügeln hindurch.
In Avallon links in die Altstadt abbiegen, durch den Uhrenturm zur Pilgerkirche St. Lazarus (Saint Lazare). Nach dem Besuch der Kirche kehren wir zum Ausgangspunkt am Ortseingang zurück, gehen ein kurzes Stück auf der N 6 in Richtung Givry und biegen nach 1 km links ab. Auf der Nebenstraße D 957 nach Pontaubert (Richtung Vézelay). Kurz vor Pontaubert führt die Straße in mehreren Windungen hinab zum Fluß, den wir auf der alten Templerbrücke überqueren.

Geh deinen Weg ruhig –
mitten in Lärm und Hast
und wisse, welchen Frieden
die Stille dir schenken kann.
Sag deine Wahrheit ruhig und klar,
und höre auch die anderen an,
selbst die langweilig Stumpfen,
auch sie haben ihre Geschichte.
Nimm den Ratschluß der Jahre
mit Freundlichkeit an
und gib deine Jugend mit Anmut zurück,
wenn sie endet.
Lebe sorgfältig.
Versuche glücklich zu sein.
Lebe in Frieden mit Gott.

St.Paul's Church, Baltimore 1692

Im Ort gibt es mehrere Hotels:
Hotel au Soleil d'Or, Tel. 86 34 15 74,
Hotel Le Moulin des Templiers, Tel. 86 34 10 80,
Hotel de la Fontaine, Tel. 86 34 02 87,
Hotel Les Fleurs, Tel. 86 34 13 81.

Hinter Pontaubert beginnt ein steiler Aufstieg über den mächtigen Bergrücken zum alten Pilgerkreuz auf der Höhe (kurz vorher links Abzweig zur Templerkapelle, wo man die Basilika von Vézelay vor sich liegen sieht). Von hier beginnt der Abstieg ins Tal nach St. Père-sous-Vézelay. Übernachtung auf dem am Flüßchen Cure gelegenen Campingplatz (Camping Municipal Tel. 86 33 26 62) oder im Hotel (Hotel l'Esperance Tel. 86 33 20 45).
Alternative: Auf der D 944 von Nitry über Joux-la-Ville nach Lucy-les-Bois, 3 km dahinter, von der Hauptstraße links auf Nebenstraße zum Ort Vassy. Nach dessen Durchquerung auf der D 105 nach Sauvigny-les-Bois und von hier an der ehemaligen Priorei vorbei auf der D 957 nach Avallon (Übernachtung). Am nächsten Tag nach Vézelay wie oben beschrieben.

Avallon, Pontaubert, St. Pere-sous-Vézelay und Vézelay
Siehe unter Städte- und Landschaftsbeschreibungen.

Sauvigny-les-Bois
3 km nordöstlich von Avallon liegen am südlichen Ortsausgang links die stimmungsvollen Ruinen der ehemaligen romanischen Priorei von St. Jean-des-Bonhommes (St. Johannes von den guten Menschen).

Montréal
12 km nordöstlich auf einem Hügel über dem Tal des Serein gelegen mit altem Stadtbild und einer beeindruckenden romanischen Stiftskirche (12. Jahrhundert). Sie wurde von Graf Ansséric III. nach seiner Rückkehr vom zweiten Kreuzzug im Stil der Zisterzienserkirchen errichtet – dreischiffiger dreijochiger Grundriß des Langhauses, Querschiff mit zweijochigem, gerade schließendem Chor. Berühmt sind die »erzählenden« Schnitzereien des Chorgestühls vom Anfang des 16. Jahrhunderts mit Darstellungen aus dem Alten Testament und der Kindheit Jesu.

Links: Der Autor sitzend und sein Begleiter am Pilgerkreuz vor Vézelay.

Vézeley

8. Literaturverzeichnis

1. Einführung

Bottineau, Yves: Der Weg der Jakobspilger, Bergisch-Gladbach 1987 (i. Orig. Les Chemins de Saint-Jacques, Paris 1983).

Herbers, Klaus: Der erste deutsche Pilgerführer: Hermann Künig von Vach. In: Herbers, Klaus (Hrsg.), Deutsche Jakobspilger und ihre Berichte, Reihe Jakobus-Studien 1, Tübingen 1988.

Plötz, Robert: Deutsche Jakobspilger nach Santiago de Compostela bis zur Neuzeit. In: Herbers, Klaus (Hrsg.), Deutsche Jakobspilger und ihre Berichte, Reihe Jakobus-Studien 1, Tübingen, 1988, S. 1.

Saucken von, Paolo Caucci: Leben und Bedeutung der Pilgerfahrt nach Santiago. In: Saucken von, Paolo Caucci, Santiago de Compostela-Pilgerwege, Augsburg 1996.

Fleischer, Gerhilde: Jakobusweg. Bad Waldsee, Weingarten, Ravensburg, Brochenzell, Markdorf, Meersburg, Konstanz, Ostfildern 1996.

Soder von Güldenstubbe, Erik: Die Entdeckung des Grabes. In: Kniffki, Klaus-Dieter (Hrsg.), Jakobus in Franken. Unterwegs im Zeichen der Muschel, Würzburg 1992.

Hell, Vera und Helmuth: Die große Wallfahrt des Mittelalters, Kunst an den romanischen Pilgerstraßen durch Frankreich und Spanien, Tübingen 1979.

Domke, Helmut: Spaniens Norden. Der Weg nach Santiago, München 1967.

Klein, Hans-Wilhelm: Karl der Große und Compostela. In: Herbers, Klaus (Hrsg.), Deutsche Jakobspilger und ihre Berichte, Reihe Jakobus-Studien 1, Tübingen, 1988, S. 133.

Sing, Hansjörg: Der Jakobsweg, 4. überarbeitete Auflage, Ulm 1992.

2. Der erste Schritt

Zink, Jörg: Sag mir wohin. Weg und Ziel des Menschen, Stuttgart 1977.

Müller, Peter: Wer aufbricht, kommt auch heim. Vom Unterwegssein auf dem Jakobsweg, Eschbach 1993.

Sudbrack, Josef: Spiritualität unterwegs: Pilgern – gestern und morgen. In: Kniffki, Klaus–Dieter (Hrsg.), Jakobus in Franken. Unterwegs im Zeichen der Muschel, Würzburg 1992.

3. Tipps

Bauer, Meinrad (Hrsg.), Unterwegs auf dem Camino de Santiago. Praktisches Handbuch für Jugendgruppen zur Vorbereitung und Durchführung von Wanderungen auf dem spanischen Jakobsweg, Erfurt 1997.

Hatfield, John: Pilgrim Guide to the Roads through France to Santiago de Compostela, 2. Vezelay to the Pyrenees (2nd revised edition). Hsrg. von The Confraternity of Saint James 1994.
Aebli, Hans: Santiago. Auf dem Jakobsweg zu Fuß durch Frankreich und Spanien, Stuttgart 1991.

4. Itinerar

Simon, Herbert: Itinerarium. Vom Dom zu Köln zur Kathedrale von Santiago de Compostela. Die Kalebasse Nr. 3, S. 8–16.
Hatfield, John: Pilgrim Guide to the Roads through France to Santiago de Compostela, 2. Vezelay to the Pyrenees (2nd revised edition). Herausgegeben von The Confraternity of Saint James 1994.

5. Wege und Straßen

Saucken von, Paolo Caucci: Santiago de Compostela-Pilgerwege, Augsburg 1996.
Lipp, Hans: Rekonstruktion und touristische Inwertsetzung eines mittelalterlichen Pilgerweges nach Santiago de Compostela in Lothringen, Luxemburg und Rheinland-Pfalz, Diplomarbeit Universität Trier 1995.
Noya, Manuel Santos: Zeugnisse des Kultes in Patrozinien, Hospizen und Bruderschaften in: Der Jakobskult in Süddeutschland, Tübingen 1995.
Plötz, Robert: Wege der Pilger im Rheinland in: Rheinische Heimatpflege 4/99, S. 254.
Plötz, Robert: Aachen als wichtige Station am Pilgerweg ad Sanctum Jacobum, Sternenweg 25/2000, S. 29.
Berg, Christiane: Hospizarbeit: Nicht Hilfe zum, sondern Begleitung beim Sterben. Pharmazeutische Zeitung Nr. 51/52 (1997), S. 11.
Künig von Vach, Hermann: Pilgerführer nach Santiago de Compostela (1495), hrsg. von Ludwig Hengstmann, Originaltext und Nachschrift, Solingen 1996.
Hard, Gerhard: Is Leigen Fünf Perg in Welschen Land. Eine Topographie der Pilgerwege von Deutschland nach Santiago in Spanien aus dem 15. Jahrhundert, Archiv für wissenschaftliche Geographie 19 (1965).
Herrmann, Bernd: Mensch und Umwelt im Mittelalter, Frankfurt 1989.
Kellenbrenz, Herrmann: The Central European Road Sytem, with Particular Reference to the Middle Ages and the Erly Modern Period. In: »The Santiago de Compostela Pilgrim Routes«. Report of the Bamberg Congress. Council of Europe, Straßbourg 1989.
Irsigler, Franz: Die Bedeutung von Pilgerwegen für die mittlalterliche Siedlungsentwicklung. In: Siedlungsforschung. Archäologiegeschichte-Geographie 4 (1986), S. 81–102.

Irsigler, Franz: Labotta, Arnold, Bettler, Gaukler, Dirnen und Henker, München 1989.
Herbers, Klaus: Pilgern nach Santiago de Compostela. Yves Bottineau und die französisch-spanische Vergangenheit. In: Bottineau, Yves: Der Weg der Jakobspilger, Bergisch-Gladbach 1987 (i. Orig. Les Chemins de Saint-Jacques, Paris 1983).
Mandach, André de: A fresh Approach to the »Pilgrim's Guide to the Way of St. James of Compostela«. In: »The Santiago de Compostela Pilgrim Routes«. Report of the Bamberg Congress. Council of Europe, Straßbourg 1989.
Schreiber, Herrmann: Sinfonie der Straße, Düsseldorf 1959.
Müller-Hengstenberg: Heerstraße-Milchstraße-Heidenweg. Bonner Straßen aus der Römerzeit, General-Anzeiger vom 29./30. Mai 1982.
Schmoranzer, Annemarie: Jakobuswege im Sauerland, Paderborn 1992.
Wynands, Dieter P. J.: Aachen ruft zur Heiligtumsfahrt. In: Sternenweg Nr. 11 (1993), S.14.
Thiele, Heinz: Leben in der Gotik, München 1946.
Röckelein, Hedwig: Following in the Foodsteps of the Santiago Pilgrims in the Upper Rhineland. In: »The Santiago de Compostela Pilgrim Routes«. Report of the Bamberg Congress. Council of Europe, Straßbourg 1989.
Anhäuser, Uwe: Lothringen, Köln 1985.
Michelin Reiseführer: Elsass, Vogesen, Champagne. 1988.

6. Städte und Landschaften

Dehio, Georg: Handbuch der Deutschen Kunstdenkmäler, Rheinland, Deutscher Kunstverlag 1966.
Dehio, Georg: Handbuch der Deutschen Kunstdenkmäler, Rheinland-Pfalz Saarland, Deutscher Kunstverlag 1972.
Neuss, Wilhelm: Die Anfänge des Christentum im Rheinlande In: Rheinische Neujahrsblätter, Heft II, Bonn 1933.
Kleinermanns, Josef: Die Heiligen auf dem bischöflichen bzw. erzbischöflichen Stuhle von Köln, Köln 1896.
Wipper, Heinrich: Jakobus im Köln-Düsseldorfer Raum, Die Kalebasse Nr. 29, S. 8–15.
Degen, Horst: Etappenpilgern 2001. Die Kalebasse Nr. 30, S. 2–27.
Eckert, W. P.: Köln. Stadt am Rhein zwischen Tradition und Fortschritt, Köln 1977.
Wolff, Arnold: Die vollkommene Kathedrale. Der Kölner Dom und die Kathedralen der Isle de France, Kurzfassung eines Vortrages 1998.
Brinkmann, Ulrike: Die Glasmalereien des Kölner Domes, Rheinische Heimatpflege 2/98, S. 81.

Mikliss de Dolega, Peter: Die Reliquien der Heiligen Drei Könige als Inbegriff des Kölner Ortsheils, Rheinische Heimatpflege 4/98, S. 252.

Welters, Hans, und Lobeck, Helmut: Kleine illustrierte Geschichte der Stadt Köln, Köln 1958.

Irsigler, Franz: Labotta, Arnold, Bettler, Gaukler, Dirnen und Henker, München 1989.

Baumgarten, Jörg, Buchen, Helmut: Kölner Reliquien Schreine, Köln 1985.

Pörtner, Rudolf: Mit dem Fahrstuhl in die Römerzeit, Düsseldorf 1959.

Wardecki-Meyer, Carola: Die Hospitalkapelle St. Jakobus in Lahnstein, Der Sternenweg Nr. 7 (1991), S. 40.

Thull, Martin: Helden, Hirten und Heilige, Kölner Bischöfe von Maternus bis heute. In: Deutschland deine Diözesen, Köln 1984.

Redlhammer, Dieter: Die Eifel. Ihre historische Bedeutung im deutschen Sprachraum, Frankfurt 1997.

Ohlert, Joseph Matthias: Auf den Spuren der Jakobspilger in der Nordeifel, Jahrbuch des Kreises Euskirchen für 1999, Euskirchen 1998.

Horstmann, Karl Johann: Drei rheinische Dörfer: Groß-Büllesheim, Klein-Büllesheim und Wüschheim, Euskirchen 1998.

Koenig, Gerd: Kuchenheim 1084–1984, Euskirchen 1984.

Bursch, Horst: Seine Feinde nannten ihn »Fürst von Mitternacht«, General-Anzeiger, Rheinische Chronik, 22. Januar 1999.

Sankt Chrysanthus und Daria. Stifts-, Pfarr- und Stadtpatrone. 844–1994, Bad Münstereifel, Bonn, Berlin 1994.

Jannssen, W.: Weilerswist. In: Führer zu den vor- und frühgeschichtlichen Denkmälern. Nordöstliches Eifelvorland: Euskirchen, Zülpich, Bad Münstereifel, Blankenheim. Teil II, Exkursionen, Mainz 1974.

Nottebrod, H.: Alte Straßen im Hunsrück und in der Eifel, Rheinische Heimatblätter Nr. 10 (1925).

Els, Josef: Über die Lebensverhältnisse der Landbevölkerung in der Eifel, Rheinische Heimatpflege 3/97, S. 188.

Staud, Richard Maria. Reuter, Josef: Die kirchlichen Kunstdenkmäler der Stadt Echternach, Luxemburg 1952.

Spang, Paul: Echternach in Geschichte und Gegenwart. In: Eifel-Jahrbuch 1963.

Donckel, Emile: Der heilige Jakobus der Ältere. Kult und Brauchtum im Luxemburger Raum, Luxemburg 1964.

Zur Geschichte Helenenbergs: Trierische Heimat (1925) Nr. 12, S. 163.

St. Jost bei Biewer: Kur-Trier Nr. 1 (1923), S. 9.
Reusch, Wilhelm: Augusta Treverorum, Rundgang durch das römische Trier, Trier 1978.
Hau, Johannes: Die Heiligen von St. Matthias in ihrer Verehrung, Gebweiler 1938.
Beissel, Stephan: Geschichte der Trierer Kirchen, ihrer Reliquien und Kunstschätze, Trier 1887.
Plötz, Robert: Deutsche Jakobspilger nach Santiago de Compostela bis zur Neuzeit. In: Herbers, Klaus (Hrsg.), Deutsche Jakobspilger und ihre Berichte, Reihe Jakobus-Studien 1, Tübingen 1988, S. 1.
Köster, Kurt: Mittelalterliche Pilgerzeichen und Wallfahrtsdevotionalien in: Rhein und Maas, Kunst und Kultur 800–1400, Ausstellungskatalog, Köln 1972.
Mündel, Curt: Die Vogesen, Reisehandbuch für Elsass-Lothringen und angrenzende Gebiete, Straßburg 1911.
Freemantle, Anne: Kaiser, Ritter und Scholaren. Hohes und spätes Mittelalter (orig. Age of Faith), Reinbeck bei Hamburg 1973.
Anhäuser, Uwe: Lothringen, Köln 1985.
Marschall, Hans-Günther und Slotta Rainer: Romanisches Lothringen, Würzburg 1985.
Herrmann, Bernd: Mensch und Umwelt im Mittelalter, Frankfurt 1989.
Geschichte des neunzehnten Jahrhunderts. Calwer Verlagsverein, Stuttgart 1901.
Knopp, Guido: Hurra es ist Krieg, Focus 5/1999.
Werth, German: Verdun. Die Schlacht und der Mythos. Bergisch Gladbach 1979.
Schreiber, Hermann: Frankreich aus erster Hand, Würzburg 1970.
Baigent, Michael und Leigh, Richard: Der Tempel und die Loge, Bergisch-Gladbach 1989.
Busch, Harald und Lohse, Bernd: Die Baukunst der Gotik in Europa, Frankfurt 1958.
Anhäuser, Uwe: Lothringen, Köln 1985.
Marschall, Hans-Günther und Slotta, Rainer: Romanisches Lothringen, Würzburg 1985.
Gréal, J.: Die Baslilka von Vézelay – Führer und Pläne, Paris.
Huchet, Patrik: Les Chemins de Compostelle en Terre de France, Rennes 1997.
Melchers, Erna, Melchers, Hans: Das große Buch der Heiligen, Bonn 1978.
Zahrnt, Heinz: Jesus aus Nazareth, München 1987.

Minne-Sève, Viviane: Romanische Kathedralen und Kunstschätze in Frankreich, Eltville 1991.

Kurbach, Eich; Bloch, Peter: Früh- und Hochromanik, Baden-Baden 1980.

Oursel, Raimond: Cluny und der Jakobsweg. In: Saucken von, Paolo Caucci: Santiago de Compostela-Pilgerwege, Augsburg 1996.

7. Wegbeschreibungen und Texte

Wackenroder: Die Kunstdenkmäler des Kreises Saarburg, Die Kunstdenkmäler der Rheinprovinz, hrsg. von P. Clemen, 15. Bd. III., Abt. 1939.

Mündel, Curt: Die Vogesen, Reisehandbuch für Elsass-Lothringen und angrenzende Gebiete, Straßburg 1911.

Dehio, Georg: Handbuch der Deutschen Kunstdenkmäler, Rheinland, Deutscher Kunstverlag 1966.

Simon, Herbert: Itinerarium. Vom Dom zu Köln zur Kathedrale von Santiago de Compostela. Die Kalebasse Nr. 3, S. 8–16.

Bongart, Rudolf: St. Magdalena, Kirchführer, Bonn-Endenich 1993.

Anhäuser, Uwe: Lothringen, Köln 1985.

Marschall, Hans-Günther und Slotta, Rainer: Romanisches Lothringen, Würzburg 1985.

Zepf, Max und Sütterlin, Berthold: Werden und Wirken Band I – Antike bis Mittelalter 1122, 5. Auflage, Karlsruhe.

Scapula, Jean: Isle-Aumont. Le Site et l'Eglise aus 3 Sanctuaires (Kirchenführer), Saep Édition.

Melchers, Erna, Melchers, Hans: Das große Buch der Heiligen, Bonn 1978.

Schädler, Heinz: Der Lambertsfriedhof zwischen Ayl und Saarburg. In: Rheinische Heimatpflege 4/99, S. 261.

9. Bildnachweis

Seite 1: Jakobusfigur an der Steipe in Trier.

Seite 2: Jakobusrelief an der Kirchentür von Busendorf (Foto: Walter Töpner).

Seite 13: Foto: Walter Töpner.

Seite 15: Straßennetz in Europa im Mittelalter (aus: Hell, Vera und Helmuth, Die große Wallfahrt des Mittelalters).

Seite 18: Jakobusstatue in der Kirche von Waxweiler (Foto: Walter Töpner).

Seite 22: Feldblumen (Foto: Walter Töpner).

Seite 25: Stempel von St. Peter in Euskirchen. Entnommen aus Pilgerbuch Walter Töpner.

Seite 32: Weg in der Eifel zwischen Bad Münstereifel und Blankenheim (Foto: Walter Töpner).

Seite 34: Gesamtübersicht des Jakobusweges von Köln nach Trier. Entnommen aus: Kalebasse Nr. 17, S. 13 mit Ergänzungen.

Seite 35: Gesamtübersicht des Jakobusweges von Trier nach Metz. Entnommen aus: Kalebasse Nr. 17, S. 15 mit Ergänzungen.

Seite 36: Foto: Walter Töpner.

Seite 37: Gesamtübersicht des Jakobusweges von Metz nach Vézelay.

Seite 38: Foto: Walter Töpner.

Seite 43: Übersicht über die großen Jakobsstraßen in Frankreich. Entnommen aus »A fresh Approach to the Pilgrim's Guide to the Way of St. James of Compostela« von André de Mandach in: »The Santiago de Compostela Pilgrim Routes«. Report of the Bamberg Congress. Council of Europe, Strasbourg 1989.

Seite 48: Mittelalterlicher Jakobspilger (Holzschnitt des 15. Jh.).

Seite 50: Ankunft eines Pilgers am Abend bei einem Hospiz. Entnommen aus: Schreiber, Hermann, Sinfonie der Straße, Düsseldorf 1959.

Seite 52: Verköstigung eines Pilgers in einem Hospiz (Holzschnitt aus Bruoder Klaus, Augsburg um 1487).

Seite 53: Die Werke der Barmherzigkeit von Pieter Brueghel d. J. Detail aus einem Gemälde von Pieter Brueghel d. J., 17. Jh. (Museo Nacional del Arte, Lissabon).

Seite 56: Jakobspilger unterwegs (Detail aus einem Stich von H. Coek nach Brueghel).

Seite 57:	Foto: Walter Töpner.
Seite 62:	Werthoven, Statue des hl. Jakobus (Foto: WalterTöpner).
Seite 63:	Gielsdorf, Fresko (Rekonstruktion): Berufung des Jakobus (im Kahn mit Pilgerstab) und des Johannes (aus: Kalebasse Nr. 12, S. 20).
Seite 64:	Pilgerkrönung (Mittelalterlicher Holzschnitt).
Seite 65:	Eberhardsklause in der Wallfahrtskirche zu Klausen. Foto: Walter Töpner.
Seite 68:	Titelblatt des ersten deutschen Pilgerführers von Hermann Künig von Vach. Entnommen aus: Klaus Herbers, Deutsche Jakobspilger und ihre Berichte, Tübingen,1988.
Seite 70:	Grenzübergang nach Frankreich hinter Erft (Foto: Dietzel).
Seite 72:	Rastender Pilger. Mittelalterlicher Holzschnitt.
Seite 75:	Gesamtübersicht des Jakobusweges von Trier über Metz nach Langrès (aus: Kalebasse Nr. 17, S. 13).
Seite 76:	Embleme der deutschen St. Jakobus-Gesellschaft und der englischen St. Jakobus-Bruderschaft. Entnommen aus: Sternenweg und Hatfield, John, Pilgrim Guide to the Roads through France to Santiago de Compostela, 2. Vezelay to the Pyrenees, 2nd revised edition. Herausgegeben von The Confraternity of Saint James 1994.
Seite 77:	Plan mit den Kirchen von Köln. Entnommen aus: Köln. Verkehrsamt der Stadt Köln.
Seite 79:	Foto: Walter Töpner.
Seite 80:	Foto: Walter Töpner.
Seite 83:	Die Severinstorburg in Köln (Foto: Walter Töpner).
Seite 85:	Ausdehnung der Stadt Köln. Entnommen aus: Schneider, Wolf, Überall ist Babylon).
Seite 86:	Stempel von St. Severin in Köln. Entnommen aus Pilgerbuch Walter Töpner.
Seite 89:	Bad Münstereifel, Westfassade der ehemaligen Stiftskirche (Foto Walter Töpner).
Seite 95:	Foto: Walter Töpner.
Seite 96:	Fotos: Walter Töpner.
Seite 97:	Siegel von Echternach. Entnommen aus: Staud, Richard Maria, Reuter, Josef, Die kirchlichen Kunstdenkmäler der Stadt Echternach, Luxemburg 1952.
Seite 99:	Foto: Walter Töpner.
Seite 101:	Foto: Walter Töpner.
Seite 102:	Foto: Markus Schüppen.

Seite 104: Foto: Walter Töpner.
Seite 105: Foto: Walter Töpner.
Seite 107: Emblem der Vereinigten Hospizien in Trier.
Siegel der Stadt Trier. Anfang 12. Jh. Entnommen aus: Ein Gang durch Trier, Verkehrsamt der Stadt Trier.
Seite 109: Siegel der ehemaligen Abteikirche St. Clement von Metz mit der Darstellung des hl. Clemens mit Drachen. Entnommen aus: Kirchenführer.
Seite 110: Metz: St. Pierre aux Nonnais. (Zeichnung: Weber).
Seite 112: Templerkapelle Metz (Foto: Walter Töpner).
Seite 112: Metz, das Deutsche Tor (Zeichnung: Walter Töpner).
Seite 115: Foto: Walter Töpner.
Seite 119: Stempel von Gorze. Aus: Pilgerbuch Walter Töpner.
Seite 124: Foto: Walter Töpner.
Seite 125: Außenansicht der Kathedrale von Verdun. Entnommen aus: Marschall, Hans-Günther und Slotta, Rainer, Romanisches Lothringen, Würzburg 1985.
Seite 125: Stadtsiegel von Verdun. Entnommen aus: Anhäuser, Uwe, Lothringen, Köln 1985.
Seite 131: Ansicht von Ste. Menehould (Stich des 16. Jh.). Entnommen aus: Fremdenverkehrsprospekt von St. Menehould.
Seite 136: Kirche Saint-Alpin in Châlons-sur-Marne (Zeichnung: Roland Irolla). Entnommen aus: Kirchenführer Sankt-Alpin und seine Fenster, Colmar 1983.
Seite 142: Troyes: Kathedrale Saint-Pierre et Paul (Zeichnung: Weber).
Seite 144: Siegel des Tempelherren-Ordens um 1200. Entnommen aus: Beausant Nr. 13, 1984.
Seite 145: Ritter des Tempelherren-Ordens (Ordo Militiae Crucis Templi) (OMCT) e. V. und ihr heutiges Wappen. Entnommen aus: Beausant Nr. 4, 1981.
Seite 148: Pilgermuschel im Chor der Kirche von Isle-Aumont (Zeichnung: Jean Scapula).
Seite 156: Foto: Walter Töpner.
Seite 157: Foto: Walter Töpner.
Seite 158: Vézelay. Reliquienbehälter mit Gebeinen der hl. Magdalena (Foto: Dietzel).
Seite 159: Foto: Walter Töpner.
Seite 164: Foto: Franz-Rudolf Hartwich.
Seite 166: Foto: Walter Töpner.
Seite 174: Foto: Dietzel.
Seite 176: Foto: Walter Töpner.

Seite 178:	Prüm, Basilika. Altar (Foto: Weber).
Seite 180:	Foto: Walter Töpner.
Seite 182:	Foto: Weber.
Seite 183:	Foto: Walter Töpner.
Seite 184:	Foto: Walter Töpner.
Seite 186:	Foto: Walter Töpner.
Seite 188:	Foto: Dietzel.
Seite 190:	Foto: Dietzel.
Seite 192:	Foto: Dietzel.
Seite 194:	Foto: Dietzel.
Seite 196:	Foto: Dietzel.
Seite 200:	Foto: Walter Töpner.
Seite 204:	Foto: Walter Töpner.
Seite 210:	Foto: Weber.
Seite 212:	Foto: Weber.
Seite 217:	Foto: Weber.
Seite 218:	Foto: Weber.
Seite 220:	Foto: Walter Töpner.
Seite 222:	Foto: Weber.
Seite 224:	Foto: Dietzel.
Seite 226:	Foto: Franz-Rudolf Hartwich.